KB160460

중남미지역원 학술총서 5

라틴 아메리카의 어제와 오늘

"이 저서는 2008년 정부(교육과학기술부)의 재원으로 한국연구재단의
지원을 받아 수행된 연구임"(NRF-2008－362－A00003)

중남미지역원 학술총서 5

라틴 아메리카의 어제와 오늘

임상래 · 이종득 · 이상현 · 이순주 · 박윤주 지음

이담
Books

라틴아메리카만큼 지구상에서 '섞임'을 가장 '적나라하게' 보여주는 공간은 없을 것이다. 라틴아메리카는 콜럼버스로 더 잘 알려진, 영민하고 열정이 많았던(또는 황금에 눈먼) 탐험가 '꼴론^{Colón}'이 새로운 땅에 도착한 이후 구세계의 '라틴'이 신대륙 '아메리카'를 정복함으로써 태어났다. 거기서는 사람, 종교, 언어, 문화, 음식 등 모든 것이 섞이고 합쳐졌다. 인류 역사상 이렇게 크고 긴 혼종과 잡종의 서사시는 없었다. 이런 면에서 볼 때 혼종의 지구 대표를 뽑는다면 그것은 마땅히 라틴아메리카의 몫일 것이다. 이런 연유로 입고 먹는 것에서부터 첨단 테크놀로지까지 모든 것이 퓨전과 하이브리드로 귀결되는 오늘날 라틴아메리카가 세계적 성과를 높이고 있는 건 어찌 보면 당연한 것인지도 모르겠다.

그래서일까? 라틴아메리카와 지구상에서 가장 멀리 떨어진 우리나라에서도 이제 라틴아메리카는 전혀 생소하지 않다. 우리 정서와도 잘 맞는 안데스 전통 음악은 도심 어디서나 어렵지 않게 만날 수 있고, 매력적인 라틴 뮤직과 댄스도 이제 열풍의 수준을 넘어 격조 높은 대중문화로 단단히 자리 잡은 지 오래이다. 라틴아메리카를 소개하는 여행 전문 책자들도 어느 서점에서건 손쉽게 구할 수 있다. 마찬가지로 국가 간의 관계도 더 가까워졌다. 우리가 라틴아메리카와 공식적인 관계를 맺은 것은 외교를 수립한 1960년대이지만 실질적인 이해와 교류가 많아진 것은 최근의 일이다. 이전에 라틴아메리카는 국제외교무대에서 남한을 지지해줄 '우리 편'

으로만 중요시되었지만 현재는 칠레, 페루와의 FTA가 상징하는 것처럼 우리나라의 명실상부한 교역 파트너가 되었다. 특히 최근에는 자원의 보고로서 그리고 그것의 안정적인 공급과 개발 참여의 중요성으로 라틴아메리카는 우리에게 더욱 전략적인 지역으로 부상하고 있다.

이처럼 우리의 라틴아메리카에 대한 관심과 중요성이 커짐에 따라 이 지역에 대한 연구도 많이 이루어졌다. 그러나 그 대부분은 특정 국가나 주제를 전문적으로 다루고 있는 것이어서 라틴아메리카의 '숲'과 '나무'를 동시에 보여주지 못하는 아쉬움이 있었다. 이에 저자들은 라틴아메리카의 고유성과 개별성을 놓치지 않으면서 라틴아메리카 전체의 상을 그려내는 연구가 필요함을 느끼고 이 책을 내게 되었다.

이 책은 라틴아메리카에 대한 전문 학술서로서 준비되었다. 학술 논문에 준하는 체제에 맞추어 기존 연구들을 검토하고 해석하여 라틴아메리카를 독창적으로 고찰하고자 했다. 동시에 이 책은 교양서로서도 사용할 수 있을 것이다. 라틴아메리카를 알고자 하는 일반인과 학생이 이해하기 쉽도록 전문 용어와 주석의 사용을 적게 하였고 어려운 내용은 최대한 평이하게 다듬었다.

저자 모두는 힘든 공동 작업에 성실하게 최선을 다해준 저자 서로에게 감사하며, 아울러 자료를 구하고, 회의를 하는 데 있어 경비를 지원해준 부산외국어대학교 중남미지역원에 고마움을 표한다. 또한 '뻔한' 계산임에도 불구하고 기꺼이 책을 내준 한국학술정보(주) 출판사에도 감사하지 않을 수 없다.

　정치학, 문학, 사회학, 역사학 등 다양한 전공을 가진 저자들은 자신의 전공과 관련된 분야를 책임지고 집필하였다. 내용이 서로 격리되지 않도록 노력하였으나 각 파트별로 내용이나 스타일이 통일되지 못한 면이 있다. 또 일정에 쫓겨 서두르다 보니 미진한 내용도 없지 않음을 고백하지 않을 수 없다. 저자 모두는 다음 기회에 이를 보완하고 수정할 것을 약속드리면서 독자 여러분의 비판과 제언을 부탁드린다.

　라틴아메리카는 체게바라나 탱고처럼 일단 한번 알게 되면 결국에는 사랑하게 되고 마는 마력을 가진 땅이다. 이 책도 라틴아메리카를 알게 해주는 지식을 넘어 그 땅과 그 사람들을 사랑하게 만드는 하나가 되길 바란다.

2011년 6월 1일
모든 저자를 대신하여 임상래

차 례

Part 1

라틴아메리카의 탄생:
정복에서 독립까지

I. 탐험과 정복의 시대: 라틴, 아메리카를 빼앗다

1. 15세기의 이베리아 반도

15세기 유럽에서는 대항해 시대가 열렸다. 미지의 세계에 대한 유럽의 대탐험이 시작되어 포르투갈이 아프리카 항로를 개척하였고, 콜럼버스가 아메리카 대륙을 '발견'하여 유럽 각국의 해외 탐험시대가 열리게 되었다. 당시 유럽은 지구는 둥글다는 지구구형설과 마르코 폴로의 ≪동방견문록≫으로 동양에 대한 관심이 높았고 동방 어딘가에 있다는 기독교 국왕 '프레스터 존' 전설에 빠져있었다. 여기에 과학기술이 발전을 거듭하면서 대항해 시대의 기운이 충만해 있었다. 특히 중국의 나침반이 아랍을 통해 유럽으로 전해졌고 바람을 활용한 삼각 돛의 개발로 배가 대형화되어 대양으로의 항해가 가능해졌다. 이렇게 지리학, 천문학 및 항해술의 발달로 유럽은 해양발견의 시대를 맞이할 수 있게 되었다.

또 오스만 튀르크로 인해 동방 교역이 중단된 것도 대항해 시대의 중요한 동인이 되었다. 당시 유럽은 동양과의 해상 무역에서 큰 이익을 얻고 있었는데 1453년 오스만 튀르크 제국이 콘스탄티노플을 점령하자 동방교역은 크게 위축되었다. 이에 유럽은 인도, 중국과의 교역을 회복하기 위해 오스만 튀르크 제국을 피해 아프리카를 돌아가는 바다 항로를 찾고 있었다. 이때 가장 앞선 나라가 그간 지중해의 동방교역에서 뒤쳐졌던 이베리아 반도의 스페인과 포르투갈이었다.

포르투갈과 스페인이 해양진출을 주도한 이유는 지정학적 위치 때문이었다. 이베리아 반도는 지중해와 대서양, 아프리카와 유럽, 이슬람과 기독교가 만나는 곳에 있기 때문에 지리적으로나 역사적으로 '열려 있는 곳'이었다. 따라서 미지의 세계에 대한 탐험 정신이 충만하였다. 또 이베리아 반도에서 이슬람 세력을 몰아내고 유럽의 강대국으로 부상하려는 국가적 관심이 높았고 새로운 땅에 가톨릭을 전파하려는 종교적 사명감도 강했다. 이로 인해 스페인과 포르투갈 왕실은 해외 개척에 매우 적극적이었다.

포르투갈은 일찍이 무어족(이베리아를 정복한 아랍계 이슬람교도. 무어인, 모로족이라고도 함)을 축출하여 14세기 초에 국가의 틀을 세웠다. 14세기 말에는 유럽 최초의 중앙집권국가를 이루었고 특히 동 주앙 1세는 북아프리카에서 군사적 팽창과 해양진출을 시작하며 아프리카 해안을 탐험하고 인도 항로를 개척하여 훗날 스페인과 함께 대항해 시대를 주도하였다.

스페인 역시 무어족의 통치를 받았으나 1479년 아라곤의 페르난도 2세와 카스티야의 이사벨 여왕이 결혼하여 통일이 되면서 1492년에는 이슬람 세력의 최후 거점인 그라나다 왕국을 정복함으로써 '재정복'^{Reconquista, 무어}_{족에 대항한 스페인의 영토탈환 전쟁 시대}을 완수하였다. 이후 스페인은 이사벨 여왕이 콜럼버스의 해양탐사를 지원하여 신세계를 발견함으로써 해외 진출을 본격화하게 되었다.

콜럼버스는 1451년경 이태리의 제노바에서 태어난 것으로 알려진다. 그는 해외 탐험에 관심이 많아 해양지식이 풍부하였고 토스카넬리 등 당시의 유명한 학자들과 친분을 나누어 서쪽을 돌아 지판구^{일본}와 중국에 도착할 수 있다는 확신을 갖게 되었다. 그래서 그는 값진 향료와 금, 은의 대륙인 아시아로 가는 새로운 항로를 발견하기 위해 1483년에 포르투갈 국왕에게 후원을 요청하였으나 거절당하였다. 당시 포르투갈은 아프리카 서안 항해가 성공을 거두고 있었으므로 콜럼버스의 계획에 큰 관심을 보이지 않았다. 이후 제노바, 영국, 프랑스 왕실에 도움을 청하기도 하였던 그는 결국 이사벨 여왕의 도움으로 신항로 개척에 나설 수 있었다.

1492년 4월 콜럼버스와 스페인 왕실은 산타페Santa Fe 협정을 체결하였다. 이 협정은 새롭게 발견되는 지역은 왕실이 소유하고 콜럼버스는 총독과 제독의 권리를 세습적으로 인정받으면서 교역 이익의 10%를 갖는다는 일종의 '계약'이었다. 콜럼버스는 이 협정에 따라 이 지역에 대한 독자적인 사법권도 확인받았는데 이는 재정복시대 스페인 왕실이 군사지도자와 맺었던 일종의 보상 계약의 전례에 따른 것이었다. 이러한 역사－정치적 전통은 나중에 중남미 정복과 식민에도 그대로 적용되었다.

1492년 8월 3일 콜럼버스가 지휘하는 산타마리아Santa Maria호와 삔따Pinta, 니냐Niña 2척의 범선은 스페인의 팔로스 항을 출발하여 서쪽으로 항해하여 지금의 바하마 군도의 작은 섬에 10월 12일에 도착하였다. 이 역사적인 섬, 즉 원주민들이 구아나아니Guanahani라고 부르는 이 섬을 콜럼버스는 산살바도르San Salvador, 성스러운 구원자라고 명하였다. 그는 계속하여 후아나Juana, 지금의 쿠바와 에스파뇰라La Española, 지금의 도미니카 공화국과 아이티를 발견하였다. 항해 도중 산타마리아호가 좌초되었기 때문에 선원들을 정주시키기 위해 같은 해 12월에 탐험대는 에스파뇰라 섬에 원주민들의 도움으로 중남미 최초의 나비닫Navidad, 성탄절을 의미함요새를 건설하였다. 그는 이듬해 3월 스페인으로 무사히 귀국하였고 이 소식이 전해지자 전 유럽은 신대륙 열풍에 빠지게 되었다.

스페인 왕실은 재빠르게 스페인 출신 교황 알렉산더 6세로부터 새로 발견된 지역의 소유권을 인정받았다. 그러자 포르투갈은 이에 이의를 제기하였고 이로 인해 양국은 대립하였다. 이를 해결하기 위해 교황은 1494년 6월 카보베르데의 서쪽 370레구아league 리그, 약 1,786km를 기점으로 양국 간의 경계선을 설정하는 또르데시야스Tordesillas조약을 맺어 사태를 해결하였다. 이 조약으로 향후 양국은 신대륙의 발견과 정복에서 배타적인 독점권을 인정받게 되었다.

　1493년 9월 출발한 2차 항해에서 에스파뇰라 섬에 이사벨 여왕의 이름을 따서 신대륙 최초의 스페인 식민도시인 이사벨라La Isabela를 건설하였다. 이후 에스파뇰라 섬은 후아나 섬과 함께 신대륙정복의 전초기지 역할을 하였다. 2차 항해에는 수도사와 직공들도 동행하였고 식물종자와 동물들을 가지고 갔다. 3차 탐험대는 1498년 5월에 스페인을 출발하여 베네수엘라의 오리노코 강 하구에 도착하였다. 그러나 왕실이 식민지에서의 실정의 책임을 물어 콜럼버스는 1500년 본국으로 송환되었으나 이후 왕실로부터 재신임을 받았다. 1502년 4월 세비야를 떠난 콜럼버스의 4차 탐험대는 자메이카, 온두라스, 니카라과, 파나마 등 중미지역을 탐험하였다. 그러나 본국 왕실이 새로운 총독으로 니콜라스 데 오반도Nicolás de Ovando를 임명하였기 때문에 그의 마지막 항해는 많은 어려움을 겪었다. 콜럼버스 원정대는 1504년에 스페인으로 귀환하였고 이듬해 후원자였던 이사벨 여왕이 죽음으로써 콜럼버스의 시대는 끝나게 되었다.

　1500년대 초에 남미 내륙을 제외한 전 중남미지역에 대한 탐험은 거의 완료되었다. 콜럼버스의 2차 항해에 동참하였던 알론소 데 오헤다는 오리노코 강 연안을 탐험하고 이 지역을 베네치아의 이름을 따서 베네수엘라라고 명명하였다. 콜럼버스의 부하였던 후안 데 라 코사는 베네수엘라와 중미해안을 탐험하고 최초로 신대륙지도를 작성하였다. 바스코 누녜스 데 발보아는 파나마 지협을 통과하여 태평양 항로를 확인하였고 이후 남아메리카까지 탐험하였다.

　이태리 출신으로 스페인에서 살기도 했던 아메리고 베스푸치Amerigo Vespucci는 3차 항해를 준비하던 때에 콜럼버스를 알게 되었다. 그는 1499년 프랑스령 가이아나에 도착하고 브라질 해안과 아마존 강 어귀를 탐험하였다. 그는 나중에 이 지역에 대한 책과 지도를 편찬하였다. 1507년 마르틴 발트제뮐러Martin Waldseemüller는 '세계지 개론'이란 책에서 이 지역(즉,

브라질 지역)을 발견한 사람은 아메리고 베스푸치이기 때문에 이 지역(브라질)을 '아메리코의 땅tierra de Amerigo'이라고 명명해야 한다고 주장하였다. 그러나 그의 주장은 신대륙 전체를 가리키는 말로 알려져 1541년 출판된 지도에서도 아메리카라는 말이 오늘날의 남북아메리카 모두를 지칭하는 말이 되었다.

포르투갈인 마젤란은 스페인 왕실의 후원으로 1519년 신대륙을 탐험하고 브라질과 아르헨티나 해안을 돌아 마젤란 해협을 통과하여 1520년 태평양에 도착하였다. 그는 계속 항해하여 태평양을 건너 필리핀에 도착하였으나 원주민의 공격으로 사망하였다. 그러나 나머지 선원들은 1522년 9월 스페인에 귀환하여 마젤란의 세계일주가 완료되었다.

아이러니하게도 생전에 그 많은 영예를 누렸던 콜럼버스는 1506년 5월 20일(또는 21일) 스페인의 바야돌리드에서 자신이 탐험했던 땅들이 당시 유럽인들이 모르고 있었던 새로운 땅이라는 사실을 모른 채 초라한 최후를 맞이했다.

2. 정복자의 시대

(1) 멕시코와 중앙아메리카의 정복

스페인과 포르투갈 등 당시 유럽제국이 추진하였던 해외개척사업의 주목적은 자국민을 이주시키는 것도 있었지만 그보다는 교역에서 이익을 거두고 가능하다면 많은 재화를 얻는 것이었다. 따라서 멕시코 북부나 남아메리카의 평원같이 원주민의 수가 적은 지역보다는 페루와 멕시코 중부같이 원주민이 많은 지역이 정복의 주 관심지역이 되었다. 또 멕시코와 중미 지역에서는 귀금속의 생산도 많았다.

스페인 왕실과 정복자는 신대륙 탐험의 전초기지 역할을 했던 카리브 지역에 대한 정복과 식민이 성공적으로 진행되자 다음으로 멕시코로 눈을 돌렸다. 프란시스꼬 에르난데스 데 꼬르도바Francisco Hernández de Córdoba는 1517년 유카탄 반도를 탐험하였는데 그의 목적도 쿠바의 부족한 노동력을 메우기 위해 원주민과 귀금속을 찾는 것이었다. 꼬르도바에 이어 이듬해 후안 데 그리할바가 이끄는 두 번째 원정대가 깜뻬체 해안지방을 탐험하였고 최초로 멕시코 원주민과 접촉하였다. 이를 통해 멕시코에 원주민 제국이 존재한다는 사실, 즉 풍부한 원주민 노동력이 있다는 것을 알게 되자 쿠바 총독 디에고 벨라스께스Diego Velázquez는 에르난 코르테스Hernán Córtes에게 이 지역의 정복을 명령하였다.

스페인의 중남미정복은 콜럼버스의 경우처럼 왕실－정복자의 일종의 계약에 기초를 두고 있었는데 멕시코 정복에서 그 권한은 쿠바 총독에게 위임되어 있었다. 그러나 야심만만한 코르테스는 독자적으로 11척의 배, 16마리의 말, 508명의 군인, 110명의 선원으로 구성된 원정대를 이끌고 1519년 유카탄 반도에 도착하였다. 거기서 그는 마야어를 아는 난파된 스페인 선원 헤로니모 데 아길라르를 만났다. 원정대는 따바스꼬에 도착하여 원주민들로부터 값진 보석과 원주민 처녀들을 선물로 받았는데 그중에는 헤로니모와 함께 코르테스의 '혀'가 된 말린체Malinche, 또는 Marina도 있었다. 그녀는 원주민 귀족 출신으로 마야어와 아즈텍의 나우아틀어에 능숙하였다. 코르테스는 지금의 베라쿠르스에 비야 리까Villa Rica를 건설하고 스스로 자신을 정복대 사령관으로 명하였다. 이에 반발하는 병사들을 처형하고 쿠바로 돌아가려는 반란을 염려하여 배를 불태웠다. 코르테스의 원정대는 아즈텍 제국으로 향하던 도중 뜰락스깔떼까Tlaxcalteca족을 제압하였다. 이들은 아즈텍으로부터의 독립을 원하고 있었기 때문에 나중에는 스페인 정복대에 5,000여 명의 후원군을 제공하였다. 아즈텍제국에 도착한 코르테스는 목떼수마Moctezuma 황제로부터 많은 선물을 받았다. 정부이자 통역이었던 말린체를 통해 흰색 피부의 원주민 신 께찰꼬아뜰Quetzalcóatl의 전설을 안 코르테스는 이를 이용하여 아즈텍의 수도를 방문할 수 있도록 해 줄 것을 요구하였다. 불을 뿜는 대포와 무장한 말을 보고 놀란 부하들은 이들이 불을 지배하는 비상한 능력이 있다고 목떼수마에게 보고하였다. 목떼수마는 다시 2만 두까도(약 100만 달러에 해당)의 선물을 주며 쿠바로 돌아갈 것을 코르테스에게 요청하였다. 그러나 코르테스 정복대는 1519년 11월 12일 아즈텍 제국의 수도인 떼노치띠뜰란^{Tenochtitlán}에 쳐들어와서 목떼수마를 포로로 하였다.

한편 벨라스께스 총독은 제멋대로 멕시코 정복에 나선 코르테스를 체포하기 위해 총독군을 파견하였다. 베라크루스에 도착한 총독군과 코르테스 원정대 간에 전투가 벌어졌고 이 틈을 타 수도에서 아즈텍의 반란이 일어났다. 목떼수마 대신 꾸이뜰라우악^{Cuitláhuac}이 아즈텍의 새로운 왕이 되었고 스페인 정복대는 많은 사상자를 내고 야밤에 퇴각하였다. 이를 가리켜 '슬픈 밤'^{La noche triste}이라고 한다.

총독군을 물리친 코르테스는 아즈텍에 반대하는 원주민과 연합하고 전함을 재정비하여(떼노치띠뜰란은 호수 위에 건설된 도시였다) 다시 수도를 포위하였다. 스페인군이 가져온 페스트 병으로 죽은 쿠이뜰라우악의 뒤를 이은 꾸아우떼목^{Cuauhtémoc}이 결사 항전하였으나 결국 1521년 8월 13일 수도가 함락되고 꾸아우떼목이 처형되어 아즈텍은 멸망하였다.

수적으로 열세인 스페인 정복대가 짧은 기간에 아즈텍 제국을 비교적 손쉽게 정복할 수 있었던 것은 정복군이 가지고 온 말과 총 같은 '신무기' 때문이었다. 당시 멕시코 원주민에게 금속의 사용은 일반적이지 않았고 그들의 최대무기라야 독화살 정도였다. 아메리카에는 말이 없었다. 따라서 스페인인이 타고 온 말은 군수물자를 나르고 전투에서 기동력을 높이는데 유용했을 뿐 아니라 심리적으로도 원주민들을 압도하는 데 일조하였다. 여기에다 앞에서 언급한 께찰꼬아뜰 전설과 지배계층에 대한 피지배 부족의 적대감도 정복을 용이하게 만든 또 다른 요인이라고 할 수 있다.

코르테스는 아즈텍제국의 수도를 재건하고 멕시코라고 명명하였다. 도시는 완벽한 계획에 의해 장방형으로 건설되었고 수로와 교회 등은 파괴된 아즈텍 신전의 돌들로 건축되었다. 1522년 스페인의 카를로스 5세는 그를 누에바 에스빠냐Nueva España, New Spain이란 뜻으로 오늘날의 멕시코 지역의 총독으로 임명하였다.

중미에 대한 정복은 주로 코르테스의 휘하 장군들에 의해 이루어졌다. 이 지역에 있던 마야 문명은 15세기 중반 십여 개의 작은 부족으로 분열되어 거의 사라진 상태였고 아즈텍과 비교할 때 노동력도 귀금속도 많지 않았다. 끄리스또발 데 올리드는 코르테스의 명령으로 멕시코에서 파나마까지 탐험하였다. 그의 원정대는 1524년 온두라스 해안에 상륙하여 뜨리운포 델 라 끄루스를 건설하였다. 코르테스는 뻬드로 데 알바라도를 시켜서 과테말라의 정복도 추진하였다. 알바라도는 1524년에는 끼체족을 정복하였고 1527년에는 과테말라지역의 사령관이 되었다. 그의 형제 호세 데 알바라도 역시 오늘날 코스타리카에 해당하는 중앙아메리카 지역을 정복하였다.

(2) 남아메리카의 정복

남미에 대한 정복은 멕시코에 비해 늦게 이루어졌다. 안데스 지역의 정복은 프란시스꼬 삐사로Francisco Pizarro, 디에고 데 알마그로Diego de Almagro 두 군인과 에르난도 데 루께Hernando de Lugue 신부에 의해 이루어졌다. 이들의 연합은 정복 사업을 위해 자본과 무력이 결사체를 이룬 경우였다.

파나마 총독의 도움으로 1525년 삐사로와 알마그로는 파나마를 출발하여 페루로 향하였다. 도중에 알마그로는 군수품을 보급하기 위해 귀국하였고 루께는 파나마에 남아 원정에 소요되는 자금을 모았다. 콜롬비아 해안에 도착한 탐험대는 계속 남진하여 페루 근처의 가요Gallo 군도에 도착했으나 새로 부임한 파나마 총독으로부터 탐험을 중단하고 복귀하라는 명령을 받았다. 실망한 삐사로는 백사장에 남북으로 선을 긋고 "페루, 이곳으로 가면 부를 얻을 것이고 저쪽, 파나마로 가면 가난해질 것이다"라고 하면서 부하들에게 선택을 요구했다. 이들 중 13명이 삐사로를 따라 탐험을 계속하였는데 이들을 가리켜 '가요의 13인 Los trece del Gallo'이라고 부른다. 이들은 과야낄 만을 통과하여 잉카문명을 확인하고 1527년 말 파나마로 귀환하였다. 스페인으로 돌아온 삐사로는 왕실로부터 앞으로 정복하는 땅의 총독으로 임명될 것을 직접 약속받고 1531년 파나마에서 다시 군대를 이끌고 정복에 나섰다. 삐사로와 알마그로의 정복군은 삐우라Piura 강가에 싼 미겔 데 삐우라를 건설하였고 1532년 11월 잉카제국의 통치자인 아따우알빠Atahualpa와 회담을 가졌다. 이 때 원정대에 동참하였던 발베르데 신부는 아따우알빠에게 카톨릭을 받아들을 것을 요구하였으나 아따우알빠는 이를 거부하면서 성경을 집어 던졌다. 이 사건은 전쟁의 빌미가 되었고 아따우알빠는 결국 포로가 되고 말았다. 아따우알빠는 풀려나기 위해 방 두 개를 채울 양의 은과 방 하나 분량의 금을 삐사로에게 주었으나 정복대는 그를 처형시켰다. 삐사로는 잉카 왕족인 망꼬 까빡 ⅡManco Cápac Ⅱ을 새로운 통치자로 세우고 1533년 꾸스꼬로 진격하여 원주민들의 저항을 제압하고 이 지역을 완전히 정복하였다.

앞에서 본 것처럼 코르테스는 아즈텍의 수도였던 멕시코를 식민통치의 중심으로 삼았다. 반면 삐사로는 꾸스꼬가 고원이고 해안과 멀었기 때문에 1535년 씨우닫 델 로스 레예스(오늘날의 리마)를 건설하였다. 그러나 정복자들 간에 보상과 주도권 문제로 내분이 생겼고 이로 인해 알마그로가 1538년에 전사하고 1541년에는 삐사로 자신도 알마그로파에 암살되었으며 초대부왕인 블라스꼬 무녜즈 데 벨라도 죽었다. 이후 안토니오 데 멘도사가 1551년 페루의 새로운 부왕으로 부임하면서 정복자의 시대가 지나고 안데스 지역에 대한 왕실의 식민통치가 시작되었다.

페루의 정복이 끝난 후, 삐사로의 부하였던 쎄바스띠안 데 베날까사르는 키토지역을 정복하여 페루에 편입시켰다. 이후 그는 콜롬비아에서 뽀

야빠를 건설하고 보고타 고원을 탐험하였다. 베네수엘라의 정복과 식민은 초기에는 독일에 의해 이루어졌다. 스페인 왕실은 통치자금을 제공한 독일의 웰서Welser회사에 베네수엘라를 양도하였다. 그러나 웰서 회사는 원주민 노예무역에만 관심을 보여 1546년 왕실은 이들의 특권을 중지시키고 후안 페레스 데 똘로사를 베네수엘라 총독으로 임명하였다. 히메네스 데 께사다는 1536년 콜롬비아의 싼따 마르따항을 출발하여 막달레나강을 통하여 내륙까지 탐험하였다. 그는 이듬해 산타페 데 보고타시를 건설하였다.

칠레에 대한 정복은 알마그로가 시작하였다. 그는 발빠라이소Valparaíso를 세웠지만 그가 죽은 후 칠레 정복은 삐사로의 권한에 놓이게 되었다. 1540년 삐사로의 부하인 뻬드로 데 발디비아Pedro de Valdivia가 정복의 책임자가 되어 아타카마 사막을 통과하여 마뽀쵸 지역에 산띠아고시를 건설하였다. 그러나 데 발디비아는 용맹스럽기로 유명한 아라우까노 원주민1)들의 저항으로 목숨을 잃었다.

1516년 후안 디아스 데 솔리스는 브라질 해안에 상륙하여 오늘날의 마르 둘쎄(지금의 라 플라타 강)까지 전진하여 내륙을 탐험하였다. 1520년 마젤란은 아르헨티나 해안을 탐험하고 파타고니아지역을 발견하였다. 그는 태평양으로 가는 항로를 발견하고 대륙남단의 해협을 마젤란 해협이라 명명하였다. 세바스티안 까보뜨는 파라나 강까지 접근하여 정복 요새를 건설하였고 마르 둘세에서 많은 은을 발견하고 이 강을 '은의 강'(리오 델라 플라타)이라고 명명하였다. 이 지역에 대한 정복은 1535년 스페인 왕실이 정복의 책임자로 뻬드로 데 멘도사Pedro de Mendoza를 임명하고 본격화되었다. 1200명의 군인과 16척의 배로 구성된 대규모 원정대는 이듬해 라 플라타 지역에 도착하여 1536년 싼따 마리아 델 부엔 아이레시(오늘날의 부

---

1) 칠레와 아르헨티나에서는 아라우까노 원주민들의 저항이 이후에도 계속되었다. 정복 이전의 중남미 원주민은 크게 생활양식에 따라 정착과 비정착의 형태로 대별할 수 있는데 큰 규모의 문명과 문화를 이루었던 지역은 대부분 농경을 바탕으로 한 정착부족들이었다. 반면 비정착 원주민은 수렵, 채집, 화전으로 생계를 유지하였다. 따라서 이들은 중앙의 권력이나 타부족의 간섭에 매우 저항적이었는데 아라우까노족은 대표적인 경우라고 할 수 있다.

에노스아이레스) 시를 건설하였다. 그러나 정복대는 원주민의 공격과 물자 보급의 어려움으로 아순시온으로 후퇴하였다가 1580년 다시 돌아와 도시를 재건하였다. 이후 이 지역은 남미 식민통치의 거점이 되었다.

Ⅱ. 식민지 시대: 새 스페인의 탄생

1. 지배와 통치의 확립

중남미에 대한 정복이 완료되고 스페인이 특히 관심을 보였던 곳은 아즈텍 문명이 있던 멕시코와 잉카 제국이 있던 페루였다. 이 두 곳은 금과 은이 생산되는 광산이 있었고 원주민 인구가 많아 노동력이 풍부했다. 또 농경지도 잘 정리되어 농업에서 이익을 얻기에도 유리했다.

스페인은 식민통치 초기에는 공을 세운 정복자를 그 지역의 총독이나 관리로 임명하여 식민지를 다스렸으나 시간이 흐름에 따라 자신의 대리인인 부왕을 보내 식민지를 통치하는 부왕제Virreinato를 실시하였다. 스페인 왕실은 1534년에 누에바 에스빠냐 부왕청을 멕시코에 설치하였고 1543년에는 리마에 페루 부왕청을 세웠다. 1717년에는 오늘의 콜롬비아와 베네수엘라를 관장하는 누에바 그라나다Nueva Granada 부왕청이 만들어졌고 1776년에는 부에노스아이레스에 리오 델 라 플라타Río de la Plata 부왕청이 세워졌다. 부왕의 직무는 군대를 통솔하고, 식민관리들을 임명하고, 왕령을 집행하고, 주민을 보호하고(원주민도 포함하여), 공공사업을 추진하는 것이었다. 부왕은 본국의 귀족이 임명되었다.

스페인 본국에도 식민통치를 위한 기구와 제도가 만들어졌다. 인디아스 위원회Consejo de Indias, 인디아스는 서인도제도를 뜻하는데 크게는 식민지를 의미함는 1511년 설립되어 1524년에 공식적인 기구로 인정되었다. 인디아스 위원회는 일종의 자문기구로 왕실재정과 종교재판을 제외한 신대륙과 관계된 모든 일에 대한 권한을 가지고 있었다. 위원회는 왕실의 승인하에 식민관료들과 성직자를 임명하고 신대륙에 대한 입법권을 행사하였다. 또 식민통치와 관련된 모든 송사를 해결하는 사법기구의 역할도 수행하였는데 주로 본국의 귀족들로 구성되었으나 그 대부분이 식민지에 대한 경험이 없는 자들이었다.

스페인의 식민 지배가 강화되면서 많은 유럽인이 식민지로 건너왔다. 그 가운데는 원주민을 개종시키려고 건너온 가톨릭 신부들도 있었고, 엘도라도El dorado, 황금향를 찾아온 탐험가도 있었다. 그러나 토지를 얻어 농장을 만들어 경제적 부를 얻고자 하는 사람이 가장 많았다.

스페인 왕실은 정복전쟁에 참여한 군인들에게 경제적 보상으로서 계급에 따라 일정 넓이의 토지를 주었고 농사를 짓기 위해 식민지에 온 스페인 사람들에게도 농장을 세울 땅을 나눠주었다. 분배된 토지를 경작하기 위해서 원주민 노동력이 동원되었다. 스페인인은 엔꼬미엔다Encomienda 제도를 통해 원주민들을 동원하여 농사를 지었다. 엔꼬미엔다는 스페인인에게 원주민들을 개종시키고 보살필 의무를 부여하는 동시에 이들의 노동력을 사용할 수 있는 제도였다. 또 레빠르띠미엔또Repartimiento2)도 원주민 노동력을 사용할 수 있는 제도였는데 이를 통해 스페인사람들은 광산에서 귀금속을 캐내어 부를 얻었다. 토지와 노동력을 획득한 스페인 사람들은 식민지에서 점점 더 부유해졌고, 훨씬 더 큰 농장을 갖게 되었다. 그리고 자기 지역에서는 원주민들 위에 군림하는 권력자로서 행세하였다.

스페인은 식민지에 대해 독점과 통제의 경제 정책을 펼쳤다. 이는 중상주의 사상에 기초한 것으로 왕실은 본국에 무역관3)을 설치하고 양 지역

---

2) 레빠르띠미엔또는 정복 초기 카리브 지역의 귀금속 생산에 필요한 노동력을 공급하기 위한 것이었다. 총독은 농장과 광산에 필요한 원주민 노동력을 분배하는 권한을 행사할 수 있었고 농장주와 광산주들은 원주민들에게 일정의 임금을 주어야 했지만 이는 잘 지켜지지 않았다.

3) 1503년 세비야에 최초로 설치된 무역관(Casa de Contratación)은 스페인 왕실의 자문기구인 인디아스 위원회

간의 상거래를 통제하였고 신대륙에는 베라크루스, 파나마, 까르따헤나, 뽀르또 베요의 4개 항구만을 개항하여 교역을 감독하였다. 정부의 허가 없이는 어떠한 교역도 할 수 없었고 상인이 되기 위해서는 부왕의 허가를 받아야 했다. 또 본국과 경쟁이 될 수 있는 생산활동은 제한되었다. 이런 이유로 식민지에서 포도와 올리브의 재배는 금지되었고 잉카와 마야의 뛰어난 수공업은 발전하지 못했다.

식민지에서 농업은 가장 중심적인 경제활동이었다. 스페인을 통해 관개수로나 수레와 같은 새로운 농사기술이 도입되었고 새로운 작물과 가축이 들어와 농업생산이 증가하였다. 포토시, 사카테카스, 과나후아토 등에서 광산이 개발되어 광업도 발전하였다. 그러나 거기서 생산된 부의 대부분은 스페인 사람들이 몫이었고 본국으로 보내졌다. 스페인은 식민지에서 은, 가죽, 설탕, 카카오, 금, 은, 담배, 목재, 염료 등을 가져왔으며 과일, 철, 종이, 천, 칼, 식용유, 술 등의 소비재와 사치품을 수출하였다. 또 본국은 신대륙에서 개인세, 항구세, 광산세, 토지세, 수세, 직물세, 도정세, 작위세, 학위세 등 여러 종류의 세금을 걷었다.

스페인은 중남미를 착취하고 통제하였으며 저렴한 원료공급지이자 본국 상품의 소비지로 간주하였다. 스페인은 식민지에서 가져온 부로 유럽에서 가장 부유하고 강한 나라가 되었으나 반면에 중남미는 처음부터 자립과 발전의 가능성을 빼앗긴 대륙이 되었다.

2. 식민지 사회의 출현

스페인의 식민지 중남미에서는 인종과 문화의 혼혈이 빠르게 진행되었다. 이 결과로 식민지에서 원주민의 전통과 가치에 기반을 둔 사회는 해체

에 의해 감독되었는데 세관과 이민국의 역할을 하였다. 이외에도 항해술 교육기관, 해양연구소, 해사관련사법기구의 기능도 겸하였다. 무역관은 대서양에서 스페인의 해군력이 약화된 1700년대 말까지 유지되었다.

되고 이전과는 전혀 다른 새로운 사회가 출현하였다. 식민지의 사회 구성은 백인→혼혈인→원주민의 인종적 위계에 따라 재형성되었다. 백인은 식민지 사회의 상류층이자 지배층이었다. 16세기 초 식민지에는 스페인과 유럽의 여러 지역에서 온 백인 이민자가 있었다. 뻬닌술라레스^{Peninsulares}라 불렸던 스페인 출신은 대부분이 식민지의 고위직을 맡고, 많은 부를 축적하였다. 반면 식민지에서 태어난 백인인 끄리오요^{Criollo}는 뻬닌술라레스에 비해 차별적인 대우를 받았고 지배계층으로 크게 부상하지 못했다.

유럽에서 식민지에 온 이민자는 남성이 많았기 때문에 백인과 원주민 간의 결혼이 늘어났다. 공식적인 결혼도 있었지만 강제결혼이나 축첩도 많았다. 백인과 원주민 간의 혼혈인은 메스티조^{Mestizo}, 백인과 흑인 간의 혼혈인은 물라토^{Mulato}, 원주민과 흑인 간의 혼혈인은 삼보^{Zambo}라고 하였는데 이들은 식민지 사회의 주 인종이었으며 주로 생산 활동에 종사하였다. 특히 메스티조와 물라토는 비록 백인의 피가 섞였지만, 잘해야 농장이나 광산의 감독을 하는 정도였고 대부분은 힘든 생활을 해야 했다.

한편 식민지에서 원주민들은 농장이나 광산에서 고된 노동을 해야 했고 유럽에서 건너온 전염병, 학살, 중노동, 학대로 인해 그 수는 크게 감소하였다. 콜럼버스가 처음 도착했을 무렵 라틴아메리카에는 이미 3,000~3,500만의 원주민들이 거주하고 있었다. 그러나 수백 명의 스페인군에게 허무하게 정복당한 이들은 하루아침에 피지배 계층으로 전락하였고, 정복된 지 100년도 안 돼 그 수는 90%나 감소하였다. 누에바 에스파냐의 경우, 1519년 원주민 숫자는 250만 명이었는데 1610년 100만 명으로 줄었다. 식민시대는 물론이고 독립 이후에도 이들은 마치 노예와 같이 중남미에서 사회 최하위 계층으로 살아가야 했다. 또 백인들은 부족해진 노동력을 보충하기 위해 아프리카에서 흑인들을 끌고 와 노예처럼 부렸다.

식민지 사회에서 가톨릭의 위상은 막강하였다. 가톨릭은 식민지배를 지탱하는 권력이자 문화였다. 스페인의 중남미 식민화사업은 칼의 정복인 동시에 십자가의 정복이었다. 그래서 교회는 아즈텍과 잉카의 '이상한 말'을 쓰고 '악마'를 믿는 야만인을 스페인어를 구사하고 가톨릭을 믿는 신민으로 바꾸는 식민화 사업의 정신적 부문을 담당하였다. 교회는 일상에서 순종의 생활을 강조하였다. 교회의 설교는 식민당국과 대농장의 억압과 착취에 신음하고 있었던 혼혈인과 원주민에게 위안을 주기도 했지만 지배와 통치에 복종하고 신앙을 통해 현세의 어려움을 받아들이라는 식민지배 순응형 인간상을 만드는 데 일조하였다. 또 가톨릭은 식민지 교육을 '독점'하였다. 대부분의 학교는 성당과 함께 세워졌고 성직자는 교사를 겸하였다. 따라서 가르치는 내용은 매우 신학적이었고 대상은 백인과 소수 혼혈인에 한정되었다. 식민시대에는 초등교육보다 대학교육이 강조되었는데[4] 이는 교회와 국가에 봉사할 인재를 키우는 것이 식민 교육의 주목적이었기 때문이다.

다른 한편으로 가톨릭은 내부적인 문제를 가지고 있었다. 식민지에서 교회는 날로 부유해졌고 원주민보다는 식민당국의 편에 서는 경우가 많았다. 이에 대해 하위 성직자들은 큰 불만을 가졌고 훗날 이들은 중남미 독립을 지지하였다. 또 가톨릭과 국가는 식민 기간 동안 대립하기도 했다. 예수회와의 갈등은 그 대표적인 예이다. 예수회의 특징은 교육과 학문을 통해 봉사와 선교에 힘쓰는 것이다. 예수회는 이를 기초로 16세기 이후 유럽에서 고등교육 발전에 기여하였고 교황을 보좌하여 가톨릭 개혁운동에 전개하였다. 1500년대 중반 파라과이에 정착한 예수회는 이 지역의 포르투갈 식민자들이 원주민들을 노예화하는 것에 반대하였다. 이들은 원주민 교육과 신앙 공동체 건설에 치중하는데 이 때문에 예수회는 자신들만의 국가를 만들려고 한다는 비난을 받았다. 이러한 이유로 왕실은 1767년 예수회를 중남미에서 추방하는 명령을 내렸다.

---

4) 예외적으로 파라과이와 아르헨티나에서 활동했던 예수회는 초등교육을 중요시했는데 특히 농업기술의 전수와 같은 직업교육에 힘썼다.

식민지에서는 본국보다 더 엄격하게 사상을 통제하였다. 당연히 이는 식민통치와 교회의 권위에 도전하는 것을 사전에 막기 위한 것이었다. 식민지 문화를 '수호'하기 위한 방편으로 종교재판은 중요시되었다. 종교재판의 목적은 이교도와 배교자를 징계하기 위한 것이었지만 식민지에서는 그렇지 않았다. 전통과 관습의 도덕성을 지키는 것뿐만 아니라 자유주의 사상을 주장하는 금서를 소지하거나, 교리에 어긋나고, 식민당국을 비판하는 내용을 전파하는 것을 막는 정치적 성격도 있었다. 종교 재판소는 1570년 리마에 최초로 설치되었고 이후 멕시코에도 세워졌다. 출판물의 인쇄도 엄격히 통제되었다. 코르테스가 탐험과 정복 과정을 왕실에 보고한 서한집의 출판도 정복자에 대한 숭배심이 생긴다는 이유로 금지되었을 정도였다.

Ⅲ. 독립의 시대: 근대국가의 형성과 혼란

1. 독립의 조짐들

1600년대 후반 스페인의 무적함대가 영국 해군에게 패하여 해상권이 약화되면서 스페인의 국력은 쇠퇴하기 시작하였다. 스페인은 1701년 스페인 왕위 계승 전쟁에서도 패배하여 영토가 줄어들고 국제적으로 고립되었다. 이를 타개하기 위해 스페인 왕실은 개혁정책을 추진하였지만 세금을 인상하고 식민지에 대한 통제를 강화함으로써 식민지에서 본국의 권위와 인기는 크게 하락하였다.

대농장을 가진 크리오요들은 비교적 식민통치를 지지하는 입장이었으나 이를 비판하는 크리오요도 많았다. 크리오요는 페닌슐라레스에 비해 높은 관직에 오를 수 없어 정치적으로 차별을 받았다. 또 무역이 활발해지고 식민지 경제가 성장하면서 상인과 법률가 같은 중간층 크리오요들이 늘어났는데 이들은 식민지에서 생산한 사탕, 밀, 담배, 포도주 등을 팔아 더 많은 이익을 얻기 위해 자유무역을 원했으며 이것은 스페인의 식민지배를 벗어나야만 가능한 것이었다. 일부 크리오요는 유럽에서 공부하여 인간 이성의 계몽을 중시하는 계몽사상에 영향을 받아 교회의 권위에 바탕을 둔 구시대의 권위와 제도를 반대하고 국왕이 아닌 국민이 통치하는 국가를 생각하고 있었다. 또 이들은 미국 독립, 프랑스 혁명, 아이티 독립을 보면서 그런 꿈을 실현시킬 수 있다는 확신을 갖게 되었다.

독립을 예고하는 조짐들은 18세기 들어서면서 나타나기 시작했다. 1732~35년 크리오요가 중심이 된 파라과이의 아순시온 시의회5)는 원주민 노동력을 사용하지 못하게 하려는 페루 부왕청에 대해 반란을 일으켰다. 또 1749~1752년 베네수엘라의 프란시스코 데 레온Francisco de León은 "국왕 폐하 만세, 스페인 사람은 물러가라Viva el rey. Mueran los vizcaínos"를 외치며 봉기하였는데 그의 목적은 식민지 대농장의 이익을 방어하기 위한 것이었다. 1765년 키토에서도 강력한 저항이 있었는데 그 원인은 지역경제의 쇠퇴와 과도한 세금 때문이었다.

이러한 봉기들은 대부분 국지적인 규모로 일어나서 쉽게 진압되었지만 그렇지 않은 경우도 있었다. 잉카 왕가의 후손인 투팍 아마루Túpac Amaru는 1780~81년 봉기하였는데 노예해방을 선언하여 흑인과 물라토가 합류하면서 세력이 크게 확대되어 식민지 당국에 큰 위협이 되기도 하였다. 1781년 보고타 인근의 소꼬로 시의 농장주들은 조세인상과 국가독점에 반대하여 봉기하였다. 식민당국이 이들의 요구를 일부 수용하여 사태는 해결되었다. 1797년 베네수엘라의 호세 마리아José María España와 마누엘 구알Manuel Gual이 루소와 백과전서파를 추종하여 노예제 폐지와 공화주의적 평

---

5) 시의회는 까빌도(cabildo)라고 했는데 초기에는 정복자들에 의해 임명되었지만 나중에는 선거를 통해 선출되었다. 시의회는 부왕제가 확립되기 전까지 본국에 대해 상당한 자치권을 누렸다. 중요 사안이 있을 때는 공개 시의회가 열려서 크리오요들이 지역 현안을 협의하였기 때문에 민주적인 성격을 가졌다. 일반적으로 시의회는 크리오요의 이익을 대변하였고 비교적 부왕이나 본국에 대해 자치적이었다. 이러한 이유로 남미지역의 독립에서 주도적 역할을 수행하였다.

등주의를 주장하며 식민 당국에 맞섰는데 여기에는 다수의 흑인과 물라토가 동참하였다. 1798년 브라질에서는 '재봉사의 반란'(지도부에 재봉사들이 많이 참여하였다)이 있었다. 이들은 독립, 민주공화제, 자유무역, 자유, 평등, 노예제폐지, 인종차별폐지 등을 요구하였다. 베네수엘라의 크리오요 프란시스코 미란다Francisco Miranda는 좀 더 구체적인 독립운동을 계획하였다. 그는 영국과 미국에 베네수엘라 독립 지원을 요청하기도 했다. 미국 혁명의 모델을 이상으로 삼았던 그는 1806년 미국에서 독립군을 이끌고 베네수엘라 해안에 상륙하였지만 대중의 지지를 얻지 못하고 실패했다. 이와 같이 18세기 중남미에서 일어났던 저항은 스페인에서 독립하는 것을 목표로 한 경우도 있었고 잘못된 식민통치에 반대하는 것도 있었다.

한편 스페인을 누르고 새로운 강대국으로 부상한 영국과 프랑스는 스페인 식민지에 눈독을 들이기 시작했다. 특히 산업 혁명으로 경제가 크게 발전한 영국은 중남미가 독립하여 그들과 자유무역을 하여 더 큰 이익을 얻을 수 있길 기대했다. 그래서 영국은 라틴아메리카의 크리오요들의 독립 움직임을 은밀히 지원하였다. 그러던 중 1808년 프랑스의 나폴레옹이 스페인을 침공했다. 나폴레옹은 영국을 굴복시키기 위해 대륙봉쇄 작전을 펼쳤는데 포르투갈은 이에 협조하지 않았다. 따라서 프랑스는 포르투갈을 침공하고 스페인도 점령하였다. 나폴레옹은 자신의 형 조제프를 스페인의 왕으로 세웠고 스페인의 카를로스 4세는 황태자 페르난도 7세와 함께 쫓겨났다가 몇 년 뒤에야 왕위에 복귀할 수 있었다. 이 사건으로 스페인 왕실의 권위는 땅에 떨어졌고 식민지배체제는 크게 약화되었다.

2. 영웅들

(1) 멕시코의 독립

식민지에서 가장 먼저 독립운동이 시작된 곳은 멕시코였다. 멕시코는 원주민 인구가 많아 노동력이 풍부하고 일찍부터 대규모 은광이 발견되어 경제적으로 중요한 곳이었다. 또 스페인과도 가깝고 스페인 사람들이 많이 살고 있었기 때문에 식민통치의 중심지 역할을 하였다. 따라서 스페인은 이곳에 부왕청을 설립하고 철저하게 통제하고 감시하였다. 멕시코의 크리오요들도 식민지배에 불만을 갖고 있었으나 스페인의 지배를 거부하고 독립을 하자는 자들도 있었고 원주민의 저항이 두려워 독립에 미온적인 크리오요도 있었다.

그러던 중 1810년 미겔 이달고 신부가 돌로레스에서 가혹한 식민지배를 규탄하며 봉기를 일으켰다. 가난한 메스티소들과 농민들은 합세하여 이달고를 따르는 사람들이 순식간에 수만 명으로 불어났다. 봉기는 시간이 갈수록 과격해져 백인들을 죽이는 폭동으로 변하였고, 이들은 멕시코 시를 향해 진격하였다. 스페인군은 크리오요들과 손잡고 이들의 진압에 나섰다. 결국 반군은 패배하고, 이달고 신부는 처형되었다.

그러나 한번 붙은 독립 운동의 불씨는 꺼지지 않고 계속 타올랐다. 이달고 신부의 뒤를 이어 모렐레스 신부와 비센테 게레로가 투쟁을 이어나갔고, 곳곳에서 크고 작은 봉기와 반란이 계속되었다. 그러나 멕시코의 독립은 다른 힘에 의해 이루어졌다. 크리오요로서 이달고의 독립군을 진압했던 사령관 이투르비데는 1821년 게레로와 연합하여 군대를 이끌고 멕시코 시에 입성하여 독립을 선포하였다. 그리고 얼마 뒤 멕시코의 황제에 즉위하였다. 그러나 군주제를 반대하던 군 출신의 산타 안나가 1823년 그를 몰아내고 의회를 소집하였다. 멕시코 공화국이 선포되었고 과달루페 빅토리아가 초대 대통령에 취임하여 멕시코의 완전한 독립이 이루어졌다.

원주민과 메스티조는 스페인의 가혹한 식민 통치에서 벗어나기 위해 독립을 희망하였으나 독립의 완수는 결국 크리오요에 의해 이루어졌다. 스페인을 대신하여 새로운 통치자가 된 크리오요의 멕시코는 이후 새로운 문제들에 직면하게 되었다.

(2) 남아메리카의 독립

멕시코에서 이달고 신부가 봉기를 일으킨 이듬해, 베네수엘라 지역의 크리오요들도 카라카스에 모여 스페인으로부터 독립을 선언하고 독립전쟁을 시작하였다. 이 움직임을 주도한 인물 중의 한 사람이 시몬 볼리바르였다. 그러나 전세가 불리하여 볼리바르의 혁명 운동은 성공하지 못했고 그는 수차례 해외로 망명해야만 했다. 그러나 결국 그는 영국 등의 지원을 받아 1819년 스페인군을 물리치고 지금의 콜롬비아 지역인 누에바 그라나다를 독립시켰다. 그는 스페인군을 격퇴하여 1821년에는 베네수엘라를 1822년 에콰도르를 해방시켰다. 콜롬비아, 베네수엘라, 에콰도르를 독립시킨 그는 '해방자'로 추앙받았다.

독립 운동의 불길은 아르헨티나 지역에서도 일어났다. 1810년 부에노스아이레스 까빌도에서는 크리오요들이 스페인으로부터의 독립을 논의하였고 1816년에는 라플라타 연합국의 독립을 선언하였다. 그러나 아르헨티나와 남미의 완전한 독립을 위해서는 남미의 식민통치 거점인 페루에 있는 스페인군을 격퇴해야 했는데 이 임무는 산 마르틴에게 맡겨졌다. 그는 칠레의 독립운동가 오이긴스[6]와 함께 1817년 5천 명의 군대를 이끌고 험준한 안데스 산맥을 넘어 스페인군을 격파하고 칠레의 해방을 선언하였다. 1820년 그는 페루로 가서 크리오요들에게 독립의 필요성을 설득하고 스페인군을 물리치고 페루의 독립을 선언하였다. 페루에서 그는 '수호자'라는 칭호를 받았다. 그러나 페루 북부 지역(지금의 볼리비아)은 아직도 스페인 군대가 장악하고 있었다. 라틴아메리카의 독립에 마침표를 찍기 위해 새로운 전기가 필요했다. 그래서 산 마르틴은 북쪽에서 독립 운동을 이끌고 있는 볼리바르에게 회담을 제의했다.

---

6) 칠레 건국의 아버지인 베르나르도 오이긴스(1778~1842)는 칠레에서 태어나 영국에서 교육받았는데 거기서 중남미 독립에 대해 믿음을 가지게 되었다. 칠레에서 독립 의회가 만들어졌을 때 오이긴스도 참여하였으나 스페인 군대에 패하여 아르헨티나로 도피하였다. 그는 산 마르틴과 함께 독립전쟁을 벌여 칠레를 해방시키고 칠레의 초대 대통령이 되었다.

1822년 볼리바르와 산 마르틴은 에콰도르의 항구 도시 과야킬에서 만났다. 시몬 볼리바르와 산 마르틴은 서로 힘을 합쳐 남미 독립을 완성시켜야 한다는 데 합의하였다. 하지만 두 사람은 독립 이후의 계획에 대해 다른 생각을 가지고 있었다. 산 마르틴은 페루는 아직도 스페인 지지 세력의 뿌리가 깊고, 크리오요들도 보수적이기 때문에 유럽의 왕족을 데려다 입헌 군주국을 세워야 한다고 주장하였다. 그러나 볼리바르는 군주제는 남미 독립 정신에 어긋나기 때문에 공화국을 세워야 한다고 생각했다. 회담의 결과 남미 독립 전쟁의 지휘권은 볼리바르에게 넘겨졌고 권력에 대한 야심이 없었던 산 마르틴은 독립 운동에서 은퇴하였다.

1825년 마침내 볼리바르는 안데스 고원으로 진격하여 페루 북부 지역을 해방시켰으며, 그 지역은 볼리바르의 이름을 딴 볼리비아로 독립하게 되었다.

이로써 300년 동안 계속되었던 스페인의 중남미 지배는 막을 내리게 되었다. 15년 동안 각지에서 일어난 독립 전쟁에는 그동안 스페인의 식민 지배로 온갖 고통을 당하던 원주민들도 대거 참여했지만 전쟁을 이끈 사람들은 백인 크리오요들이었다. 각 지역 크리오요들의 생각은 지역에 따라 제각각이어서 독립 이후 남미에 어떤 나라를 세울 것인가가 새로운 숙제로 던져졌다.

3. 깨어진 꿈

라틴아메리카의 독립이 이루어진 후 볼리바르는 1825년 파나마에서 각 지역의 독립군 지도자들을 소집하여 아메리카 회의를 개최하였다. 그는 남미 각 지역이 따로 따로 분리 독립할 것이 아니라 하나의 연방 공화국으로 단결해야 한다는 꿈을 갖고 있었다. 그는 영국, 프랑스 등 유럽 세력을 막아내기 위해서는 라틴아메리카가 하나로 단결하는 것이 절실하다고 생각했다. 더욱이 북쪽의 거인 미국이 발전하는 모습을 보면서 미국과 어깨를 겨루기 위해서는 단결해야 한다는 생각을 더욱 굳게 가졌다.

그러나 회의에 참석한 독립군 지도자들의 생각은 서로 달랐다. 이들은 각 지역이 고유한 지리와 문화를 가지고 있고 그래서 자신들이 각자의 지역에서 주인이 되어야 한다고 믿었다. 또 영국과 미국도 라틴아메리카 단결을 원하지 않았다. 결국 회의는 아무 성과 없이 끝났고 지역 간의 대립만 심해졌다.

볼리바르는 남미의 북부 지역만이라도 통합되기를 바랐지만 그가 죽자 그란 콜롬비아 공화국이 해체되고 콜롬비아, 베네수엘라, 에콰도르로 나뉘었다. 또 1823년 스페인을 몰아내고 멕시코에서 중미합중국으로 독립했던 중미는 1838년 산산이 흩어져 과테말라, 온두라스, 니카라과, 엘살바도르, 코스타리카의 5개국으로 각각 분리되었다. 뿐만 아니라 함께 독립했던 우루과이도 아르헨티나에서 쪼개졌다.

자기 나라의 이익을 위하여 라틴아메리카 국가 간 전쟁이 일어나기도 했다. 1865년 아르헨티나, 브라질, 우루과이가 연합하여 파라과이와 전쟁을 했다. 이 전쟁에서 패한 파라과이는 큰 손실을 입었고 인구도 100만 명에서 30만 명으로 줄어들었다. 국경선과 자원을 둘러싸고도 전쟁이 일어나기도 했다. 대표적인 예가 초석을 둘러싸고 칠레와 볼리비아 간에 벌어졌던 태평양 전쟁이었다. 초석은 화약의 재료로 쓰이던 값비싼 광물로 볼리비아와 페루의 태평양 연안에서 많이 생산되었다. 따라서 주변국인 칠레는 이 지역에 눈독을 들이고 있었는데 결국 1879년 칠레가 볼리비아의 초석광산지역을 점령하자 볼리비아와 페루가 연합하여 칠레와 전쟁을 벌이게 되었다. 이 전쟁에서 칠레가 승리하여 페루와 볼리비아는 초석 생산지역을 잃게 되었고 특히 볼리비아는 태평양 지역의 영토를 잃어버려 바다가 없는 나라가 되었다.

이런 분열 속에 각국에서 권력을 장악한 사람들은 카우디요Caudillo라고 불리는 군인 정치가들이었다. 이들은 독립 전쟁을 통해 무장한 군대를 거느리게 된 정치가이자 가부장적 권위를 가진 독재자들이었다. 그들은 권력을 독차지하면서 반대파들을 탄압하는 정치를 펼쳤다. 멕시코의 산타 안나, 파라과이의 로드리게스 데 프란시아, 아르헨티나의 로사스 등이 대표적인 인물이었다. 이들은 소수의 상류층의 이익만을 대변해 대다수 국민들의 불만을 샀고, 이를 핑계 삼아 또 다른 카우디요가 정변을 일으키는 등 정치적 혼란이 거듭되었다. 독립을 주도했던 카우디요는 독립 후 국가 건설과 통합에 기여한 면도 있지만 무력에 기반을 둔 정치를 함으로써 민주주의를 저해하는 주인공이 되었다.

반면 이 시기에 라틴아메리카 각국은 미국과 유럽 국가를 모방하거나 본을 삼아 헌법을 만들어 근대국가로의 틀을 세웠다. 법률상 선거와 기본적인 인권 보장, 삼권 분립 등을 규정하였으나 제대로 지켜지지 않는 경우가 많았다. 원주민이나 메스티소들은 대부분 글을 읽을 줄 몰라 그 내용이 무엇인지도 몰랐고 그래서 이들은 법의 보호를 받을 수 없었다. 결국 정치는 여전히 소수 권력자의 손아귀에 놓여 있었다.

참고문헌

민만식 외(1993), 『중남시사』, 민음사.

임상래 외(1998), 『중남미 사회와 문화』, 부산외대 출판부.

임상래(2006), 『라틴아메리카, 독립과 혁명을 향해(타임캡슐 세계역사 29)』, 웅진 씽크빅.

장혜주 · 정혜주(2006), 『마야, 아스텍, 잉카 문명, 아메리카에서 꽃 핀 문명들(타 임캡슐 세계역사 18)』, 웅진씽크빅.

카를로스 푸엔데스(서성철 역)(1997), 『라틴아메리카의 역사』, 까치.

한국가톨릭대사전편찬위원회(1985), 『한국가톨릭대사전』, 한국교회사연구소.

Larry Richards(김진우 역)(1987), 『신학용어해설사전』, 생명의 말씀사.

Almanaque Mundial(1989), Editorial América, Panamá.

Burkholder, Mark A. & Lyman L. Johnson(1990), Colonial Latin America, Oxford University Press.

Céspedes, Guillermo(1988), la Independencia de Iberoamérica La Lucha por la libertad de los pueblos, Ediciones Anaya.

Chang Rodríguez, Eugenio, Latinoamérica: Su civilización y su cultura, 1983, Newbury House Publishers, Cambridge.

Chaunu, Pierre(1964), Historia de América Latina, Editorial Universitaria de Buenos Aires.

Cosío Villegas, Daniel, et.al.(1976), Historia General de México 1, El Colegio de México, México.

Henríquez Ureña, Pedro, Historia e la Cultura en la América Latina, 1986, Fondo de Cultura Económica, México.

Hopkins, Jack W.(edit)(1987), Latin America. Perspectives on a Region, Holmes & Meier, New York.

Lozano Fuentes, José Manuel & Amalia López Reyes, Historia de América, 1978, CECSA, México.

Ruiz de Lira, Rafael(1978), Historia de AMERICA LATINA 3 - 4, Editorial Hernando, España.

Zaragoza, Gonzalo(1987), Los Grandes Descubrimientos, Anaya.

Part 2

라틴아메리카의 지리,
지연, 인간

Ⅰ. 라틴아메리카라는 명칭

오늘날 서반구를 구성하는 육지와 바다의 이름은 역사적으로 거슬러 올라가면 40개 이상의 이름을 가지고 있었다. 서반구는 고대 그리스 천문학자의 연구에서도 그 존재가 나타나며, 고대 중국 항해를 통해서도 그 존재는 나타난다.

이 지역은 프톨로메오^{Claudio Ptolomeo Alejandrino}에 의해 '인디아 오리엔탈리스 이 카티가라^{India Orientalis y Catigara}'로 불렸다. 지금의 아메리카의 원주민들이 부르는 명칭들도 있는데, 일부는 역사에 기록되어 있다. '수아니아^{Zuania}'가 첫 이름이었고, 카리브 해를 제외한 전 대륙에서 그렇게 알려져 있었다. 1493년 11월 5일 크리스토발 콜론^{Cristóbal Colón}7)의 아들인 에르난도 콜론^{Hernando Colón}이 쓴 콜럼버스 일대기에서도 이를 따르고 있다. 오늘날 파나마와 콜롬비아 지역의 쿠나어로는 '완전히 성숙한 땅'이라는 의미로 '압야얄라^{Abya-Yala}'라고 불렀고, 멕시코의 나우아틀어로는 '물 가운데 있는 땅'이라는 의미의 '아나왁^{Anahuac}'이라고 하였고, 고대 잉카에서는 '네 방위의 땅'이라는 의미의 '타완틴수유^{Tawantinsuyu}'도 선사시대에 사용된 이 지역 명칭이었다.

16세기부터는 보다 많은 지명들이 사용되었다. 이러한 지명들은 제한된

---

7) 크리스토퍼 콜럼버스

지역에서 사용되었지만 조금씩 알려지게 되었다. 티에라 피르메^{Tierra Firme},
파리아^{Paria}, 카리바나^{Caribana}가 그런 예들이다. 이탈리아 사람인 페드로 마
르티르^{Pedro Mártir de Anglería}는 당시 '신세계^{Mundus Novus}'라는 표현을 만들었
다. 그리고 콜럼버스의 동생 바르톨로메 꼴론^{Bartolomé Colón}의 설명을 듣고
조르지^{Alejandro Zorzi}가 그린 그림에서도 '신세계^{Mondo Novo}'를 사용했다.

콜럼버스는 바르톨로메 데 라스 까사스^{Bartolomé de las Casas} 신부의 제안
에 따라 이 지역을 '티에라 산타^{Tierra Santa, 성스러운 땅}' 혹은 '티에라 데 그
라시아^{Tierra de Gracia, 은혜의 땅}'라고 부르자고 제안하기도 했다. 라스 카사
스 신부는 1527년 오늘날의 콜롬비아 지역을 '신세계^{Nuevo Mundo}'라고 부르
기도 했지만, 그의 책에서는 인디아스^{Indias}라고 사용했다.

'아메리카'라는 용어는 발제뮐러^{Martín Waldseemüller}와 같은 독일인들이 제
안한 것이었는데, 16세기부터 스페인 외부에서 급속도로 파급되었다.
1520년 아피아누스^{Petrus Apianus}가 발간한 <Polyhistoria de Solio>에서 '신지
구^{Orbe Novo}', '세상의 다른 곳^{Mundus Alter} 또는 '신세계^{Mundus Novus}'라는 땅
에 '아메리카'라는 이름을 붙인 세계지도를 포함했다. 아메리카라는 용어
에 대해 18세기 중반까지 스페인인들은 좋은 인식을 갖지 않았을 뿐만 아
니라 아메리카를 사용하는 것을 금지하고 불법화하기까지 했다. 이는 스
페인이 붙인 공식명칭인 서인도제도^{Indias Occidentales}와 콜럼버스의 영광을
거스르는 것이었기 때문이다. 스페인에서는 국왕 카를로스 2세의 이름을
따서 '오르베 까롤리노^{Orbe Carolino}'라고 부르고자 했으나 스페인 외부에서
는 별 호응을 얻지 못했다.

19세기 중반부터는 이 지역을 지칭하는 용어로서 조금 다른 의미를 가
진 용어들이 사용되기 시작했다. 일반적으로 정치적인 의의를 갖는 것들
로, 히스파노콜롬비아^{Hispanocolombia}, 히스파노아메리카^{Hispanoamérica}, 아메리
카 에스파뇰라^{América Española}, 그리고 가장 큰 성공을 거둔 아메리카 라티
나^{América Latina}가 있다.

20세기에는 다른 활용도를 지닌 용어들도 등장했다. 인도아메리카 Indoamérica, 아메르인디아Amerindia, 이베로아메리카Iberoamérica, 에우린디아 Eurindia 등이 그것이다. 이 명칭들에는 유럽인들과 아메리카인들을 제외한 아프리카인, 아시아인, 아랍인들의 존재가 없어 차별적인 요소를 지니고 있다. 또 이 대륙의 대다수를 차지하는 크리오요와 메스티소들을 포함하지 않기 때문에 많이 사용되지 않은 용어들이다.8)

그러면 <라틴아메리카>라는 용어는 어디서 비롯되었을까? 이 용어는 아메리카 대륙의 한 부분을 지칭하는 복합명사다. 지리적으로는 멕시코의 브라보Río Bravo 강에서 티에라 델 푸에고Tierra del Fuego까지이며, 카리브 해의 섬들이 포함된다. 정치사회적, 혹은 문화적으로 라틴아메리카는 영어권 아메리카와 구별된다. 아르투로 아르다오Arturo Ardao9)에 의하면, <라틴아메리카>라는 표현은 스페인어, 포르투갈어, 프랑스어를 사용하는 아메리카를 총칭하는 것이며, 남아메리카, 중앙아메리카를 대체하는 정치-문화적 개념을 지닌 용어다. 아무튼 <라틴아메리카>라는 용어는 상당히 복잡한 정치경제적 상황과 역사-문화적 맥락의 산물이다.

Ⅱ. 자연환경

라틴아메리카 대륙의 아름다움은 콜럼버스의 항해로 이 지역이 유럽에 알려지게 된 이후로 많은 유럽인들의 찬사를 받아왔다. 우리나라에서도 최근 텔레비전 방송 등을 통해 아마존이나 안데스와 같은 지역에 대해 알려지면서 많은 사람들이 가보고 싶어 하는 곳이 되었다.

18세기부터 많은 북아메리카 사람들이 라틴아메리카를 여행하면서 풍

---

8) http://www.cialc.unam.mx/pensamientoycultura/biblioteca%20virtual/diccionario/america.htm
9) 우루과이의 역사학자이자 철학자로 이 주제의 전문가.

부한 수량의 강들과 끝없이 높고 길게 솟은 산들, 그리고 평원들을 보고 놀라움을 금치 못했다고 한다. 또 독일의 과학자 훔볼트Alexander von Humboldt, 1769~1859는 1799년부터 1804년까지 라틴아메리카에서 베네수엘라의 오리노코 강 상류와 아마존 강 상류, 에콰도르 키토 부근의 화산과 안데스 산맥을 조사하기도 했다. 페루에서는 해류의 흐름을 파악하여 페루 앞바다를 거슬러 북쪽으로 흐르는 해류의 흐름을 밝혀 '훔볼트 해류'라는 명칭을 남기기도 했다. 또 바닷새들의 분뇨가 퇴적되어 만들어진 구아노guano가 비료로서 가치가 있다는 것을 확인하여 이를 유럽으로 수입하는 방법을 찾기도 했다. 다윈Charles Robert Darwin은 배를 타고 6년간 브라질, 아르헨티나, 칠레를 거쳐 갈라파고스 군도를 비롯한 라틴아메리카의 해안선을 여행했고, 1500여 종 이상의 동물표본을 채집하여 자신의 연구에 상당한 바탕을 만들었다.

자연환경은 그 지역 사람들의 활동과 발전의 바탕을 이루는 중요한 요소다. 원주민들이 살던 지역의 분포는 지리적 위치와 기후와 깊은 관련이 있으며, 아르헨티나의 밀 생산이나 중미지역의 바나나생산, 그리고 쿠바나 브라질의 사탕수수 생산도 지리적 조건이 핵심적 요소를 이룬다. 따라서 라틴아메리카의 산과 강, 평원 등은 라틴아메리카를 이해하는 데 빠질 수 없는 부분이다.

아메리카대륙에서 미국과 캐나다를 제외한 모든 지역이 라틴아메리카에 해당한다. 지리적으로는 리오그란데10)에서 티에라 델 푸에고Tierra del Fuego까지 펼쳐져 있다. 길이는 약 1만 3000킬로미터에 달하며 동쪽에서 서쪽까지 가장 긴 곳이 약 5,000킬로미터에 달한다.

총면적 2,053만 제곱킬로미터 정도로 세계 육지면적의 약 1/5을 차지한다. 이는 유럽면적의 3배에 달하는 것이며, 브라질만 하더라도 미국보다 더 넓다. 남아메리카의 가장 동쪽 지점에서 아프리카까지는 2,494km 정도

---

10) 멕시코에서는 리오 브라보 델 노르테(Rio Bravo del Norte) 혹은 리오 브라보라고 부른다.

의 거리에 있다. 위도로는 북위 33°에서 남위 54°, 서경 34°에서 118° 사이에 위치해 있으며, 파나마 지협을 통해 남북 아메리카 대륙이 연결된다.

라틴아메리카는 지리적으로 북미, 중미, 카리브 그리고 남미로 세분될 수 있다. 멕시코가 북미에 포함되고, 중미에는 과테말라, 엘살바도르, 니카라과, 코스타리카, 온두라스, 파나마, 벨리즈가 있다. 남미에는 콜롬비아, 베네수엘라, 에콰도르, 페루, 볼리비아, 브라질, 칠레, 아르헨티나, 우루과이, 파라과이, 수리남, 프랑스령 기아나, 그리고 영연방 국가인 가이아나가 있다.

카리브 해 지역에는 많은 섬들이 있는데, 대 앤틸리스 제도에 가장 많은 인구가 거주하고 있으며, 여기에는 쿠바, 아이티, 도미니카공화국이 있다. 또 안티구아 바르부다, 도미니카, 그레나다, 가이아나, 자메이카, 세인트 키츠 네비스, 세인트루시아, 세인트 빈센트 그레나딘, 트리니다드 토바고가 카리브 지역의 영연방 국가이고, 영국령인 몬세라트, 프랑스령 과들루프와 그 속령인 마리 갈랑트가 있다. 미국령으로는 푸에르토리코와 버진 아일랜드, 그리고 세인트 마틴 섬은 프랑스령과 네덜란드령으로 나뉘어 통치되고 있다.

북미의 로키산맥은 멕시코의 시에라마드레 옥시덴탈 산맥과 시에라마드레 오리엔탈 산맥으로 지나다가 시에라마드레 델 수르로 연결된다. 이 산맥들은 중미 지협으로 연결되고 이후 다시 남미의 안데스 산맥으로 이어진다. 이 산맥들에는 많은 화산들이 있으며, 코스타리카의 포아스 화산은 여전히 활동 중이다.

안데스 산맥은 히말라야 산맥 다음으로 세계에서 가장 높은 봉우리를 가지고 있으며 산맥의 길이는 4,300킬로미터에 이르고 폭은 320킬로미터 정도로 거대한 산맥이다. 이 산맥들은 수많은 화산들과 높은 봉우리들로 이루어져 있는데, 칠레와 아르헨티나 사이의 아콩카구아Aconcagua는 높이가 6,850킬로미터 정도다. 안데스 산맥은 우루과이, 파라과이와 브라질을 제외한 모든 국가에 걸쳐 있다. 이 산맥에서 세계에서 나일 강 다음으로 긴 아마존 강이 시작되고 파라나 강과 리오 델 라플라타 강, 우루과이, 파라과이 그리고 브라질의 수원에 영향을 준다. 아마존은 안데스의 동쪽으로 넓게 펼쳐져 있다.

라틴아메리카에서는 많은 도시들이 이 산맥들에 있는데, 해발 2,000킬로미터 이상에 있는 도시들도 많다. 멕시코시티는 해발 2,240킬로미터, 콜롬비아의 보고타는 해발 2,591미터, 에콰도르의 키토는 2,850미터, 그리고 세계에서 가장 높은 수도인 볼리비아의 라파스는 해발 3,640미터에 위치해 있다.

라틴아메리카 대부분의 지역이 북회귀선과 남회귀선 사이에 위치하고 있으며 적도를 중심으로 남북으로 펼쳐져 있기 때문에 열대와 아열대기후대에 속한다. 하지만 높은 고산지역에 도시가 위치함으로써 비교적 쾌적한 기후에서 사람들이 생활할 수 있는 특징을 가지고 있다.

풍부한 수량을 자랑하는 라틴아메리카의 하천은 다섯 개의 거대한 조직으로 나뉠 수 있다. 그중 가장 큰 하천인 아마존 강과 파라나-라플라타 강, 카우카-막달레나 강, 오리노코 강, 산 프란시스코 강이 주요 조직을 이루고 있다. 이들 강은 라틴아메리카의 전체 지형이 서쪽이 높고 동쪽이 낮기 때문에 모두 대서양으로 흘러간다. 아마존 강은 세계에서 가장 많은 수량을 자랑하고 그 길이는 이집트의 나일 강 다음으로 세계에서 가장 긴 강이다. 아마존 강은 페루에서 대서양까지 3,200킬로미터에 달하고 그 지류들도 수백 킬로미터에 달한다. 아마존 강 유역은 매우 광대하여 브라질, 볼리비아, 페루, 에콰도르, 콜롬비아와 베네수엘라의 상당부분에 걸쳐있다. 이 강은 아마존 밀림으로 인해 접근 불가능한 지역을 이어주는 거대하고도 중요한 수로 망을 제공한다.

파라나-라플라타 강은 파라과이와 아르헨티나북부, 우루과이, 볼리비아와 브라질 일부지역으로 연결되어있다. 파라과이 강, 필코마요 강 그리고 라플라타 강으로 알려져 있는 파라나 강과 우루과이 강을 이루는 지역인데, 그 하구의 폭은 240킬로미터에 이른다. 그래서 강 하구에서 반대편을 바라보면 반대쪽이 보이지 않아 바다로 착각할 수 있지만 황토가 섞인 물이 흘러가는 거대한 강이다. 1516년 파라나 강을 탐험하는 과정에서 은(銀)이 발견되어 스페인 국왕 카를로스 1세가 '라플라타(은)'라고 이름 지은 이 강의 연안에는 아르헨티나의 부에노스아이레스와 우루과이의 몬테비데오가 있다. 특히 하구에는 상류로부터 흘러내려온 토사로 그 수심이 더욱 얕아져 몬테비데오 항(港)과 부에노스아이레스 항에 이르는 항로는 항상 준설하지 않으면 운항할 수 없으며, 파라과이의 수도 아순시온까지 이어지는 매우 중요한 교통망을 형성한다. 콜롬비아의 안데스 남쪽에서 발원하여 카리브 해 쪽으로 흐르는 막달레나 강은 북쪽으로 1,620킬로미터 가량 흐르는데, 카리브 해와 내륙에 위치한 콜롬비아의 보고타를 잇는 중요한 수로다.

오리노코 강은 베네수엘라 안데스 산맥 남쪽과 구아야나 고원의 북쪽으로 돌아가다가 2,415킬로미터를 흘러 카리브 해로 들어간다. 오리노코 강 지류 중 하나는 아마존 강이 시작되는 곳과 매우 가까운 곳에서 운하로 연결되어 있다. 브라질 고원의 한쪽으로 흐르는 약 2,900킬로미터의 상프란시스코 강은 대서양과 나란히 남에서 북으로 흐르다가 동쪽으로 다시 430킬로미터 가량을 흐른다.

라틴아메리카에는 거대한 평원들도 많이 있다. 가장 방대한 평원은 안데스와 브라질 동쪽에서 1/3정도에 위치한 저지대로, 파라나−라플라타 강 지대까지 남쪽으로 펼쳐진다. 이 저지대는 아르헨티나의 거대한 평원인 팜파스와 연결된다.

다음으로 큰 평원은 브라질 고원인데, 서쪽은 산악지대이면서 높낮이가 불규칙하지만, 동부지역은 대략 해발 600미터에서 900미터 사이로 평평하다. 아르헨티나의 팜파스는 서쪽 안데스까지, 그리고 남쪽으로는 파타고니아까지 연결된다. 이 지역은 대단히 비옥하고 돌도 거의 없으며 목초로 뒤덮여 있다. 그래서 이 지역은 목축에 매우 적합한 환경을 가지고 있기도 하다.

아르헨티나 콜로라도 강의 남쪽에 위치해 있는 파타고니아도 목축에 적합한 풀들로 뒤덮여 있고, 강한 바람이 많이 부는 지역이라 사람들이 많이 살지 않는다. 이 외에도 베네수엘라에 있는 20만 제곱킬로미터가 넘는 차코평원과 멕시코 중부에서 북부에 걸쳐 있는 멕시코 고원 등이 있다.

라틴아메리카에는 아프리카나 아시아, 오스트레일리아만큼 넓지는 않지만, 세계에서 가장 건조한 사막 중 하나인 아타카마 사막이 있다. 이는 안데스 산맥과 태평양 사이에 있으며, 칠레의 북쪽해변과 페루의 거의 모든 해변, 그리고 과야킬guayaquil 부근의 구아야스guayas 강에 이르는 에콰도르 남쪽까지 펼쳐져 있다. 이 사막은 아프리카의 사하라 사막보다 더 건조한데, 남극에서 나온 훔볼트 해류가 페루연안을 가까이 지나면서 주변지역의 온도를 낮추기는 하지만 비가 거의 내리지 않기 때문이다.

Ⅲ. 기 후

라틴아메리카의 기본적인 지리적 특성은 산맥, 강, 평원, 바다, 사막 등 매우 다양한 특징을 가지고 있다. 다양한 지형적 특징으로 인해 기후도 매우 다양하며, 식생도 지역에 따라 많은 차이를 보인다.

라틴아메리카의 기후는 열대에서 냉대까지, 지구상에 존재하는 거의 대부분의 기후대가 존재한다. 이러한 기후는 해당 지역의 위도, 고도, 해류, 그리고 그에 따른 공기의 흐름이 서로 어떻게 만나게 되는지가 결정요인이 된다. 라틴아메리카 대륙의 2/3가량이 적도를 중심으로 북회귀선과 남회귀선 사이에 위치하고 있으며 저지대에서는 열대기후에 해당된다. 이 지역은 연평균기온이 섭씨 20도가 넘고 풍부한 강수량을 자랑한다. 이 지역의 가장 특징적인 부분은 가장 추운 달과 가장 더운 달의 평균 기온차이가 섭씨 1도밖에 나지 않는다는 점이다. 대신 주간의 기온과 야간의 기온이 열대 산악지역의 경우 15~20도 정도가 되는데, 연간 기온 변화와는 매우 다른 양상을 보인다. 그래서 열대지역에서는 밤이 겨울이라는 말도 있을 정도다. 열대기후대를 벗어나는 곳은 멕시코와 파라과이 남부지역인데, 여름과 겨울이 확연히 구별될 정도로 연간 기온차이는 크게 나타난다. 남미 남부지역에서 위도가 커지면 연평균 10도 이하로 연간 추운날씨가 더 많고 만년설이 있는 곳도 있다. 따라서 열대와 아열대 기후에 속하는 지역이 가장 많다. 그러나 안데스 산맥과 같은 높은 산맥 때문에 같은 열대기후대라 하더라도 고도에 따라 온대, 한대 지역에 속하기도 한다.

아마존 저지대는 전형적인 습한 열대기후이며 열대우림이 형성되어 있다. 아마존 지역의 기후는 섭씨 20도에서 32도에 달한다. 안데스 산맥에는 일 년 내내 툰드라 기후인 곳도 있다. 칠레의 사막지역은 편서풍이 습기를 가지고 와서 안데스의 서부지역에 비를 내리기 때문에 산악의 동쪽에는 거의 비가 내리지 않게 되면서 나타난다. 또 차가운 페루해류가 칠레의 북부와 페루연안을 건조하게 한다. 차가운 해류는 습기를 많이 함유하지 못하기 때문이다. 남미에서 온도가 가장 높은 곳은 아르헨티나의 그란차코 지역인데, 섭씨 43도 가까이 올라간다. 남미에서 가장 습한 지역은 아마존 저지대, 프랑스령 가이아나 연안, 기아나, 수리남, 칠레 남서부, 콜롬비아와 에콰도르 연안인데, 그 중에서도 콜롬비아의 낍도Quibdo 지역은 연간 890센티미터의 최고 강우량을 자랑한다.

라틴아메리카에서 가장 독특한 기후현상은 엘니뇨다. 매 2년에서 7년 사이에 차갑고 건조한 페루해류가 약해지고 난류가 적도 쪽에서 해안을 따라 남쪽으로 흐르게 되는 시기에 일어나는 현상이다. '남자아이, 아기예수'를 뜻하는 엘니뇨는 남아메리카 지역 날씨에 영향을 주고 건조한 남미지역에 폭우를 동반한다. 중미지역도 열대우림지대에 속하면서 기후가 지형 특성에 따라서 상당히 변화무쌍한 것이 특징이다. 중미지역은 매우 좁은 지역에서 다양한 기후들이 존재하기 때문에 많은 기상학자들로부터 수 세기 동안 연구대상으로 관심을 받아왔다. 열대에 속하기 때문에 기후는 높이에 따른 영향을 심하게 받는다. 해발고도 600m 이하의 지역은 연평균 기온 23~26℃로 티에라 칼리엔테Tierra Caliente, 혹서지대라고 불리며, 기온이 높고 습기가 많아 열대우림이 우거지고 해안에는 맹그로브가 무성하다. 1,800m 이상의 티에라 프리아tierra fria, 냉대지대는 기온이 17℃ 이하로 소나무와 삼나무 숲이 많다. 이 두 지대 사이에는 티에라 템플라다tierra templada, 온대지대가 있는데 평균기온이 17~23℃로 사람들이 거주하기에 적합하다. 이 지역의 연강수량은 500~5,000mm로 지역 편차가 크다. 겨울에 카리브 해에서 불어오는 북동무역풍이 산악으로 가로막히게 되는 지역에서는 뚜렷한 건기가 나타난다.

카리브 해 지역은 대부분 열대지역이다. 공기의 습도는 매우 높은 편이고 섭씨 24도에서 28도 정도의 기온이 유지되며 큰 온도의 차이는 없다. 대부분의 섬들이 일 년 내내 강한 태양과 따뜻한 날씨를 유지한다. 카리브 남부지역이 북부지역보다는 약간 선선하다. 매년 많은 피해를 발생시키고 미국 남부, 중미와 카리브를 긴장시키는 허리케인은 6월에서 11월까지 수차례 발생하는데, 이 허리케인이 발생하는 시기에는 그 전조로 심한 폭우가 내리기도 한다. 카리브 지역에서 자메이카만 추운 겨울을 볼 수 있는데, 이것도 마찬가지로 높은 고도 때문이다.

지리적으로 북미에 해당하는 멕시코는 상당히 규모가 큰 나라이며, 기후도 지역에 따라 상당히 다양하다. 중북부 지역에 걸쳐있는 사막기후대는 낮에는 매우 덥고 밤에는 춥다. 이 사막지역은 간혹 바람도 상당히 강하게 분다. 일반적으로 멕시코시티는 일 년 내내 봄 날씨에 가깝다. 특히 겨울밤에는 약간 선선하고, 6월에서 9월까지는 우기에 해당한다. 우기라고 해서 비가 늘 오는 것은 아니다. 주로 오후에 강한 소나기가 잠깐 내리는 정도다. 멕시코 만 지역은 다른 고지대보다는 덥고 습한 기후를 보인다.

Ⅳ. 동식물

남미 대륙은 1억 3천만 년 전에 곤드와나랜드[11]로부터 떨어져 나온 이후 다른 대륙과 바다로 나뉘어져 있었다. 반면, 북미지역은 로라시아에 5천만 년이나 더 연결되어 있었기 때문에 원숭이, 설치류, 고양잇과의 육식동물들을 포함한 북반구의 포유류들이 서서히 진화해 왔다. 남미의 오랜 고립과 그 후 북미대륙과의 연결은 몇몇 특이한 동물들을 탄생시켰다. 말이나 낙타와 비슷하게 생긴 리톱테르나Litopterna나 한 발굽을 가진 초식동물hoofed herivore들이 서식하고, 안데스 산맥의 우거진 숲과 열대우림들에는 개미핥기, 나무늘보, 아르마디요와 같은 빈치류가 서식한다.

아르헨티나는 놀라울 정도로 거대한 생태계를 가지고 있어 다양한 동식물이 서식한다. 야생 환경을 볼 수 있는 최적의 장소는 이구아수의 남쪽 습지인 에스테로스 데 이바라Esteros de Ibara인데, 카이만 악어, 늪사슴 등을 볼 수 있다. 구아나코와 비쿠냐가 건조한 안데스 지역에 서식하고, 푸마와 재규어 같은 동물도 있다. 파타고니아는 바다사자, 코끼리 물개, 고래 등을 포함한 해양생태계로 유명하다. 나무의 종류도 다양하다. 서부의 사막지역에는 알고로바와 케브라차라는 키 작은 나무에서부터 커다란 세손가락 선인장까지 볼 수 있다. 습한 북부지역에서는 캐러브와 칠레삼나무가 자라며, 팜파스에는 드넓은 초지가 있다.

좀 더 위로 가면 볼리비아에서 고도가 급격히 변화하게 된다. 볼리비아도 식물이 매우 다양하다. 고지대의 관목 숲에서 아마존의 푸른 우림지대, 그리고 사막 같은 고원에서는 선인장과 긴 깃털같이 생기고 해발 3,500미터 이상에서만 자라는 이추Ichu라는 풀이 자란다. 티티카카호수 부근에는 토르토라 갈대가 자라는데, 이 지역 원주민들이 타는 배와 유명한 갈대섬

---

11) 지구의 땅 덩어리를 이루고 있던 판게아가 분리되면서 남극을 중심으로 하는 곤드와나와 북쪽의 로라시아로 나뉜다. 곤드와나는 남미, 아프리카, 인도, 남극, 호주대륙이 모여 있는 곳을 말한다.

인 우로스 섬을 만드는 데 쓰이기도 한다. 북부와 동부의 열대지방에서는 활엽수, 과실수, 야채, 난, 파라^{Pará}고무나무가 자란다. 마찬가지로 고도에 따라서 동물도 다양하다. 고원지역에서는 알파카, 야마, 비쿠냐, 콘돌, 안데스 여우, 그리고 토끼처럼 생긴 비스카차^{Viscacha}가 살며 수많은 플라멩코가 서식한다. 동북쪽의 낮은 열대우림은 카이만악어, 자이언트 수달, 재규어, 안경곰, 맥 그리고 수많은 종류의 원숭이가 살고 있다. 조류도 매우 다양하여 이 지역은 세계에서 가장 많은 종을 보유하고 있는 지역이기도 하다. 노엘 캠프^{Noel Kempff}, 암보로^{Amboró}와 마디디^{Madidi} 국립공원과 같은 보호구역에서는 마카우, 왜가리, 큰부리새, 벌새, 바위새 등 수천 가지의 종이 살고 있다.

황금사자비단원숭이는 다람쥐만한 영장류로 브라질의 대서양연안 생태계의 상징으로 지금은 멸종위기에 처해 있다. 보통 비단원숭이들은 강가나 공원 나무에서 볼 수 있다. 브라질은 거의 해변에서만 산을 볼 수 있고, 내륙은 해발 1,000미터에서 1,500미터에 달하는 고원지대고, 안데스 산기슭까지 닿아 있다. 파라나, 산타카타리나, 히우그란지두술 등의 브라질 남부지역은 아열대성의 밀림지역이었지만 오래전에 경작지로 전환되었다. 고이아나, 브라질리아, 마토그로소 두술 등 중부와 중서부 지역은 건조하며 낮은 관목들이 자란다. 파라과이 강 저지대는 볼리비아와 국경을 형성하는 데, 이 지역은 세계에서 가장 큰 습지로, 홍수가 범람하면 물기를 흡수했다가 천천히 흘려보낸다. 여기는 검은머리황새, 아메리칸 나무황새, 붉은 히야신스, 마카우, 카피바라, 자이언트 수달, 개미핥기 등이 서식한다. 지구의 허파라고도 불리는 북부지역의 아마존 열대우림은 세계에서 가장 다양한 생물들이 살고 있다. 이 지역의 삼림벌목이 최근 많이 감소하기는 했지만, 여전히 벌목면적은 세계에서 가장 넓다.

칠레의 기후와 지형은 다양한 식물이 자랄 수 있는 조건을 제공한다. 아타카마 사막은 볼리비아 쪽으로 멀리 펼쳐져 있는데, 이곳은 달과 유사한 형태를 갖고 있어서 고도가 높은 곳에는 선인장만 자랄 수 있다. 중부 지역에는 수분을 많이 저장할 수 있는 딱딱한 잎사귀가 특징인 관목형태의 과야칸guayacan, 리트레litre, 페우모peumo와 같은 경엽식물들이 많이 자라고 멸종위기에 있는 칠레종려나무도 있다.

비오비오 강 남쪽지역에는 온대우림이 있는데 이 지역에만 자생하는 나무가 45종이 넘는다. 마그놀리아, 로렐, 오크, 침엽수, 그리고 칠레의 국가나무이며 멸종위기에 있는 삼나무의 일종인 아라우카리아 아라우카나 araucaria araucana가 있다.

브라질 다음으로 조류가 다양한 콜롬비아에는 약 1,800가지 이상의 종이 있다. 1제곱마일 당 기준으로 보면, 세계에서 두 번째로 종이 다양하며 세계에 존재하는 종의 10%가 여기에 있다. 아마존 지역과 그 수계에서는 분홍돌고래와 같이 세계에서 가장 특이한 동물들과 해양생물이 산다. 안데스 고산지역에는 소나무와 같은 침엽수림이 많고 낮은 지대에는 열대식물들이 있다. 콜롬비아는 5만 종 이상의 식물의 종을 보유하고 있는데, 동부와 태평양 지역의 빽빽한 밀림이 그 보고다.

에콰도르는 지구 땅의 0.02%밖에 되지 않지만 세계 식물 종의 10%를 보유하고 있다. 세계보존협회Conservation International는 에콰도르를 17개 최다 생물다양성국가megadiverse countries 중 하나로 지정했다. 아직 에콰도르의 생물학적 보물들에 대한 기록은 완성되지 않았다. 현재 기록된 것만 해도 3,800종 이상의 척추동물, 1,550종의 조류, 320종 이상의 포유동물, 350여 종의 파충류, 800여 종의 담수어종, 450여 종의 해수어 등이 있다. 에콰도르는 브라질의 1/30 정도밖에 되진 않지만, 브라질만큼 많은 조류의 종이 서식하고 있으며, 6,000여 종의 나비를 포함한 곤충도 백만 종이 넘는다.

국토의 2/3가량이 정글로 이루어져 있는 페루도 400여 종의 포유동물, 2,000여 종의 어류, 300여 종의 파충류, 1,800여 종의 조류, 그리고 50,000여 종의 식물들이 등록되어 있다. 페루는 지구상에 존재하는 103가지 유형의 생태계 중 84개, 32가지 기후 중 28가지가 존재하는 놀라운 환경을 가지고 있다. 최근 연구에서 페루 이키토스 남쪽지역이 전 세계에서 가장 많은 포유류가 집중되어 있는 곳으로 밝혀지기도 했다. 페루의 콜카 계곡에는 그레이트 안데스 콘돌이 서식하고 있으며, 파라카스와 갈라파고스 섬페루에서는 Islas Ballestas라고 부름은 훔볼트 펭귄과 바다거북, 바다사자, 플라멩코의 주요 서식지다. 리마 남쪽의 페루연안은 세계에서 가장 많은 돌고래 서식지이기도 하며 그 종류도 세계의 1/3 이상이나 된다.

베네수엘라도 아마존 지역에서 볼 수 있는 것과 유사한 생물 다양성을 유지하고 있다. 앵무새류와 거취조, 호아친새 등이 서식하고, 재규어, 카피바라, 매너티 등의 포유류가 325여 종이 기록되어 있다.

이와 반대로 파라과이의 무분별한 벌목은 생태계에 심각한 손상을 주어 재규어, 사슴, 자이언트 개미핥기, 자이언트 아르마디요와 같은 생물들이 멸종위기에 처해 있다. 우루과이에서도 많은 야생동물들이 자취를 감추었는데, 여우, 사슴, 수달들은 북부지역에서 볼 수 있으며, 아메리카 타조, 백조, 오리 등이 팜파스와 중북부 호수에 서식한다. 식물군의 경우 항암성분이 많은 것으로 알려져 있는 라파초lapacho나무와 추출물을 염료로 사용하는 케브라초quebracho와 같은 나무 대신, 유칼립투스나 아카시아가 많이 재배되고 있다. 열대에서 안데스의 열대고원인 파라모까지 다양한 기후대를 가진 베네수엘라도 다양한 식물군이 분포한다.

북미지역의 멕시코에도 다양한 동식물군이 존재한다. 중북부지역 사막에는 거의 식물이 살지 못하지만, 남부 치아파스 주의 라칸돈 정글 같은 곳에서는 고온다습한 생태계의 특성을 그대로 나타낸다. 이곳에는 삼나무와 붉은 마호가니 등 활엽수들이 많다. 식물로는 멕시코도 25,000종을 기록하고 있으며, 아직 구체적으로 밝혀지지 않은 종도 3만 종이 넘는다. 멕시코의 해양은 산호가 풍부하고 난류대가 강한 멕시코 만과 카리브 지역, 수심이 깊고 난류가 흐르는 남태평양, 그리고 한류가 있는 북태평양과 캘

리포니아 만으로 나뉜다. 멕시코 만 쪽과 남태평양연안은 다양한 동물들이 서식하지만 각 종별 개체가 남미와 같이 풍부하지는 않다.

V. 풍부한, 빈곤한 자원

라틴아메리카와 카리브 지역은 역사적으로 풍부한 천연자원이 이 지역의 경제를 결정짓는 중요한 요소였다. 귀금속, 설탕, 고무, 곡물, 커피, 구리, 석유 등은 라틴아메리카의 일부 국가들을 세계에서 가장 번영할 수 있는 바탕을 만들었다. 라틴아메리카는 16세기에서 19세기까지 세계에서 80%가량의 은을 생산하였고, 이 은은 유럽뿐만 아니라 중국과 인도의 화폐시스템을 발전시켰다. 또한 1600년대 말 브라질의 금광발견은 부를 창출했지만, 영국으로부터 상품수입에 사용했다. 일부 역사가들은 이것이 산업혁명의 바탕이 되었다고 한다. 비록 라틴아메리카가 개도국들 중에서 산업화나 도시화가 많이 이루어진 편이지만 1차 상품생산과 수출은 상당한 경제활동 배분과 많은 인구를 고려하는 국가들에게는 지금도 매우 중요한 부분이 되고 있다.

라틴아메리카는 사실상 천연자원의 풍부함과 국가성장이 병행되지 못했다. 따라서 '자원이 라틴아메리카의 축복이 아니라 저주가 아닌가?'라는 문제도 제기되었다. 천연자원을 주로 수출하던 라틴아메리카 국가들에게 국제시장에서의 원자재 가격의 변동은 라틴아메리카 국가들의 경제가 불확실하도록 만들었다. 지금 라틴아메리카에서 1차 산품에 의존하지만 비교적 소득이 높은 국가들은 이러한 부를 발전의 도약대로 삼았기 때문이다. 또 일부국가들은 상품가격의 변동을 다른 국가들보다 잘 관리하고 있기도 하다.

최근 우리나라는 라틴아메리카와 자원과 에너지부문의 협력을 강화해

나가고 있다. 라틴아메리카의 주요 산맥들은 수많은 지진으로 인간의 삶을 위협해 왔고, 또 첨단 통신의 발전이 중요한 지금은 통신장애물이 되기도 한다. 하지만 이 산맥은 세계에서 가장 풍부한 광물들을 보유하고 있다. 안데스 산맥을 끼고 있는 국가들 중 칠레는 구리 생산에서 세계 2위를 차지하고 있는데, 칠레 북부에 위치한 추키카마타는 세계에서 가장 큰 구리광산이다. 여기에 칠레는 세계에서 가장 큰 초산염 광산을 보유하고 있기도 하다. 또 볼리비아 우유니 소금사막 Salar de Uyuni 은 배터리 생산에 사용되는 리튬의 세계 총 매장량의 70%를 보유하고 있는 것으로 밝혀져 그 중요도가 커지고 있다. 한때 포토시 은광으로 명성을 날렸던 볼리비아의 은 생산은 급격히 감소했고, 주석생산은 여전히 세계적 명성을 유지하고 있다. 페루와 멕시코는 세계 최대의 은 생산국이다. 브라질은 철광석과 탄탈생산의 세계 2위에 해당한다. 카리브 지역에서는 보크사이트와 니켈이 많이 생산된다. 몰리브덴, 카드뮴, 니오븀, 창연, 안티몬, 붕소, 요오드 등 다양한 광물들이 라틴아메리카와 카리브 지역에서 생산된다. 콜롬비아도 금, 은, 백금, 철, 수은, 석탄 등 다양한 광물들과 석유를 생산한다. 특히 콜롬비아에서 전 세계 에메랄드의 95%가 생산된다.

에너지 분야에서도 라틴아메리카의 중요성은 매우 높다. 화석연료인 석유, 천연가스, 석탄의 매장량이나 생산량 또한 많다. 그 중 베네수엘라의 석유매장량은 세계 총 매장량의 12.9%로 세계에서 두 번째로 많다. 그러나 현재 석유생산량이 가장 많은 국가는 멕시코이다.

또 최근에는 바이오 에너지의 중요성도 증가하고 있는데, 브라질은 1970년대 오일쇼크 이후 에너지 자급화 정책의 일환으로 자국산 사탕수수를 원료로 한 바이오 에탄올 보급정책을 강력하게 추진하여 많은 성과를 거두었다. 현재 브라질 자동차 연료 중 45%를 에탄올이 점유하고 있다.

라틴아메리카의 자원이 풍부하기는 하지만, 모든 국가에 골고루 매장되어 있는 것은 아니다. 중미 국가들은 주요 광물생산국가에서 제외되어 있다. 또한 라틴아메리카의 자연환경은 라틴아메리카인들이 주로 1차 상품을 개발하는 데만 집중하도록 만들었다. 멕시코, 아르헨티나, 브라질 정도가 제조업이 발달하였고, 나머지 국가들은 대부분 농업, 목축업, 광업에 의존하고 있다. 광물이나 다른 지하자원을 덜 가진 국가들은 농업과 목축업에 의존하고 있다.

　멕시코 해발 1,000미터 이하의 열대우림지역은 코코넛, 바나나, 카카오 등의 재배에 적합하고, 1,500미터 내외에는 망고 등의 열대과일과 커피, 사탕수수가 주로 재배된다. 2,000미터 내외의 온대 중앙고원지대에서는 옥수수가 생산되는데, 멕시코는 세계 4위의 옥수수 생산국이다. 또 멕시코에서는 나일론 섬유가 개발되기 전까지 강한 섬유와 로프의 원료가 되는 에네켄도 상당히 중요한 산물이었다. 중앙아메리카는 기후대에 따라 작물을 생산한다. 열대지역에는 바나나를 주로 생산하고, 온대지역에서는 커피를 재배한다. 고원지대에서는 원주민들의 자급농이 이루어진다. 특히 중미지역은 화산지대에서 강한 햇빛과 적당한 강우량 그리고 심한 일교차로 질 좋은 커피를 생산하기에 적합한 조건을 갖추고 있다. 이 지역의 임산물로는 마호가니, 흑단 그리고 껌 베이스로 사용되는 치클 등이 있다.

　쿠바를 비롯한 카리브 지역에서는 식민 시대부터 사탕수수, 잎담배의 재배가 성행했었고, 카카오, 바나나, 목화, 향료, 그리고 파인애플, 라임 등의 열대과일과 채소류도 재배된다.

　안데스 지역은 지형적 조건으로 인해 경작지가 대체로 부족한 편이다. 콜롬비아의 경우는 주로 해발 1,500미터~2,000미터 사이의 고산지역에서 커피를 생산하고, 에콰도르는 주로 해안지역에서 바나나를 생산하는데 세계 3위에 해당한다. 안데스 산악지역에서는 옥수수, 감자, 보리, 야채 등이 생존을 위해 소규모로 재배된다.

　남미 남부지역 중 칠레중부지역에서는 보리, 밀, 감자, 옥수수뿐만 아니라 수출을 위한 포도, 복숭아, 사과 등 온대과일들이 주로 생산된다. 중부 내륙에서의 포도재배와 포도주 생산은 장기적으로 프랑스의 포도주 생산을 대체할 가능성이 있는 지역으로도 알려져 있다. 특히 칠레의 온대과일 생산은 계절이 북반구와는 다르기 때문에 미국과 유럽, 그리고 아시아 지역으로 과일을 수출하는 데 매우 유리한 조건을 갖추고 있다. 아르헨티나의 팜파스는 해발 150미터 이하의 구릉으로 만들어진 초원이다. 토질이 매우 비옥하여 동부의 습윤한 지역에서는 옥수수, 아마, 해바라기, 유채 등의 기름을 짜서 활용하는 채유식물들이 재배된다. 건조한 팜파스 지역에서는 밀을 재배한다. 또 냉동업의 발달과 목초인 알팔파가 보급되면서 이 지역에서 초기의 목양 대신 육우 사육이 활발해졌다. 최근 밀재배 면적의 확대로 목양은 건조한 팜파스 지역으로 목우는 습윤 팜파스 지역으로 집중되고 있다. 육우는 아르헨티나와 우루과이에 매우 중요한 산업이다. 브라질 동북부의 비옥한 해안지방에서는 사탕수수가 많이 생산되며, 상파울루 주 이남의 남부지방은 온화한 기후, 적당한 우량을 가지고 있으며 테라로사 terra roxa, 적토라고 불리는 토양은 커피 재배에 최적의 토양으로 알려져 있다. 이 지역은 콩, 커피, 쇠고기 등 농업중심지이기도 하며, 브라질은 세계 제2위의 콩 수출국이다. 한편 브라질의 히우그란지두술 주는 커피생산은 적지만, 밀, 콩, 벼, 옥수수 등의 곡물재배와 목축이 활발한 지역이다.

  수산업은 훔볼트 해류와 적도의 난류가 만나는 곳인 페루와 칠레 연안을 중심으로 발달되었다. 이 지역에서는 명태, 오징어, 엔초비가 많이 생산된다. 칠레에서는 양식업도 빠르게 발달하고 있다. 연어를 중심으로 연체동물류, 대합조개, 해초 등의 양식이 발전했고, 이러한 해산물의 가공산업 또한 급속히 성장하고 있다. 멕시코는 어장과 수산자원이 풍부하지만, 수산업은 그다지 활발하지 않은 편이다.

참고문헌

이전(1994), 『라틴아메리카 지리』, 민음사.

임상래 외(1998), 『중남미사회와 문화』, 부산외국어대학교출판부.

Alan Gilbert (ed.)(1996), *The Mega-city in Latin America*, United Nations University Press. (http://www.unu.edu/unupress/unupbooks/uu23me/uu23me00.htm#Contents)

Black, Jan Knippers(1998), *Latin America: Its Problems and Its Promise: A Multidisciplinary Introduction*, Westview Press.

Blouet, Brian W. and Blouet, Olwyn M.(2010), *Latin America and the Caribbean: A Systematic and Regional Survey*, John Wiley & Sons.

Chang-Rodriguez, Eugenio(2000), *Latinoamérica: su civilización y su cultura*, Boston: Heinle.

Edward L. Jackiewicz and Fernand J. Bosco(2008), *Placing Latin America*, Lanham MD: Rowman and Littlefield.

Gwynne, Robert N., Kay, Cristóbal(2004), *Latin America Transformed: Globalization and Modernity*, London: Arnold.

Hillman, Richard S.(2005), *Understanding Contemporary Latin America*, 3rd edition, Boulder: Lynne Rienner.

http://www.frommers.com/destinations/southamerica/1010027703.html#ixzz1DZKgft1U

http://mapserver.inegi.gob.mx/geografia/espanol/datosgeogra/vegfauna/vegetaci.cfm?c=191

Part 3
라틴아메리카 고대 문명의
기원과 시대 구분

Ⅰ. 아메리카 원주민의 기원

인도를 가려 했던 콜럼버스스페인어 이름: Cristóbal Colón가 미지의 아메리카 대륙을 우연히 발견했을 당시에 유럽 사람들은 몹시 혼돈스러웠다. 1차 항해를 마친 콜럼버스가 6명의 원주민을 스페인으로 데려왔기 때문이다. '말하는 원숭이' 정도의 동물로 보였던 원주민을 신기해하며 스페인의 국왕부처와 고관들이 귀를 당기기도 하고 꼬집어보고 있을 때에 신학계에서는 논쟁의 불씨가 당겨졌다. 원주민을 두고 인간이라 주장하는 신학자와 동물이라 주장하는 신학자가 두 패로 나뉘어 열띤 토론을 벌였다. 결국 교황 훌리오Julio 2세가 1512년에 아메리카 원주민을 아담의 후예로 인정하면서 논쟁이 어느 정도 마무리되었고, 이때부터 원주민은 인간이 되었다.

그러나 해결하기 어려운 또 다른 문제가 기다리고 있었다. 아메리카 원주민이 아담의 후예라면 어느 종족에 속하는가? 하지만 신학자들은 구약성서를 바탕으로 이 문제를 쉽게 처리했다. 이스라엘 종족 중에 구약성서에서 사라진 10개 부족을 언급하며, 이들이 아메리카로 이주해 살게 되었다는 것이었다. 그러나 그들이 어떻게 아메리카에 도착했는가와 관련해서는 입을 다물었다. 구약성서에 기초한 해석이 당시의 주류를 이루었지만 다른 주장도 있었다. 아메리카 대륙의 여러 고대 문명지역을 탐사했던 호세 데 아꼬스따José de Acosta, 1540~1600 신부가 대표적이다. 그는 아메리카 원주민이 유럽이나 아시아 혹은 아프리카에서 이주해 왔을 가능성을 제시했다. 이주 방식과 관련해서는 바다보다는 육로로 이주했을 가능성이 높고, 항해를 할 수 있었다면 크게 어렵지는 않았을 것이라고 추측하는 선에서 끝을 맺었다.

이외에도 아메리카의 피라미드를 이집트의 것과 비교하며 이집트 사람들이 아메리카로 이주했다고 주장하는 사람도 있었다. 사라진 대륙, 아틀란티스와 무를 언급하며 아메리카 원주민들이 그곳을 탈출한 사람들이라는 상상을 펼친 학자도 있었다. 아메리카 원주민이 페니키아나 팔레스타인 혹은 소아시아 사람이라고 주장했던 학자들은 19세기 말까지도 잔존해 있었다.

아메리카 원주민의 기원에 대한 논쟁은 20세기에 진입하면서 다시 불거졌다. 1920년대에 들어서면서 북미지역에서 인간의 거주 흔적과 다양한 찌르개Sandía, Clovis, Folsom, Yuma, Lerma 등가 본격적으로 발견되기 시작했기 때문이다. 1926~1938년 사이에 10회에 걸쳐 알라스카 지역 탐사를 주도했던 알레스 흐들리카Alés Hrdlička, 1869~1943의 연구가 많은 사람의 관심을 끌었다. 흐들리카에 따르면, 아메리카의 원주민은 아시아계 민족(시베리아, 중국 동부, 몽골, 티베트, 한국, 일본, 필리핀, 타이완)에서 기원했다. 그리고 아메리카 각 지역의 원주민은 신체적인 특징(장두와 단두)과 인종에 따라 4종류로 분류할 수 있으며, 이들은 인종과 언어, 더 나아가 사회학적인 측면에서 서로 차이가 있지만 같은 근원에서 나왔다고 주장했다. 이동 경로와 관련해서는 아시아계 사람들이 베링해협을 건너 아메리카로 이주해왔다는 가설을 내세웠다.

흐들리카의 주장은 멘데스 꼬레아Mendes Correa와 폴 리베Paul Rivet에 의해 신랄한 비판을 받았다. 무엇보다도 두 사람은, 아시아계의 신체적인 특징으로 흐들리카가 주장한 몽고반점의 문제점을 집중적으로 공격했다. 사실 몽고반점은 색소침착의 일종으로 색은 다르지만 아프리카 흑인과 지중해 주변의 소수 유럽 사람들에게도 나타나기 때문이다. 게다가 아메리카 원주민의 일부에서는 몽고반점이 나타나지 않는다.

흐들리카 이전에 멘데스 꼬레아는 오스트레일리아의 원주민이 남아메리카로 이주하면서 아메리카의 역사가 시작되었다는 가설(1925년)을 내놓았었다. 양 지역 원주민의 두개골이 매우 유사했기 때문이다. 그러나 빙하기에 남극지대와 아메리카가 이어져 있었고, 오스트레일리아의 원주민이 육로로 이동했다는 그의 주장은 많은 비판을 받았다.

폴 리베Paul Rivet의 경우는 베링해협을 통한 아시아계의 이주 가능성을 부정하지는 않았다. 그러나 남아메리카 원주민은 오스트레일리아와 말레이-폴리네시아, 그리고 아시아 등지의 원주민에서 유래되었다고 발표(1926년)했다. 남미의 띠에라 델 푸에고Tierra del Fuego 지역의 원주민 언어가 오스트레일리아 원주민 언어와 유사하며, 양 지역의 문화가 비슷하다는 사실을 근거로 삼았다. 그러나 남태평양의 섬들을 계단삼아 이주했다는 그의 주장은 많은 학자들의 반발을 불러일으켰다.

이외에도 그린맨Greenman 같은 경우는 서유럽 사람들이 초기 구석기시대에 배를 타고 아메리카로 이주해 왔다는 주장(1963년)을 했다. 아프리카 흑인들이 아메리카로 이주해 왔다는 주장을 펼친 학자도 있었다. 아르헨티나의 플로렌띠노 아메히노Florentino Ameghino 같은 경우는, 아르헨티나의 팜파에서 아메리카 원주민이 독자적으로 기원했고, 이후에 전 세계로 퍼져나갔다는 색다른 주장을 하기도 했다.

20세기 중반까지는 아메리카 원주민의 기원에 대한 여러 가설이 혼재하며 논쟁이 가장 활발했던 시기였다. 누구의 주장이 옳다고 판단하기도 어려웠다. 그러나 1960년대에 들어오면서 지질학의 발달과 더불어 새로운 사실들이 드러나기 시작했다. 홉킨스Hopkins는 위스콘신Wisconsin 빙하기에 낮은 기온으로 인해 베링해협 지역의 바다가 얼어붙어 있었고, 해수면이 현재보다도 120m까지 낮았던 시기가 있었다고 발표(1967년)했다. 이후에는 약 60,000년 전부터 시작된 위스콘신 빙하기가 18,000년 전 무렵에 절정에 달했었다는 연구 결과도 나왔다. 따라서 위스콘신 빙하기에 시베리아와 알라스카 지역이 빙하로 뒤덮인 거대한 평원이었던 시기가 있었고, 베링해협이 존재했었더라도 폭이 좁은 시기가 있었을 가능성이 매우 높아졌다. 이러한 사실을 바탕으로 다음과 같은 가설이 폭넓은 지지를 얻게 되었다. 계절의 변화에 따라 주기적인 이동을 하며 유목생활을 했던 몽골리언의 일부가 시베리아에서 자연스럽게 알라스카로 건너갔다. 이후, 빙하기가 끝나면서 기후가 따뜻해지고 해수면이 상승하면서 베링해협의 폭이 넓어져 이주가 불가능해졌다. 그리고 알라스카로 이주해 온 몽골리언들은 살기에 적당한 곳을 찾아 남쪽으로 이주해 퍼져나가며 독자적인 문화를 형성하게 되었다.

베링해협을 통한 몽골리언의 이주 가설은 시베리아 문화권과 북아메리카 문화권 사이의 관계가 구체적으로 입증되지 못한 결점으로 인해 비판을 받기도 했다. 그러나 1980년대에 유전자 연구가 활발해지면서 논쟁은 새로운 단계로 접어들었다. 더그 월리스Doug Wallace와 안토니오 토로니Antonio Torroni는 아메리카 원주민과 동북아시아 사람들이 멀지 않은 과거까지 동일한 미토콘드리아 가계에 속해 있었으며, 이동 시기는 정확히 알 수 없지만 대략 34,000~6,000년 전이라고 발표(1992년)했다. 이후에도 여러 연구자들에 의해 아메리카 원주민의 유전자 연구 결과가 나오면서 몽골리언이 시베리아에서 알라스카로 이주했다는 가설은 점점 정설로 굳어지고 있다. 참고로 아메리카 원주민이 유럽이나 오스트레일리아로부터 유래했다는 유전자적 증거는 현재까지 발견되지 않았다.

몽골리언이 아메리카로 처음 이주한 시기와 관련해서는 학자들 간에 시기적인 편차가 있다. 아메리카 대륙에서 발견된 인간의 거주 흔적이나 유물 등의 연대를 측정해 보면, 최대 35,000~40,000년 전까지 거슬러 올라간다. 하지만 대부분의 고고학자들은 B.C.30000~B.C.14000년 사이에 시베리아에서 아메리카 지역으로 여러 차례에 걸쳐 이주했을 것으로 추측하고 있다. 1990년대부터 활발하게 이루어지고 있는 유전자 연구가 구체적인 실체를 조만간에 드러내 줄 것으로 기대한다. 참고로 위스콘신 빙하기 이전에 인류가 아메리카에 거주했었던 흔적은 현재까지 발견되지 않았다.

Ⅱ. 석기시대

인간이 거주했던 흔적이나 유물 등이 집중적으로 발견되는 시기는 북미(주로, 중서부지역)의 경우 약 13,500~13,000년 전이고, 페루와 칠레 지역에서는 약 14,000~12,000년 전이다. 이전의 유적지도 발견되었지만 그 수는 매우 적다. 예를 든다면, 멕시코의 엘 쎄드랄El Cedral 유적지는 약 30,000년 전의 것으로 판별되었고, 뜰라빠꼬야Tlapacoya의 경우는 약 22,000년 전의 유적지로 나타났다. 그러나 현재까지 발견된 초기 유물의 대부분이 20,000~10,000년 전 사이의 연대에 속하는 것으로 보아 이 시기에 인구의 급격한 팽창이 있었고, 활동 영역이 지역적으로 확대된 것으로 보인다. 주거지의 규모를 보면, 계절의 변화에 따라 이동하는 소규모 수렵채집 사회였다. 페루의 기따레로Guitarrero에서 발견된, 식물 섬유질로 짠 바구니 조각과 끈은 단편적이지만 당시의 생활상을 엿보게 해준다.

흥미로운 것은 마지막 빙하기가 끝나는 12,000~10,000년 전 사이에 많은 동물이 멸종했다는 사실이다. 매머드와 마스토돈mastodon, 코끼리 종류 같은 대형동물뿐만 아니라 순록, 들소, 말, 낙타 등과 같은 동물들도 사라졌다. 짧은 기간 동안에 많은 동물이 멸종된 원인을 인간의 과도한 사냥과 관련시켜 설명하는 학자들이 있다. 북미의 경우에는 들소 떼를 벼랑 끝으로 몰아 떨어뜨려 대량으로 잡는 방식이 14,000년 전에 존재했었기 때문이다. 멕시코 시에서도 매머드를 늪지로 몰아넣어 사냥을 했었던 흔적이 발견되었다. 칠레의 몬떼 베르데Monte Verde에서도 원주민이 사냥한 것으로 보이는 마스토돈의 이빨(약 13,000~12,000년 전의 것으로 판명)이 발견되었다. 그러나 당시 인간이 많은 동물을 아메리카 지역에서 사냥한 것은 맞지만 멸종의 주요 원인이라고 단정하기는 어려워 보인다. 오히려 당시의 급격한 기후 변화가 직접적인 원인이었을 가능성이 매우 높다.

B.C.7000년경부터 일부 수렵채집 집단이 식물을 재배하며 서서히 초기 농경사회로 진입한 흔적을 찾을 수 있다. 동시에, 석기 도구 제작과 생활 형태에서 이전과는 다른 변화가 감지된다. 이를 근거로 아메리카의 석기 시대는 보통 B.C.7000년경을 경계로 구석기와 신석기로 분류하는 것이 일반적인 경향이다. 이 시기를 경계로 농업이 발달하기 시작했다. 메소아메리카의 경우는, B.C.7000년경부터 선인장, 마게이, 호박, 아보카드, 고추, 프리홀frijol, 콩 종류, 면, 마니옥구근식물의 종류 등과 같은 식물을 초기 형태로 재배하기 시작했다. 그러나 최근의 연구를 종합해 보면, 초기 농경사회가 B.C.7000년경부터 본격적으로 형성되었다고 보기는 어렵다. 한 예로, 옥수수의 경우를 보면 B.C.7000년경에 재배했었던 흔적이 있지만, 인간에 의해 순화된 옥수수가 떼우아깐Tehuacan에서 처음 발견된 것은 B.C.3500~B.C.3300년 사이이기 때문이다. 게다가, 초기 옥수수는 자루가 성인 엄지손가락 크기에 불과했고 낱알도 작았다. 오아하까Oaxaca에서 발견된 야생종 콩의 연대는 B.C.8700~B.C.6700년 사이까지 거슬러 올라간다. 그러나 순화종은 B.C.4000~B.C.3000년 사이에야 나타났다. 이러한 결과를 바탕으로 본격적인 농업은 B.C.4000~B.C.3000년경 사이에 시작되었다고 보는 것이 무리가 없어 보인다. 메소아메리카 전 지역으로 확대 해석하는 것은 무리가 있지만, 이 시기를 경계로 초기 농경사회가 형성되며 촌락이 나타났고 인구가 증가했을 것이다.

안데스 문화권도 비슷한 시기에 농업이 시작되었다. 그러나 대표적인 작물인 감자의 경우는, B.C.4400년경에 재배했었던 흔적이 발견되기도 했지만 순화종이 페루 지역에서 나타난 시기는 약 B.C.2250~B.C.1775년 사이였다. 또한 옥수수가 주요 작물로 등장한 것은 B.C.1500년경부터였다.

메소아메리카와 다른 점은 B.C.3500년경부터 야마llama와 구이cuy를 순화시켜 본격적으로 사육한 흔적이 발견된다는 사실이다. 반면에 야마와 구이가 없었던 메소아메리카에서는 개를 사육했다.

반면에 토기의 경우는 농경이 시작된 이후에야 발견된다. 메소아메리카에서는 B.C.2300년경부터 토기가 나타나는 것으로 보아, 이 시기를 경계로 안정적인 정착이 이루어진 것으로 판단된다. 안데스 문화권에서는 에콰도르의 해안지역에서 B.C.3300년의 토기가 발견되었고, 콜롬비아와 베네수엘라 지역에서는 초기 토기의 흔적을 B.C.3300~B.C.2100년 사이에서 찾을 수 있다. 그러나 안데스 문화권의 중심지였던 페루에서는 B.C.2000년경부터 토기가 사용되었다는 사실을 확인할 수 있다.

Ⅲ. 지역과 시대 구분

라틴아메리카 고대 문명은 지역과 문화의 차이를 바탕으로 보통 2개의 문명 군(메소아메리카와 안데스)으로 분류한다. 메소아메리카는 현재 멕시코 북부에서 코스타리카를 포함하는 지역이다. 이 문명권은 멕시코 중앙고원지역과 오아하까Oaxaca 지역, 그리고 마야 지역으로 크게 세분화할 수 있다. 반면에 안데스 문화권은 안데스 산맥을 중심으로 현재의 페루, 에콰도르, 콜롬비아, 볼리비아, 칠레 북부지역을 포함한다. 각 문명권은, 지역별로 문화와 언어의 차이가 있었지만 상호 간의 교류가 있었고, 비교적 같은 문화적인 특징이 나타난다.

메소아메리카의 고대 문명은 시기별로 전고전기, 고전기, 후고전기로 분류한다. 고고학자 뻬드로 아르미야스Pedro Armillas가 이러한 분류법을 제시한 이래 널리 사용되고 있다. 본 저서에서 언급되는 주요 도시국가만을 각 시기별로 구분해보면 다음과 같다.

〈표 1〉 메소아메리카의 시대 구분

시기 구분	전고전기	고전기		후고전기		
문명	올메까 (B.C.1500~ A.D.200)	고전기 마야 (A.D.317~889)		후고전기 마야 (A.D.889~1546)		
		떼오띠우아깐 (B.C.200~A.D.800)	똘떼까 (A.D.800~1011)	치치메까 (A.D.1011~1428)	메쉬까 (A.D.1428~1521)

반면에 안데스 문화권의 고대 역사는 다른 방식으로 분류하는 것이 일반
적이다. 먼저 강력한 도시국가가 나타나 정치와 문화의 영향력이 비교적 넓
은 지역에 나타났던 시기를 3개 문명기로 정의한다. 그리고 강력했던 도시
국가가 멸망하면서 중소 도시국가로 분열되어 지역별로 발전했었던 두 차
례 시기를 중간기라고 부른다. 이러한 분류 방법에 동의하지 않는 학자도
있지만 안데스 문화권의 역사 발전을 시기별로 구분해주는 장점이 있다.

〈표 2〉 안데스 문화권의 시대 구분

문명기	중간기
1. 초기 문명기(B.C.1000~B.C.200) (차빈)	
	a. 초기 중간기(B.C.200~A.D.700) (뿌까라, 모체, 나스까, 띠와나꾸)
2. 중기 문명기(A.D.700~1100) (와리)	
	b. 후기 중간기(A.D.1100~1438) (꼬야, 치무, 창까이, 친차)
3. 후기 문명기(A.D.1438~1533) (잉카)	

라틴아메리카의 고대 역사를 기술하다 보면 역사발전단계와 관련해 의
문이 생긴다. 아시아나 유럽 사람들의 시각에서 볼 때, 라틴아메리카의 고
대 문명은 신석기 시대를 벗어나지 못한 것처럼 보일 수 있기 때문이다.
사실 스페인의 정복자들이 도착했을 당시까지도 메쉬까와 마야, 잉카 문
명에서 일상생활의 주요 도구는 석기였다. 그럼에도 불구하고 오래전에

도시국가가 형성되었고 피라미드가 건축되었다. 따라서 도구 제작에 기초하여 역사를 석기, 청동기, 철기시대로 분류하는 유럽식 모델은 라틴아메리카의 고대 역사와 사회 변이를 설명하기에는 부족해 보인다. 물론, 아메리카 원주민이 청동이나 철을 발견하지 못한 것은 아니었다. 메소아메리카의 경우는 야금술이 빈약했지만 안데스 문명권에서는 상당한 수준에 이르렀었기 때문이다. 그러나 금속제품의 거의 대부분은 제례의식에 필요한 집기나 특정 계층의 장식품 수준에 머물러 있었을 뿐이지 일상생활의 주요 도구로 확대되지는 못했다.

라틴아메리카 고대 문명의 또 다른 특징은 도자기를 생산하지 않았다는 사실이다. 표면에서 유리와 같은 광택이 나려면 토기를 900℃ 이상에서 소성해야 한다. 그러나 노천요에서 생산한 토기가 대부분이었다. 물론 안데스 원주민들의 경우는 온도를 높일 수 있는 방법을 알고 있었지만 이를 이용해 도자기를 생산하지는 않았다. 게다가 동물을 농업에 사용한 흔적을 찾을 수 없다. 쟁기를 끌만한 소나 말이 없었던 것이 주요 원인이었겠지만, 동물을 농업생산이나 운송수단으로 이용하지 않았다. 예외적으로 안데스 지역에서만 야마를 이용하여 짐을 날랐다. 또한 바퀴 개념을 이용한 수레나 도르래도 발견할 수 없다. 당연히 구대륙에서 쉽게 발견할 수 있는 맷돌도 라틴아메리카 고대 문명에서는 찾을 수 없다. 맷돌 대신에 메따떼 metate. 구대륙의 갈돌과 갈판가 있었을 뿐이다. 토기를 제작하는 데에 유용한 물레도 없었다. 직물을 짜는 직기(織機)도 기초적인 수준에 머물러 있었고, 농기구의 경우는 종류가 매우 빈약했고 단순 기능만을 갖고 있었다.

많은 연구자들을 의아하게 하는 또 다른 특징은 전통적인 씨족공동체가 사회의 기초 단위였고, 씨족공동체 간의 통합이 스페인 정복시기까지도 이루어지지 않았다는 사실이다. 이로 인해 사회조직의 변화가 거의 없었고, 도시국가는 여러 씨족공동체의 연합에 불과했다. 따라서 아시아나 유럽에서 형성된 국가 개념과는 매우 이질적이었다.

참고문헌

Antonio Pompa, José(2001), "Los más antiguos americanos", *Arqueología mexicana*, vol. IX, núm. 52, México: Consejo Nacional para la Cultura y las Artes, Editorial Raíces, pp.36~41.

Caceres Macedo, Justo(2001), *Culturas prehispánicas del Perú*, Lima.

Greenman, R. F.(1963), *The Upper Palaeolithic and the New World*, Current Anthropology, 4(1), 41~91.

Guía oficial: Museo Nacional de Antropología(1990), México: INAH-Salvat.

Historia del Perú(2000), Barcelona: Lexus.

Kauffmann Diog, Federico(1991), *Introducción al Perú antiguo*, Lima: KOMPAKTOS.

Lewin, Roger(2005), *Principles of Human evolution*, Australia: Blackwell.

Lorezo, José L.(1978), "Poblamiento del continente americano", *Historia de México I*, México: Salvat Mexicana, pp.27~54.

Mirambell, Lorena(1978), "La etapa lítica", *Historia de México I*, México: Salvat Mexicana, pp.55~76.

Polaco, Óscar J.(2001), "El ambiente durante el poblamiento de América", *Arqueología mexicana*, vol. IX, núm. 52, México: Consejo Nacional para la Cultura y las Artes, Editorial Raíces, pp.30~35.

Rivet, Paul(1984), *Los orígenes del hombre americano*, México: FCE.

Struever, S.(1971), *Prehistoric Agriculture*, American Museum Source Books in Anthropology.

Part 4

메소아메리카 문명

Ⅰ. 메소아메리카 문명의 기원

   농경생활이 본격적으로 진행되면서 메소아메리카에서는 B.C.2000년경
부터 소규모의 집단공동체가 발달하기 시작했다. B.C.1500년경에는 멕시코
만을 중심으로 현재 베라끄루스^{Veracruz} 남부와 따바스꼬^{Tabasco} 북부지역에
서 초기 도시들^{La Venta, El Trapiche, San Lorenzo, Los Tuxtlas, Laguna de los Cerros,}
^{Potrero} 등이 출현했다. B.C.800~B.C.200년 사이에 이 도시들은 절정기에 도
달했고, 당시 인구는 약 35만 명에 이르렀을 것으로 추정된다. 이 소도시들
은 단일 국가를 형성하지는 못했지만 같은 문화를 공유하고 있었기 때문에
통칭하여 올메까^{Olmeca, B.C.1500~A.D.200} 문명이라고 후세에 불리게 되었다.
   당시의 종교나 정치·사회구조는 정확히 알 수 없지만 발굴된 유적지
와 유물을 통해 유추해 볼 수는 있다. 먼저 우리의 관심을 끄는 것은 흑인
얼굴을 한 거대 두상(높이는 보통 2m 전후)이다. 호세 마리아 멜가르^{José}
^{María Melgar}가 산 안드레스 뚝스뜰라^{San Andrés Tuxtla}에서 거대 두상을 1862년
에 처음 발견했을 당시만 해도 많은 논란이 일었었다. 무엇보다도 이디오
피아계 흑인이 대서양을 건너 멕시코 만으로 유입되었을 가능성이 학계에
서 제기되었다. 하지만 거대 두상의 얼굴이 현지 원주민과 다르고, 흑인의
피가 섞인 원주민 또한 발견되지 않으면서 그 가능성은 배제되었다. 하지
만 현재까지도 거대 두상의 얼굴 형태에 대한 의문은 속 시원히 풀리지
않고 있다.

현재까지 발견된 17개의 거대 두상은 멕시코 만의 넓은 지역에 분포되어 있다. 특히 산 로렌소San Lorenzo에서만 9개가 발견되었다. 두상의 형태와 얼굴 모습 등이 비교적 유사하고 통일성이 유지되는 것으로 보아, 여러 도시들이 동일 문화권에 속해 있었고, 정치체제의 구심점 역할을 담당했던 특정 집단이 있었던 것으로 보인다. 거대 두상들이 착용하고 있는 머리띠에는 새를 상징하는 문양이 새겨져 있다. 천상계와 연계시키며 권력의 정통성을 확보하고 거대 두상을 신성화한 흔적이다. 거대 두상을 제작하기 위해 먼 곳에서 석재를 운반해 온 경우도 발견된다. 산 로렌소의 경우는 현무암을 약 70km 정도 떨어져 있는 뚝스뜰라 지역에서 가져왔다. 이를 통해 도시의 노동력을 효율적으로 통제할 수 있는 강력한 정치세력이 존재했었음을 알 수 있다. 유적지의 규모를 보면, 초기의 중심도시는 산 로렌소였던 것으로 보인다. 그러나 B.C.900년경부터는 늪지로 둘러싸인 5km² 정도의 작은 섬에 위치해 있었던 라 벤따가 새로운 중심지로 부각되어 B.C.500년까지 세력을 유지했다.

올메까 사회를 이해할 수 있는 다른 유적은 신전이다. 라 벤따 신전의 구조를 보면 남−북을 축(북서 방향으로 8° 기움)으로 건축물을 배열하고, 동서남북으로 분할했었던 흔적을 찾을 수 있다. 지역의 특성상 석재를 구하기 어려워 진흙을 쌓아 기단을 만들고 높이가 31m에 이르는 피라미드를 건축했다. 신전의 규모와 피라미드의 크기 등을 통해 인구의 수를 유추해보면 전성기에 약 만여 명 가까이 모여 살았던 것으로 보인다. 다양한 씨족공동체를 유기적으로 결합한 강력한 정치세력이 존재했으며, 국가적인 형태로까지 발전했었음을 알 수 있다. 종교적으로도 다양한 신앙을 일정 종교체계로 통합했다는 사실을 짐작할 수 있다. 도시 사이에 규모와 발전의 차이는 있지만, 신전을 중심으로 도시 구조가 정립되고 건축 기술이 발달한 시기는 B.C.1000~B.C.900년경이었다. 이때부터 천문학과 역력 등이 본격적으로 연구되었고, 사제가 사회 지도층으로 확고한 자리를 차지했다. 이들은 각 지역에서 들어오는 공물로 생활하며 종교의식을 주관했을 것으로 보인다.

올메까의 종교를 이해하기 위해서는 각종 부조물과 석상, 그리고 의례용 도끼와 토기에서 자주 발견되는 반인간－반재규어 상을 주목할 필요가 있다. 석재에 부조를 하기 시작했던 시기가 약 B.C.800년경인 것을 감안해 보면, 이 시기에 반인간－반재규어 형태의 신을 중심으로 종교 체계가 정립되었을 가능성이 높아 보인다. 메소아메리카에서 재규어는 힘과 권력을 상징하는 토템동물이며 초자연적인 존재로 여겨졌다. 이후에 반인간－반재규어 형태의 신은 메소아메리카에서 등장한 초기 종교의 한 축을 구성하게 된다. 올메까의 재규어 숭배사상은 사뽀떼까zapoteca, 마야, 떼오띠우아깐 등에 직접적인 영향을 주었다.

또한 석재나 석주 등에서 정치 지도자나 사제로 보이는 재규어 상의 부조를 쉽게 발견할 수 있다. 특히 재규어 상의 인물이 어린 아이를 지하 동굴에서 안고 나오는 부조물은 뜨레스 사뽀떼스와 라 벤따에서 많이 발굴되었다. 메소아메리카에서 동굴은 지하세계로 진입하는 통로였으며, 새로운 인간의 탄생을 의미하는 곳이었다. 이러한 사실을 감안해 보면 재규어 상의 인물은 갓 태어난 어린 아이의 보호 신이었거나 지신(地神)이었을 가능성이 있다.

관심을 끄는 것은 뚝스뜰라에서 발견된 석상이다. 마야의 수가 새겨져 있고, 원시적인 기호체계가 발견되기 때문이다. 이를 통해 올메까 문명에서부터 수의 체계가 정립되어 있었고, 상형문자가 존재했었음을 확인할 수 있다. 이러한 전통은 이후에 몬떼 알반Monte Albán과 고전기 마야 문명으로 전파되었다.

올메까 문명에서 나타나는 특성의 하나는 두개골 변형이다. 귀족이나 사제 등이 신분이나 가계의 차별을 두기 위해 실행했을 것으로 여겨진다. 두개골의 숨골이 닫히기 이전인 갓난아기였을 때에 나무 판을 머리의 앞과 뒤에 대고 끈으로 묶어 머리를 기형적으로 변형시켰다. 이러한 전통은 이후에 마야 문명은 물론이고 멕시코 중앙고원지대에서도 발견된다. 이러한 전통은 한국에서도 찾아볼 수 있다. 짱구머리를 만들기 위해 아이를 돌돌 굴리고 있는 할머니나 어머니들의 모습에서 다른 형태의 두개골 변형을 엿볼 수 있다.

올메까 문명은 B.C.200~A.D.200년 사이에 쇠퇴하기 시작했다. 멸망 원인은 현재로서는 알 수 없다. 중요한 것은 올메까 문명이 전고전기 시대에 메소아메리카 지역에서 가장 발달된 문화를 꽃피웠고, 멕시코 중앙고원지대와 마야 지역까지 그 영향을 강력하게 끼쳤었다는 사실이다. 이러한 이유로 올메까 문명을 메소아메리카의 모태문명이라 부르기도 한다.

II. 멕시코 중앙고원지대

1. 떼오띠우아깐(B.C.200~A.D.800)

멕시코 만 지역에서 올메까 문명이 전성기에 이르렀을 때에 멕시코 중앙고원지대에도 여러 도시들Tlatilco, Ticomán, Zacatenco, Cuicuilco, Tlapacoya 등이 발전하고 있었다. 그러나 B.C.200년경부터 쇠퇴하기 시작했다. 특히 꾸이꾸일꼬의 경우는 B.C.100년경에 쉬뜰레Xitle 화산이 폭발하며 분출된 용암으로 도시 전체가 뒤덮였다. 이후 멕시코 중앙고원지대에서 두각을 나타내며 새롭게 등장한 도시국가는 떼오띠우아깐이었다.

멕시코 시에서 북쪽으로 약 40km 떨어져 있는 떼오띠우아깐은 B.C.200년경부터 멕시코 중앙고원지대의 패권을 차지하며 급격히 성장해 A.D.200~650년 사이에 최고의 전성기를 누렸다. 떼오띠우아깐의 실체는 멕시코 국립인류역사연구소INAH의 루벤 까브레라 까스뜨로Rubén Cabrera Castro가 지휘한 발굴에서 드러났다. 도시의 면적은 약 20km²이었으며, 전성기의 인구 수는 거의 20만 명에 이르렀다. 당시 유럽의 최대 도시였던 콘스탄티노플의 인구가 3만~5만 명 정도였다는 사실을 감안하면 매우 큰 도시였다. 떼오띠우아깐이 중앙고원지대의 맹주로 떠오른 데에는 지리적인 요인이 상당히 컸다. 멕시코 분지와 뿌에블라Puebla 지역의 중간에 위치해 있어서, 양 지역 간의 교류를 주도하며 상업의 중심지로 떠오를 수 있었기 때문이다. 게다가 떼스꼬꼬Tezcoco 호수와 연결된 산 후안San Juan 강이 떼오띠우아깐을 동서로 가로질렀었기 때문에 식수와 배수 문제를 쉽게 해결할 수 있었다.

떼오띠우아깐('신들의 도시')이라는 명칭은 메쉬까가 명명한 이름으로 당대에는 어떠한 이름으로 불렸는지 알 수가 없다. 신전의 규모가 메소아메리카에서 가장 크고, 도시 중심지가 매우 넓었었다는 점을 고려해 본다면, 당시에 종교의 중심지였고 주변의 종속된 도시국가에서 공물을 바쳤을 것으로 보인다.

떼오띠우아깐의 영향력은 메소아메리카 전역에서 나타난다. 떼오띠우아깐의 토기, 컵, 틀로 만든 점토인형 등이 북쪽으로는 꼴리마Colima, 남쪽으로는 오아하까Oaxaca의 몬떼 알반Monte Albán과 멕시코 만의 베라끄루스Veracruz 지역, 더 나아가 고전기 마야 지역Tikal, Kaminaljuyú, Uaxactún 등에서 발견되고 있기 때문이다. 띠깔의 석주에는 떼오띠우아깐이 378년에 새로운 왕조를 띠깔에 세웠다는 기록이 남아있다. 게다가 메소아메리카 각 지역 사람들이 거주했던 구역이 태양의 피라미드 서쪽 지역에서 발견되었다.

떼오띠우아깐은 제5태양 신화가 탄생한 장소이기도 하다. 신화에 따르면, 제4태양이 멸망한 이후에 제5태양을 창조하기 위해 신들이 태양의 피라미드에 모였다. 나나우아씬Nanahuatzin과 떼꾸씨떼까뜰Tecuciztecatl이 불화로 속으로 뛰어들어 몸을 태워 태양과 달이 되었다.

떼오띠우아깐은 해와 달의 피라미드, 그리고 최고 지도층이 거주한 께쌀빠빨로뜰 궁전과 께쌀꼬아뜰 신전을 중심으로 구획된 웅장한 도시였다.

다양한 건축물은 남-북 축(15도 30분 북동쪽으로 기움)을 바탕으로 동서 남북의 방위와 역력 관계(춘분, 추분, 하지, 동지)를 감안하여 건설되었다. 달 피라미드에서 태양의 피라미드 앞을 지나 북쪽으로 뻗어나가는 '망자의 거리'는 도시를 양편으로 나누고 있다. 폭이 45m이며 길이가 약 4km정도 되는 이 거리를 '망자의 거리'라 부르게 된 것은 1962년 발굴 시에 수많은 유골이 발견되었기 때문이다.

태양의 피라미드 높이는 약 67m로 238개의 계단이 있고, 밑변의 길이는 220~230m로 정사각형에 가깝다. 발굴조사에 따르면, 태양과 달의 피라미드는 B.C.200~A.D100년 사이에 건축되었다. 그리고 피라미드 각 기단의 벽면을 떼오띠우아깐의 독특한 양식^{talud-tablero} 양식으로 축조하기 시작한 것은 A.D.100~300년 사이였다. 이 시기에 께쌀꼬아뜰 신전이 건축되었다. 무엇보다도 중요한 것은 이 시기에 떼오띠우아깐이 의례의 중심지로 자리매김을 확실히 했었다는 사실이다. 그리고 A.D.300~650년 사이에 떼오띠우아깐의 발전이 절정에 이르렀다. 망자의 거리가 씨우다델라^{ciudadela}까지 연장되었고 많은 신전과 사제 거주지가 신축되었다. 또한 께쌀꼬아뜰 신전을 증축하면서 두꺼운 회반죽으로 덮어 씌웠고, 전면에는 벽화를 그렸다. 종교행사의 대부분은 달의 피라미드 정면에 있는 광장에서 행해졌을 것으로 추측된다.

떼오띠우아깐에서 매우 중요한 신전의 하나는 께쌀꼬아뜰^{Quetzalcóatl, 깃털 달린 뱀신} 신전이다. 신화에 따르면 께쌀꼬아뜰은 지하세계로 내려가서 물고기-인간 뼈를 구해와 자신의 피를 떨어뜨려 인간을 창조한 신이다. 또한 인간이 식용할 수 있는 옥수수를 찾아냈고, 인간에게 농사짓는 법을 가르쳐 준 신이다. 흥미롭게도 께쌀꼬아뜰 신은 비의 신 '뜰랄록^{Tláloc}'과 함께 나타난다. 뜰랄록은 땅을 풍요롭게 하는 비의 신으로 떼오띠우아깐의 각종 벽화, 토기, 조각 등에서 지속적으로 등장한다. 이빨이 나와 있고 안경을 낀 것과 같은 동그란 눈을 갖고 있다. 떼오띠우아깐은 우기와 건기

(우기는 보통 5월 말에 시작하여 9월 초에 끝난다)가 뚜렷한 기후였고, 산후안 강의 유량이 거대 도시를 유지하기에는 부족했을 것이기 때문에 뜰랄록 숭배가 발전한 것 같다. 떼빤띠쁠라Tepantitla의 벽화에서는 뜰랄록의 세계인 지상천국Tlalocan이 묘사되어 있어서 당시의 우주관을 구체적으로 엿볼 수 있다.

1960년대 발굴(1962~1964년)에서 2,000채가 넘는 크고 작은 거주지의 흔적이 발견되었다. 집의 구조는 여러 개의 방들이 부엌과 복도와 함께 복잡하게 구성되어 있다. 집 한가운데에는 보통 정원이 있고, 정원의 한가운데에서는 씨족공동체의 신전이 많이 발견되었다. 집 전체는 담장으로 둘러싸여 있으며 거리로 난 출구는 단 하나뿐인 단층집이었다. 집 구조를 분석해보면 떼오띠우아깐 사람들이 매우 폐쇄적인 성격을 가지고 있었던 듯하다. 그리고 한 집에 방이 많았던 점을 고려하면, 각 집에 12~60명 정도가 거주했을 것으로 판단된다. 가족이나 친족형태로 모여 생활한 씨족연립주택이라고 볼 수 있다. 또한 같은 거주 지역에서는 동일한 물품들이 대량으로 발견되는 것으로 보아 같은 업종에 종사했었던 것으로 추측된다. 각 구역은 중심 도로를 바탕으로 도로망이 비교적 바둑판 형태로 구성되어 있고, 배수시설들이 잘 갖추어져 있다.

떼오띠우아깐 경제는 농업을 중심으로 이루어진 물물교환 체제였다. 께쌀꼬아뜰 신전 건너편에서 발견된 씨우다델라Ciudadela에서는 주기적으로 장이 섰던 흔적이 남아 있다. 주요 농산물은 옥수수, 선인장, 토마토, 고추, 아보카드, 콩 등이었으며, 선인장 열매(투나)와 잎도 식용으로 사용했다. 육류로는 사슴, 토끼, 칠면조, 멧돼지, 독수리, 새, 거북이 등이 있었다. 육류는 상대적으로 부족하여 일부 고위 계층들만 소비했을 가능성이 높다.

떼오띠우아깐에서는 벽화가 매우 발달했다. 께쌀빠빨로뜰 궁전에서는 올메까의 재규어 상과 유사한 그림이 많이 발견된다. 재규어는 이후에 께쌀꼬아뜰의 쌍둥이 형제인, 떼스까뜰리뽀까의 원형으로 발전한다. 흥미로운 것은 벽화에 그려진 각종 무늬와 상징체계가 시간이 흘러도 변하지 않고 반복되어 나타난다는 사실이다. 초기 상형문자 형태로 보인다. 사용된 염료는 식물이나 광물 등에서 추출했다.

인신공양을 했었던 흔적도 발견되었다. 집단적으로 매장된 유골들이 발굴되었고, 일부는 등 뒤로 손이 묶여 있었기 때문이다. 피라미드의 각 모서리에서도 어린 아이들의 유골이 많이 발굴되었다. 신에게 바친 공양물은 인간 이외에도 뱀, 새, 나비 등이 있었다.

떼오띠우아깐의 토기 제작에서는 새로운 방식이 눈에 띈다. 틀을 이용하여 점토인형을 대량으로 생산했기 때문이다. 그러나 토기 제작에 유용한 물레는 발견할 수 없다. 토기는 반죽한 진흙을 조금씩 떼어내 형체를 만들어 붙이고 나무로 두드려가면서 완성시켰다.

당시에도 성형수술이 유행했다. 귀족이나 사제들은 두개골 변형을 하거나 이빨에 옥을 상감했다. 혹은 이를 갈아 일정 형태로 모양을 내기도 했다. 당시 가장 많이 애용된 장식품은 귀고리, 가슴 장식, 목걸이, 팔찌, 발찌, 코고리 등이다. 보통 옥으로 만들었지만 조개, 뼈, 진흙, 터키석을 이용하여 만든 것도 있다. 적철광으로 만든 모자이크 형식의 거울도 있었다. 남성인 경우에 머리는 전체나 일부분을 흑요석으로 만든 칼로 면도하듯이 밀었다. 당시에도 비누가 있었다. 마게이maguey, 용설란의 일종 잎의 뒷면에서 긁어낸 미끌미끌한 점액을 물에 타서 비누로 사용했다. 여성의 경우는 대부분 머리를 땋고, 각종 현란한 색채의 리본으로 장식을 했다.

떼오띠우아깐은 A.D.650~800년 사이에 쇠퇴하기 시작했다. 신전의 건축물들이 파괴되었거나 파헤쳐진 흔적뿐만 아니라 불에 탔던 흔적도 발견되기 때문이다. 또한 큰 건물 내부에 벽돌을 쌓아 새로 만든, 조악한 작은 방들에서도 쇠퇴의 흔적을 찾을 수 있다. 종교적인 측면에서도 떼오띠우아깐과는 다른 특징(불, 태양, 전쟁과 관련된 특징)이 발견된다. 그리고 이 시기에 새로운 토기 양식Coyotlatelco이 나타났다. 이러한 변화는 A.D.650년경부터 나타나는데, 이를 근거로 대부분의 학자들은 떼오띠우아깐이 북에서 내려온 사람들에 의해 정복된 것으로 판단하고 있다.

2. 똘떼까(A.D.800~1011)

떼오띠우아깐이 쇠퇴하던 시기(650~900년)에 멕시코 중앙고원지대는 정치적인 격동기에 빠져 있었다. 떼오띠우아깐 시대부터 있었던 촐룰라 Cholula를 비롯하여 여러 도시들Xochicalco, Cacaxtla, Tula, Cantona, Teotenango의 규모가 커지고 경쟁이 심화되기 시작했기 때문이다. 발굴조사서를 종합해 보면, 이러한 도시 간의 경쟁은 900년경에 종결되었다. 똘라를 제외한 다른 도시국가 대부분이 쇠락하거나 버려졌기 때문이다. 똘라가 도시 간의 경쟁에서 최종적으로 승리하고 멕시코 중앙고원지대의 정치적인 우위를 장악한 것으로 보인다. 최종 승리자가 된 사람들은 멕시코 북부지역에서 이주해 온 사람들로 이후에 똘떼까Tolteca라 불렸다. 그러나 문화적인 수준은 떼오띠우아깐보다 낮았다.

꾸아우띠뜰란 연대기Anales de Cuauhtitlán에 따르면, 똘떼까가 멕시코 중앙고원지대에 처음 나타난 것은 726년이었다. 초기에는 똘라 강Tula과 로사스 강Rosas이 만나는 지역인 똘라 치꼬Tula Chico에 정착하여 200년간 머물렀다. 중심지의 면적은 약 5~6km² 정도였으며 남북을 축(15° 북동쪽으로 기움)으로 피라미드와 궁전, 그리고 구기 경기장 등이 건축되었다.

똘라를 건립한 사람들에 관해서는 명확히 알 수 없다. 그러나 고문서와 연대기를 보면, 두 종족tolteca-chichimeca, nonoalca이 똘라를 건립한 것으로 보인다. 똘떼까-치치메까는 멕시코 북쪽 지역현재의 Zacatecas와 Jalisco주에서 내려온 사람들로 보이고, 노노알까는 떼오띠우아깐 출신의 사람들로 추정된다. 사용된 언어와 관련해서는 나우아뜰어nahuatl와 유사한 언어를 사용했으며, 오또미^{otomi}어도 사용되었을 가능성이 있다.

약 900년경에 똘떼까는 뚤라 치꼬를 버리고 인근에 새로운 뚤라를 건설했다. 이주 원인과 관련해 로만 삐냐 찬은 께쌀꼬아뜰과 떼스까뜰리뽀까 사이의 갈등과 관련이 있었을 것으로 추정했다. 895년에 께쌀꼬아뜰이 떼스까뜰리뽀까와의 갈등 끝에 동쪽 방향^{Tlillan Tlapallan}으로 떠났고, 몸을 태워 하늘로 올라가 금성이 되었다는 내용이 익스뜰릴쏘치뜰^{Ixtlilxóchitl}의 기록에서 발견되기 때문이다. 다른 한편으로는 똘떼까가 뚤라 치꼬를 버린 시기(약 900년경)가 당시 정치적인 헤게모니를 두고 경합을 벌였던 쏘치깔꼬와 까까스뜰라가 멸망한 시기와도 일치하는 것을 발견할 수 있다.

중심 광장 주변에는 구기장과 2개의 피라미드가 건축되었다. 피라미드 중 하나는 금성신을 숭배하는 신전이었고, 다른 하나는 뚤라를 대표하는 상징으로 널리 알려진 전사 형태의 석주상(높이는 약 4.6m)이 도열해 있는 신전이다. 정방형 형태의 5단 구조인 이 피라미드는 떼오띠우아깐 양식을 변용하여 건축되었다. 각 단의 옆면은 재규어, 독수리, 여우 등의 형태를 부조하여 장식했다. 떼오띠우아깐에서 발견되는 인간 – 새 – 뱀의 형태도 발견된다. 이 피라미드 전면에는 똘떼까 문명의 특징인 착몰^{chacmol}이 누워 있다. 피라미드 이외에도, 꼬아떼빤뜰리^{Coatepantli} 신전과 '불탄 왕궁^{Palacio quemado,} ^{불태워지고 파괴된 상태로 발견되어 발굴자가 붙인 이름이다}'도 있다. 떼오띠우아깐과 비교해 보면, 뚤라의 건축은 조각이 중심이었고, 건축물의 규모도 왜소하고 수준이 떨어진다.

건축물 중에서 특이한 것은 '불탄 왕궁'이다. 이 유적지에는 똘떼까 건축의 주요 특성인 수많은 석주가 도열된 거대 회랑이 있다. 각 석주에는 왕이나 고위 지도자로 보이는 전사들의 모습이 부조되어 있다. 이곳이 정치의 중심지였을 것으로 보인다. 반면에 왕의 궁전은 중심 광장에서 멀리 떨어져 있다. '불탄 왕궁'과 전사 형태의 석주상 등에 근거해 많은 연구자들은 뚤라의 정치체제가 신정형태의 군사체제였다고 주장한다. 또한 태양이나 불, 그리고 전쟁과 관련된 유물이 많이 발견되었다. 대표적인 것은 인신공양된 인간의 심장을 봉헌했던 착몰과 인골을 쌓아올린 제단(메쉬까에서는 촘빤뜰리라고 불렀다)이다.

똘떼까의 주신은 바람의 신이며 금성을 상징하는 께쌀꼬아뜰이었다. 이외에 비와 식물의 신인 뜰랄록과 옥수수의 신인 쎈떼오뜰Centéotl뿐만 아니라 흑요석 나비 신Izpapálotl, 태양신Tlalchitonatiuh, 불의 신Huehuetéotl, 떼스까뜰리뽀까Tezcatlipoca도 숭배했다. 똘라는 당시 메소아메리카에서 종교·정치의 중심지였다. 한 고문서Códice Zouche-Nuttal를 보면, 현재 오아하까Oaxaca에 위치한 미스떼까mixteca의 왕(8 - 사슴)이 1097년에 똘라를 방문했었던 기록이 남아 있다. 또한 똘라에서 유카탄의 마야 토기 그릇이 발견되고, 과테말라의 옥과 납 토기, 멀리 코스타리카(혹은 니카라과)의 컵이 발견되었다. 이러한 물품들이 공물을 통해 유입된 것인지, 아니면 무역을 통해 획득한 것인지는 알 수 없다. 하지만 똘라의 영향력을 짐작하게 해주기에는 충분하다. 사실 똘라가 멸망한 이후에도 메쉬까의 왕들이 주기적으로 똘라를 방문해 종교의식을 개최했었기 때문이다.

똘라의 구조는 중심부와 주변부로 명백히 이원화되어 있다. 중심부에는 사제, 군인, 귀족 등이 모여 살았고, 주변부에는 중심부를 지탱하는 생산 계층이 살았을 가능성이 높아 보인다. 발굴된 주거지를 보면, 기단 부분은 석재를 사용했지만 건물은 벽돌adobe을 사용해 건축했다. 규모와 형태가 다른 4~5가지 종류의 거주 건축물이 발견되어 사회계층이 다양하게 분화되어 있었음을 짐작할 수 있다. 거주 건물의 규모와 구조를 보면 같은 친족의 여러 가족이 함께 살았다는 것을 알 수 있다. 각 가족이 거주했던 방은 건물의 중앙에 위치한 정원과 모두 통하게 건축되어 있다. 정원의 중앙에는 제단이 설치되어 있고, 제단에는 조상의 것으로 보이는 시신이 묻혀 있다. 제단이 인골 형태의 돌로 조각된 촘빤뜰리로 장식된 경우도 발견된다. 또한 사람의 손과 발의 뼈가 발견된 경우도 있어서 인신공양이 도시국가적인 차원뿐만 아니라 각 씨족공동체 내에서도 독립적으로 행했을 가능성이 높아 보인다. 똘라의 인구수와 관련해 논란이 많지만, 1050년경에는 대략 6만~8만 명 정도가 살았을 것으로 추정된다.

알바 익스뜰릴쏘치뜰의 기록에 따르면, 똘떼까는 768년에 왕위에 오른 뜰라꼬미우아Tlacomihua 시대에 영토를 크게 확장했다. 그러나 서자였던 또삘씬Topiltzin이 882년에 왕위를 이으면서 혈통 문제로 내부 갈등이 발생하고 쇠퇴하기 시작했다. 마지막 왕인 우에막Huemac 시대에 똘라는 20개의 소도시로 구성되어 있었다.

똘떼까는 12세기 말경에 멸망했다. 멸망 원인과 관련하여 내부 갈등과 외부 침입 등이 거론되고, 생산방식의 문제점도 지적된다. 그러나 주요 유적지가 불에 타고 약탈된 흔적이 남아 있는 것으로 보아 외부로부터 정복되었을 가능성이 높다. 사실 이 시기는 북쪽지역에서 숄로뜰Xólotl이 치치메까chichimeca를 이끌고 남하하여 멕시코 중앙고원지대에 도착한 시기와 거의 일치하고, 이후에 정치적인 헤게모니를 숄로뜰이 장악했기 때문이다.

3. 치치메까(A.D.1011~1428)

멕시코 중앙고원지대로 이주해 온 숄로뜰은 띠사유까Tizayuca 근처의 숄록Xóloc에 잠시 정착했다가 멕시코 분지 내의 떼나유까Tenayuca로 중심지를 옮겼다. 기록Mapas Tlotzin y Quinatzin에 따르면, 당시 치치메까는 가죽 옷을 입고 있었고, 활과 화살을 사용했다. 거주지는 주로 동굴이거나 풀로 엮은 초가였을 정도로 똘떼까 문명에 비해 문화적으로 낙후된 집단이었다. 그러나 중요한 것은 치치메까가 똘떼까 시대를 종식시키고 치치메까 시대를 새롭게 열었다는 사실이다.

치치메까는 특정 종족을 의미하는 것이 아니라 멕시코 중앙고원지대로 이주해 온 다양한 이방집단을 총칭하는 용어이다. 상당수의 치치메까는 태평양 연안의 멕시코 서부지역과 북부지역, 그리고 '아리도 아메리카 Aridoamerica'라 불리는 척박한 지역에서 남하한 것으로 보인다. 이 지역의 문명은 멕시코 중앙고원지대에 비해 낙후되어 있었고, 도시의 규모가 작고 수도 적어 오랫동안 메소아메리카 학회에서 등한시되어 왔다. 그러나 떼오띠우아깐이 쇠퇴하거나 똘떼까가 멸망했던 시기에는 어김없이 이 지역의 집단들이 멕시코 중앙고원지대로 이주해 왔었다. 그리고 기존 체제를 대체하며 새로운 시대를 열었다. 이 지역에 관한 연구가 좀 더 활성화되어 치치메까의 역사와 문화가 재평가되길 기대한다.

솔로뜰이 떼나유까Tenayuca에 정착해 있을 당시에 북쪽지역에서 여러 종족들tepaneca, acolhua, otomí이 멕시코 분지로 들어왔다. 떼빠네까는 아스까뽀쌀꼬에 정착했고, 오또미는 살또깐Xaltocan에 도시를 세웠다. 아꼴우아는 꼬아뜰린찬Coatlinchan에 중심지를 정했다. 먼저 정착해 있었던 솔로뜰은 새로 도착한 종족들과 평화적인 관계를 꾀하며 패권을 유지했다. 이후에, 솔로뜰의 손자인 끼나씬Quinatzin이 왕위에 오르면서 떼스꼬꼬Texcoco가 번성하기 시작했고, 멕시코 분지의 패권을 장악하게 되었다. 그러나 이후에는 아스까뽀쌀꼬Azcapotzalco의 떼소소목Tezozómoc 왕이 떼스꼬꼬의 익스뜰릴쏘치뜰 왕을 죽이고 치치메까뜰 떼꾸뜰리chichimécatl tecuhtli, 치치메까의 도시국가들을 대표하는 왕위를 탈취하며 새로운 강자로 떠올랐다.

4. 메쉬까(A.D.1428~1521)

오랜 유랑 끝에 메쉬까가 멕시코 분지에 들어온 시기는 떼스꼬꼬가 분지 내·외의 패권을 장악하고 있었던 때였다. 사료에 따르면 메쉬까는 아스뜰란Aztlán이라 불리는 지역의 치꼬모스똑Chicomóztoc, 일곱 개의 동굴에서 살았다. 호수 한가운데에 위치한 섬이었던 아스뜰란은 현재 멕시코 북부지역으로 추정된다. 우이씰로뽀츠뜰리Huitzilopochtli가 예지한 약속의 땅을 찾아 메쉬까는 1111년에 아스뜰란을 떠났고, 기나긴 여정 끝에 멕시코 분지에서 독수리가 뱀을 물고 선인장 열매tuna에 앉아 있는 약속의 땅을 발견했다. 그리고 메쉬꼬-떼노츠띠뜰란Mexico-Tenochtitlán이라는 도시를 1325년에 건립했다.

당시 떼노츠띠뜰란은 떼스꼬꼬Texcoco 호수에 위치한 척박한 늪지의 섬에 불과했다. 게다가 이 섬은 당시 위세를 떨치던 도시국가 아스까뽀쌀꼬Azcapotzalco의 영지였기 때문에 메쉬까는 공물을 바쳐야만 했다. 그러나 1376년에 아까마삐츠뜰리를 왕으로 추대하며 도시국가의 기틀을 세우는 데에 성공했다. 그리고 아스까뽀쌀꼬와의 정략결혼과 연맹관계를 통해 아꼴우아깐Acolhuacan, 멕시코 분지 동부지역으로 아꼴우아가 세운 도시국가들이 많았다 지역뿐만 아니라 치남빠스Chinampas, 멕시코 분지 남부지역으로 농산물 생산이 많은 곳이었다 일부 지역까지 정치적인 영향력을 키워 나갔다.

메쉬꼬-떼노츠띠뜰란을 세운 집단의 명칭과 관련해서 많은 용어가 혼용되고 있다. 먼저 '아스떼까azteca'는 나우아뜰어의 발음에 따라 표기한 것이고, '아즈텍'은 나우아뜰어 표기를 영어식으로 발음한 명칭이다. 그리고 아스떼까는 아스뜰란에서 기원한 여러 씨족공동체calpulli를 총칭하는 용어이다. 그러나 우이씰로뽀츠뜰리를 숭배했던 '한' 씨족공동체는 이주하는 과정에서 아스떼까라는 이름을 버리고 메쉬까mexica라는 이름을 사용하게 되었다. 이 깔뿔리가 메쉬꼬-떼노츠띠뜰란을 세운 주인공이다. 그럼에도 불구하고, 초기 연구자들의 오류로 인해 잘못 정의된 아스떼까라는 용어가 메쉬까를 대신해 현재까지도 널리 사용되고 있다. 참고로 영어 발음인 '멕시코'는 스페인어 발음 메히꼬México에서 변용된 것이고, 메히꼬는 메쉬까mexica에서 유래된 나라 이름이다. 다시 말해 '멕시코'의 국명에는 메쉬까의 정통성을 이어받았다는 역사적인 의미가 내재해 있다.

한편 아스까뽀쌀꼬의 왕, 떼소소목이 사망하면서 멕시코 분지와 주변은 정치적인 격동기로 접어들었다. 떼소소목의 아들이었던 막스뜰라Maxtla가

치치메까뜰 떼꾸뜰리를 불법적으로 탈취하자 많은 도시국가들이 이에 반발했기 때문이다. 떼소소목 왕과의 연맹관계를 적절히 이용하며 발 빠르게 성장하고 있었던 떼노츠띠뜰란 또한 막스뜰라에 거부감을 나타냈다. 결국 막스뜰라는 메쉬까의 3대 왕 치말뽀뽀까Chimalpopoca를 살해했고, 떼노츠띠뜰란은 위기상황을 맞이했다. 당시 떼노츠띠뜰란은 떼빠네까tepaneca 도시국가들의 맹주였던 아스까뽀쌀꼬에 대적할만한 군사력은 물론이고, 연합체 또한 없었던 상황이었기 때문이다. 그러나 이 시기에 왕이 된 이쓰꼬아뜰(4대 왕)은 놀라운 외교력을 발휘했다. 막스뜰라에 쫓겨 뜰라스깔라 Tlaxcalca 지역을 떠돌고 있었던 네사우알꼬요뜰Nezahualcóyotl을 끌어들여 동맹을 맺었다. 당시 네사우알꼬요뜰은 자신의 도시국가(떼스꼬꼬)를 아스까뽀쌀꼬에 빼앗기고 도망을 다니고 있었지만 적법한 치치메까뜰 떼꾸뜰리였다. 그런데 떼스꼬꼬는 떼노츠띠뜰란과의 관계가 우호적이지 않았다. 떼소소목 왕이 떼스꼬꼬를 정복할 때에 메쉬까가 아스까뽀쌀꼬를 군사적으로 도왔었기 때문이었다. 그러나 이쓰꼬아뜰이 네사우알꼬요뜰과의 동맹을 이끌어냄으로써 아스까뽀쌀꼬에 정복되지 않았던 일부 아꼴우아 도시국가들의 지원을 얻어낼 수 있었다. 그리고 분지 내·외의 일부 도시국가들의 군사적인 도움까지도 이끌어냈다. 순식간에 떼노츠띠뜰란을 중심으로 연합체가 구성되었고, 아스까뽀쌀꼬가 중심이 된, 떼빠네까 도시국가들의 연합체와 일전을 벌일 수 있었다.

115일간 지속된 치열한 전쟁에서 떼노츠띠뜰란을 중심으로 연합한 도시국가들이 1428년에 대승을 거두었다. 이 전쟁은 멕시코 분지 내·외의 정치 판도를 바꾼 역사적인 사건이었다. 치치메까 시대가 종결되고 메쉬까 시대가 열린 순간이었다. 만약에 떼노츠띠뜰란이 도시를 방어한 것에 만족하고 안주했다면 '아스떼까 제국'이라 불리는 거대한 연합체는 출현하지 않았을 것이다. 그러나 이쓰꼬아뜰은 멕시코 분지와 주변 지역을 3개 지역(동부, 서부, 남부)으로 나누고, 동부와 서부 지역을 각각 대표하는 떼스꼬꼬와 뜰라꼬빤을 끌어들여 삼각동맹을 맺었다. 삼각동맹을 바탕으로 떼노츠띠뜰란은 멕시코 분지와 주변에서 정치적 패권을 확고히 구축할 수 있었다.

떼빠네까 도시국가들을 정복한 이후, 떼노츠띠뜰란은 이쓰꼬아뜰 왕과 목떼수마 일루이까미나 왕의 파격적인 정치·사회개혁을 통해 강력한 '군사 병영 도시국가'로 재탄생했다. 먼저 이쓰꼬아뜰은 집단지도 체제적 성격이 강했던 기존 정치체제를 개혁했다. 4명으로 구성된 왕실위원회 tlacxitlan를 만들어 많은 깔뿔리 지도자들의 정치적인 영향력을 축소시키고 왕권을 강화시켰기 때문이다. 사실 떼노츠띠뜰란은 순수 단일 깔뿔리로 구성된 도시국가가 아니었다. 이주 과정에서 많은 깔뿔리가 이탈하거나 합세했었기 때문이다. 떼노츠띠뜰란을 세웠던 시기에만 14개의 깔뿔리가 있었고, 이들을 사방위에 맞추어 4개 지역으로 배치했었다. 기존의 집단지도체제가 왕실위원회 중심으로 변화하면서 정치적인 안정과 행정의 효율성을 높일 수 있었다.

이쓰꼬아뜰 왕이 급진적인 개혁을 시행하는 과정에 역사적으로 기억해야 할 중요한 사건이 발생했다. 여러 도시국가들에 있었던 기존의 역사 고문서를 수거하여 불태운 '분서 사건'이다. 이 사건으로 인해 메쉬까 이전의 역사가 상당히 왜곡되었고, 메쉬까의 역사가 과장되거나 미화되는 결과를 낳았다. 치치메까 중심의 역사를 거의 배제하고 메쉬까 중심으로 역사를 다시 썼기 때문이다. 대표적인 경우가 메쉬꼬-떼노츠띠뜰란의 건국신화이다. 따라서 멕시코 중앙고원지대의 역사를 연구하는 학자는 이러한 사실을 유의하며 메쉬까의 고문서나 정복 초기에 쓰인 연대기에 접근해야 한다.

메쉬까의 종교체계는 매우 복잡하다. 대신전Templo Mayor에 우이씰로뽀츠뜰리와 뜰랄록 신전이 있었고, 대신전 전면에는 께쌀꼬아뜰 신전이 있었기 때문이다. 이외에도 멕시코 중앙고원지대의 수많은 전통 신들이 밀집해 있었다. 하지만 메쉬까의 종교체계는 전통적인 이원적 일원론에 바탕을 두고 있었다. 꼬아뜰리꾸에가 일원신의 역할을 하고, 그 자녀인 우이 씰로뽀츠뜰리와 꼬욜샤우끼Coyolxauhqui가 이원신(태양과 달의 신)을 구성했기 때문이다. 사실 우이씰로뽀츠뜰리는 메쉬까가 아스뜰란에서 이주하던 초기에 씨족공동체의 지도자에 불과했었다. 그러나 이후에 씨족공동체의 신으로 격상되었고, 목떼수마 일루이까미나 왕 시기에 와서는 제5태양의 한 축(남쪽)으로 자리 잡았다.

흥미로운 것은 태양의 신이며 전쟁의 신인 우이씰로뽀츠뜰리가 제5태양의 멸망설과 연계되어 있었다는 사실이다. 우이씰로뽀츠뜰리에게 인간의 피를 바쳐 생명력을 불어넣으면 제5태양(당시 메쉬까가 살고 있었던 세계)이 멸망하지 않고 유지될 수 있다는 독특한 종교 개념이 탄생했기 때문이다. 그리고 메쉬까를 이러한 성스런 임무를 맡은 '선택된 종족'으로 미화했다. 태양의 창조와 멸망에 따른 주기적인 우주순환의 리듬을 인간이 조율할 수 있다는 매우 혁신적인 사상이었다. 이러한 사상을 바탕으로 메쉬까는 자신들이 일으킨 전쟁을 제5태양을 유지하기 위한 성스런 전쟁("꽃의 전쟁")으로 미화하며 대외 정복을 합리화했다.

메쉬까의 종교에서 흥미로운 것은 인간의 죽음을 신의 선택으로 이해했었다는 사실이다. 예를 들어, 뿔께마게이 액을 발효시킨 술를 마시고 처벌을 받아 죽은 사람이 있다면 이렇게 믿었다. 뿔께의 신Ometochtli이 자신의 일을 도와줄 인간이 필요했기 때문에 적합한 인간을 선택해 자신의 세계로 데려간 것이었다. 따라서 천상세계와 지하세계를 천당이나 지옥 개념으로 상상하지 않았다. 또한 사후에 천상세계나 지하세계로 가는 것을 지상세계에서의 선악과 관련된 보상이나 응징 개념으로도 이해하지 않았다. 물론, 기독교의 구원 개념이나 최후의 심판 개념도 없었다.

떼노츠띠뜰란이 멕시코 분지의 강력한 정치세력으로 급부상하고, 메소아메리카 상당 지역에 정치적인 영향력을 행사하는 도시국가로 거듭나게 된 원인은 다양한 시각에서 찾을 수 있다. 사회적인 측면에서 접근해 본다면, 이쓰꼬아뜰과 목떼수마 일루이까미나 왕 시기에 급격히 이루어진 사회개혁이 한 원인이 될 수 있다. 이쓰꼬아뜰 왕이 전쟁 공훈을 통해 사회적 신분을 상향시킬 수 있는 출구를 열어 놓았고, 목떼수마 일루이까미나 왕은 이를 사회체제로 정착시켰다. 전쟁 공훈에 따른 각종 행동수칙과 의복 형태(신발 착용, 망토 길이와 장식, 장식물 착용 등)를 규정한 법령을 공표했었기 때문이다. 한 예로, 전쟁 공훈에 따라 망토의 길이가 달랐고, 장식물의 종류와 수가 차이가 있었다. 더 나아가 서자도 전쟁에서 공훈을 세운 경우에는 차별하지 않았으며, 합법적인 자식으로 인정하여 부모의 재산을 물려받을 수 있었다. 수많은 전쟁을 치르면서 떼노츠띠뜰란의 인구가 감소했고, 광대한 정복지를 관리하기 위해서는 인적 충원이 절실한 상황에서 나온 법령이었다. 당시 떼노츠띠뜰란은 기회의 땅이었고, 인간의 욕망과 꿈이 현실화될 수 있었던 공간이었다. 이러한 '열린 사회구조'에서 깔뿔리뿐만 아니라 개인들 간의 경쟁이 가속화되면서 사회는 역동적으로 변화했고, 떼노츠띠뜰란은 '군사 병영 도시국가'로 탈바꿈했다.

보통 '아스떼까 제국'이라 불리는 메쉬까 연합체의 구조를 이해하기 위해서는 먼저 연합체를 중심부와 주변부로 분류할 필요가 있다. 중심부는 삼각동맹국과 각 영지(멕시코 분지와 주변)에 속해 있는 예속 도시국가들로 구성되어 있었다. 삼각동맹 초기에 메쉬꼬-떼노츠띠뜰란의 영지에는 9명의 왕tlatoani이 있었고, 떼스꼬꼬와 뜰라꼬빤의 영지에는 각각 14명과 7명의 왕이 있었다. 이들과 구분하기 위해 삼각동맹국의 왕들은 우에이 뜰라또아니Huey tlatoani라는 명칭을 사용했다.

반면에 주변부는 완전 예속된 정복지와 공물을 바치거나 우의 확인과 같은 다양한 관계를 통해 삼각동맹국의 정치적인 우위를 인정하고 대외 정책에 협조하는 정복지로 구성되어 있었다. 「멘도시노 고문서」에 따르면, 연합체의 주변부는 30개의 중심 도시국가를 바탕으로 구성되어 있었고, 각 중심 도시국가에는 여러 개의 도시와 마을로 구성된 하층부가 있었다. 한 예로, 떼뻬아까^{Tepeaca}에는 21개의 예속 도시가 있었다. 중심부와 주변부의 관계는 다양하다. 하지만 연합체의 일원으로 인정된 이후에는 전통 토착세력의 정치적인 기득권을 인정했고, 삼각 동맹국에서 파견한 공물 징수원만 있는 경우가 대부분이었다. 공물 징수원의 주 업무는 기본적으로 80일마다 공물을 떼노츠띠뜰란에 보내는 역할이었다. 대부분 떼노츠띠뜰란과 떼스꼬꼬 왕실 출신의 귀족들이 공물 징수원으로 임명되었다. 파견된 공물 징수원은 공물과 관련된 일 이외에도 중심부와 주변부의 도시국가를 정치적으로 이어주는 중개 역할을 맡았고, 지역의 행정에도 일정 부분 간섭을 했다. 그러나 정복지의 도시국가 간에 일어난 큰 사건을 해결하거나 판결하기 위해서는 각종 관리들을 떼노츠띠뜰란이 직접 파견했다. 정복지에는 대부분 공물 징수원만을 파견하여 연합체를 운용했지만, 국경지역과 전략적인 지역에는 수비도시를 건립했다. 일부 수비도시에는 삼각동맹국과 멕시코 분지 내 예속 도시국가 주민의 일부를 이주시켜 직접 통치했다.

대외 정복의 기초를 닦아 연합체의 틀을 만든 왕은 목떼수마 일루이까미나였다. 반면에 거대한 연합체를 건설한 왕은 아우이쏘뜰이었다. 당시 메쉬까 연합체의 영토는 북쪽으로 메쓰띠뜰란, 북서쪽으로는 따라스꼬와 국경을 마주했고, 남쪽으로는 떼우안떼뻭 지협 이전까지 내려갔다. 멕시코 분지 주변 동쪽에 있는 뜰라스깔라 지역(현재 뿌에블라 주)과 태평양 연안의 요삐씽꼬^{Yopitzinco} 등을 제외한 전 지역이었다. 쇼꼬누스꼬의 경우는 떼우안떼뻭 지협을 상당히 벗어나 현재 과테말라의 태평양 연안에 있었다. 그러나 이렇게 '제국적인 면모'를 갖춘 것은 아우이쏘뜰 왕의 재위 후반부였다. 따라서 거대한 연합체가 유지된 것은 스페인 정복자가 도착하기 전까지 약 20여 년에 불과했다.

스페인의 정복자 에르난 꼬르떼스^{Hernán Cortés}에 의해 메쉬꼬 – 떼노츠띠뜰란이 멸망^{1521년}한 이후, 메쉬꼬 – 떼노츠띠뜰란을 중심으로 한 삼각동맹국과 그 정치적 영향권에 있었던 수많은 주변부 도시국가들을 하나로 묶어 '아스떼까 제국'이라는 이름으로 불러왔다. 그리고 메쉬꼬-떼노츠띠 뜰란은 '아스떼까 제국'의 수도인 것처럼 잘못 인식되어 왔다. 먼저 '아스 떼까 제국'이라는 용어의 문제점을 지적할 필요가 있다. 아스떼까는 아스 뜰란을 기원지로 두는 여러 종족을 총칭하는 용어이고, 거대 연합체를 건 설한 종족은 그 중의 하나인 메쉬까이기 때문이다. 게다가 연합체의 구조 가 동양이나 유럽에 존재했던 제국의 개념과 매우 다르다. 중앙집권체제 의 단일 제국이 아니었으며, 삼각 동맹국에 수많은 도시국가들이 다양한 방식으로 결합된 복잡한 연합체였기 때문이다. 물론, 삼각동맹국의 핵은 메쉬꼬-떼노츠띠뜰란이었다. 그리고 삼각동맹국은 각 지역에서 들어오 는 공물을 도시국가별로 정해진 비율에 따라 분배했다. 기록마다 내용의 편차가 있지만 가장 신빙성이 높아 보이는 소리따^{Zorita}에 따르면, 경우에 따라 3개국 간에 동일하게 분배하기도 했고, 5등분하여 메쉬꼬-떼노츠 띠뜰란과 떼스꼬꼬가 각각 2/5씩 차지하고, 나머지 1/5은 뜰라꼬빤에게 배분했다.

메쉬꼬-떼노츠띠뜰란 중심의 연합체는 취약한 구조와 한계를 갖고 있 었다. 각 지역마다 종족과 종교는 물론이고, 언어와 문화도 상이한 경우가 많았기 때문이다. 물론 중앙집권화된 정치체제도 아니었다. 게다가 깔뿔 리^{calpulli}에 바탕을 둔 사회구조에도 근원적인 문제가 있었다. 모래알처럼 이질적인 깔뿔리를 중심으로 구성된 수많은 도시국가들을 하나의 연합체 로 묶어내는 구심점은 삼각동맹국의 강력한 군사력이었다. 다시 말해, 삼 각동맹이 거대한 연합체를 유지하는 가장 중요한 축이었다. 삼각 동맹국 간의 결속이 약화되거나 와해될 경우는 연합체가 쉽게 붕괴될 수밖에 없 는 불안정한 구조물이었다.

연합체의 통치 방식에도 문제가 있었다. 정복지 대부분의 도시국가에 공물 징수원만을 파견하고 전통 토착세력의 정치적인 기득권을 인정해 주 었기 때문이다. 이러한 방식은 메소아메리카의 전통적인 통치방식이었다.

물론, 외부 침략을 막기 위해 국경 수비도시를 설치하고 전략적인 지역과 불안정한 정복지에 수비도시를 세웠지만 방대한 지역을 효율적으로 통치하는 것은 쉽지 않은 일이었다. 이러한 문제를 해결하기 위해 반란 도시를 매우 가혹하게 진압하거나 연합체 주변부의 왕족들을 일정 기간씩 순번으로 떼노츠띠뜰란에 기거하도록 하기도 했다. 볼모를 이용하여 도시국가의 반란을 억제하고 충성을 유도하려는 정치행위였다.

연합체의 주변부를 효율적으로 관리하기 위한 다른 방식도 있었다. 가장 대표적인 것이 축제와 인신공양이었다. 축제는 떼노츠띠뜰란이 자신의 힘을 외부에 과시하고, 연합체 도시국가와의 우의와 결속을 확고히 다지는 고도의 정치행위였다. 축제에는 주변 도시국가는 물론이고 먼 지역의 왕과 귀족, 더 나아가 적대국의 사절까지 초대되었다. 연합체에 속했던 도시국가의 통치자나 귀족이 떼노츠띠뜰란의 축제에 참석하지 않는 경우는 반란 행위로 간주되었다.

축제의 절정은 인신공양 의식이었다. 연대기 기록에 의하면 띠속 왕이 우이씰로뽀츠뜰리 신전을 완공하고 80,400명의 포로를 인신 공양했다. 대신전 완공식(1486년)을 거행할 때도 아우이쏘뜰 왕은 각 지역에서 생포한 포로 8,400명을 바쳤다. 태양의 돌Piedra del sol을 완공했을 당시에 아샤야까뜰 왕은 대서양 연안 도시국가의 왕과 귀족까지 초대했고, 수많은 포로를 인신 공양했다. 인신공양은 종교적인 목적뿐만 아니라 정치적인 의도를 함축하고 있었다. 인신공양 의식에 참여했던 도시국가의 왕과 귀족들이 공포에 질려 자신의 도시로 돌아갔으며, 메쉬까에 대항하여 반란을 일으킬 엄두를 내지 못했기 때문이다. 물론 돌아갈 때는 해당 지역에서 생산되지 않는 물품을 푸짐하게 선물로 받았다. 이처럼 각종 축제를 통해 떼노츠띠뜰란은 주변부 도시국가의 우의와 충성을 확인하고 결속력을 외부에 과시했다. 다시 말해 인신공양은 구조적인 결함이 있는 연합체를 공포를 통해 유지하는 저비용의 고효율적인 통치 행위였다.

메쉬까의 사회 법규는 매우 엄격했다. 특히 술octli과 관련된 법규는 처벌 수위가 높았다. 술에 취해 길에 누워 있거나 고성방가하다 적발될 경우, 평민macegual이며 초범인 경우에는 매를 때리거나 나무로 만든 틀로 손이나 발을 공공장소에 묶어 놓았다. 머리카락을 모두 밀어버리는 처벌을 하기도 했다. 그러나 재범인 경우는 사형에 처했다. 귀족인 경우에는 처벌이 더 엄중했다. 한 예로, 네사우알꼬요뜰 왕이 술에 취한 사제를 사형에 처한 경우를 발견할 수 있기 때문이다. 관리가 왕궁 내에서 취했을 경우에는 어떤 문제를 일으키지 않았더라도 관직을 삭탈해 버렸다. 평상시에 술을 자유롭게 마실 수 있는 사람은 노인들뿐이었다. 그러나 취할 정도로 마실 수는 없었다.

간통죄의 경우는 머리를 돌로 내려쳐 죽였다. 남녀 한쪽이 가정을 돌보지 않았을 경우는 이혼을 할 수 있었다. 여성이 아이를 낳지 못하거나 남편이 폭행을 일삼을 경우도 이혼 사유가 되었다. 정당한 사유로 이혼을 했을 경우는 부부가 갖고 있었던 재산을 동일하게 나누었다. 그리고 이혼한 여성은 재혼을 할 수 있었다. 메쉬까 연합체의 규모가 커지면서 사건이 많아지자 각 지역에서 올라오는 항소를 80일 내에 처리하도록 규정하여 사법행정의 효율성을 높였다.

귀족 출신의 남자는 약 15살 정도에 깔메깍calmecac, 귀족학교에 들어가 사제들로부터 신학, 역사, 천문, 군사학 등을 배웠다. 그러나 실제로는 대부분이 6~9살 사이에 입학한 것으로 보인다. 당시 깔메깍의 수는 많았고 신전 소속인 경우가 대부분이었다. 평민 출신인 경우는 뗄뽀츠깔리telpochcalli, 평민학교에 들어갔다. 뗄뽀츠깔리는 각 깔뿔리마다 있었고, 선별된 유명 군인들이 군사학 위주의 교육을 했다. 여성들의 경우는 신전에 소속된 학교에 입학할 수 있었지만, 그 수는 극히 적었다. 대부분 집안에서 어머니의 교육으로 그쳤다.

남자 아이들의 경우에는 약 10살 때부터 머리를 깎기 시작했다. 그러나 전쟁터에 나가 포로를 생포해 올 때까지는 머리 상단의 뒤 머리카락은 깎을 수 없었다. 나이가 들도록 뒷머리가 목덜미까지 내려와 있었다면 수치스런 일이었고 여러 사회적인 제약을 받아야만 했다.

결혼은 보통 20~22살 정도에 했다. 남성의 부모가 매파를 놓아 결혼을 성사시키는 것이 관례였다. 이러한 정식 결혼은 비용이 상당히 들었기 때문에 평민의 경우에는 이러한 절차를 생략하고 동거를 하다 양가로부터 허락을 받는 형식을 취하는 경우도 많았다.

귀족이나 사제들이 주로 즐겼던 운동은 후에고 데 뻴로따juego de pelota, tlachtli였다. 이 운동은 주로 사제와 귀족들이 했던 것으로, 양편으로 나뉘어 고무로 만든 공을 엉덩이로 쳐서 양쪽 벽에 붙어 있는 석주 링을 통과시키는 경기이다. 경기를 하면 보통 의복, 깃털, 금, 노예 등을 내기로 걸었다. 떼노츠띠뜰란의 6대 왕 아샤야까뜰Axayácatl과 쏘치밀꼬Xochimilco 왕 사이에 있었던 사건은 매우 유명하다. 당시 경기를 하면서 아샤야까뜰 왕은 멕시코 시장을 내기로 걸었고, 쏘치밀꼬의 왕은 자신이 소유한 정원을 걸었다. 그런데 쏘치밀꼬의 왕이 경기에서 승리했다. 다음 날 몇 명의 군인들이 쏘치밀꼬의 왕을 찾아가 선물을 주고 화환을 목에 걸어주었다. 그런데 화환 속에는 밧줄이 숨겨져 있었다.

당시 남성의 의복은 단순했다. 아랫도리를 가리는 긴 천과 망토가 남성들의 기본 의복이었기 때문이다. 폭이 넓은 긴 천maxtlatl, 한국의 전통적인 아기 기저귀와 유사하고 길이가 길다을 다리 사이로 넣어 주요 부분을 가리며 허리에 감았고, 천의 양 끝을 앞뒤로 늘어뜨렸다. 이러한 복식 형태는 올메까 시대부터 발견된다. 등에 걸치는 망토tilmatli의 경우는 길이와 장식이 신분에 따라 달랐다. 사제나 전사의 경우는 망토 외에 소매가 짧은 속옷xicolli을 입기도 했다. 여성들은 무릎 아래까지 내려오는 치마cueitl를 입었고, 상의로는 블라우스 형태의 겉옷huipilli을 입었다. 과테말라의 열대우림에서 자라는 구아까마야guacamaya의 깃털을 이용해 다양한 장식을 하곤 했다. 메쉬까의 의복에서 특이한 점은 단추나 브로치 등을 사용하여 옷깃을 여미는 방식이 없었다는 사실이다. 이러한 특징은 메소아메리카 전체 지역에서도 동일하다.

평민들은 신을 착용할 수 없었다. 일정 사회계층이 되어야만 식물 섬유나 동물 가죽(주로 부드러운 목덜미 가죽을 사용) 등으로 만든 샌들cactil 신을 수 있었다. 치아를 검은색이나 짙은 붉은색으로 물들이는 풍습도 있었고, 가슴이나 팔 등에 문신을 하기도 했다. 증기탕과 유사한 시설물 temazcalli도 있었다. 입구가 낮고 밀폐된 작은 건축물의 한쪽 벽(보통 구멍이 숭숭 뚫린 현무암을 사용)을 외부에서 불을 지펴 달구고, 이 벽에 물을 뿌려 생기는 수증기로 몸을 닦았다. 보통 약초로 만든 때밀이 수건으로 몸을 밀었다. 출산한 여성들이 산후조리를 위해 많이 사용했고, 노약자나 병약한 사람도 병을 치료하기 위해 활용했다.

시장에서는 다양한 물건을 팔았다. 한 예로, 여성들은 또르띠야, 따말, 아똘레atole, 카카오 음료, 고추와 토마토가 들어간 다양한 요리, 삶은 고기 등을 팔았다. 이를 사먹는 사람들은 음식 값으로 옥수수, 호박, 꿀, 각종 육류, 토기 솥, 돗자리 등을 지불했다.

메쉬까 사회에서는 하루에 두 번 식사를 했다. 정식 식사를 하기 전인 오전 10시 경에 아똘레를 한 잔 마셨다. 아똘레는 옥수수 가루로 만든 약간 걸쭉한 죽이다. 보통 꿀이나 고추 등을 넣어 맛을 냈다. 귀족이나 부유한 사람들은 꿀이나 바닐라 등을 넣은 카카오 음료를 마시기도 했다. 정식 식사는 12시경에 먹었다. 평민은 보통 옥수수로 만든 또르띠야, 프리홀콩 종류, 고추와 토마토소스, 따말 등을 먹었다. 섭취할 수 있는 육류는 주로 사슴이나 새 종류였고, 식사를 할 때에는 맹물을 마셨다. 당시 메쉬까 사회에서는 신전 정상에서 시간을 알리는 북을 하루 6번에 걸쳐 나누어 두드렸기 때문에 시간을 쉽게 알 수 있었다.

두 번째 식사는 취침하기 전에 했고, 주로 아똘레나 아마란또들깨와 유사를 먹었다. 치아^{chía}로 만든 죽 종류를 먹기도 했다. 축제일에는 밤새도록 음식을 먹을 수도 있었다. 귀족이나 상인들의 경우는 연회가 자주 열렸었기 때문에 상대적으로 다양한 음식을 풍성하게 섭취할 수 있었다. 일 년 중 곤궁한 시기였던 6~7월에는 왕이 가난한 사람들에게 따말과 아똘레를 나누어 주기도 했다.

정복자들이 기록한 문헌에 의하면 스페인 정복 초기의 왕이었던 목떼수마 쇼꼬요씬은 300개 이상의 음식이 차려진 식사를 수백 명의 신하들과 함께 하기도 했다. 같은 장소이긴 했지만 목떼수마는 칸막이를 한 공간에서 독상을 받았다. 식사 전후에는 반드시 물로 손을 닦았고, 식사 이후에는 카카오를 마시고 담배를 피웠다. 이때에 난장이나 익살꾼(개그맨), 꼽추 등이 등장하여 각종 유모와 볼거리를 보여주었다. 식사 후에 담배를 피우는 것은 당시의 풍습이었다. 하지만 식사 이외에 담배를 피우는 경우는 드물었다. 담뱃대를 손에 들고 여유롭게 걷는 것은 귀족들의 멋스러운 행동이기도 했다. 물론 담배는 각종 의식이나 치료용으로도 사용되었다. 각종 볼거리가 끝나면 잠시 낮잠을 잤다.

메쉬꼬-떼노츠띠뜰란은 스페인의 정복자 에르난 꼬르떼스에 의해 1521년에 멸망했다. 근 50일에 가까운 혈전을 벌였지만 스페인의 우수한 무기(대포, 총, 말 등)에 대적할 수는 없었다. 께쌀꼬아뜰 신의 귀환설 등이 사회적으로 혼돈을 준 것은 사실이었지만 근본적으로 무기의 격차가 너무 컸다. 당시 떼노츠띠뜰란을 공격했던 스페인의 병력은 500여 명 정도에 불과했다. 하지만 떼노츠띠뜰란과 앙숙이었던 뜰라스깔라가 에르난 꼬르떼스와 동맹을 맺고 함께 공격을 했다. 또한 목떼수마 쇼꼬요씬과 반목했던 떼스꼬꼬의 익스뜰릴쑈치뜰도 스페인 정복자와 합세하여 메쉬꼬-떼노츠띠뜰란을 멸망시키는 데에 큰 기여를 했다. 스페인 정복자들을 도운 원주민의 수가 수만 명에 이른 것으로 보인다. 결국 메쉬꼬-떼노츠띠뜰란은 멸망했고 메쉬까의 연합체는 모래알처럼 흩어졌다.

Ⅲ. 마야 문명

마야의 역사를 재구성하는 일은 상당히 어려운 작업이다. 특히 고전기 마야의 경우는 전적으로 고고학 발굴에 의존해야 한다. 석주에 새겨진 일부 내용이 도움이 되지만, 과거 역사를 복원하기에는 역부족이기 때문이다. 멕시코 중앙고원지대와 비교해 마야 문명권에서 고문서가 희소한 원인은 유카탄의 주교였던 디에고 데 란다Diego de Landa의 영향이 크다. 악마숭배와 신성모독의 이름으로 많은 원주민을 학살하고, 마야의 수많은 고문서를 불태워 버렸기 때문이다. 원주민의 집에서 고대 유물이나 고문서가 발견되거나 우상숭배가 적발되면 가족은 물론이고 친척까지도 처형하는 극악한 행동을 주저하지 않았다. 이러한 탓에 현재 존재하는 마야의 고문서는 4개에 불과하다. 원주민에 대한 잔혹한 행위 때문에 종교재판까지 받은 란다는 이후 유카탄에 돌아와서 '유카탄 역사Relación de las cosas de Yucatán'라는 책을 썼다. 그리고 이 책이 마야 문명을 연구하는 데 필수적인 사료가 된 것은 역사의 아이러니이다.

마야 문명이 발생한 지역에도 오래전부터 사람이 살고 있었다. 특히 B.C.2000년경을 지나면서 농업을 바탕으로 형성된 단순 형태의 촌락들이 나타나기 시작했다. 올메까 문명과 근접한 지역에서는 발전의 속도가 남달랐다. B.C.900년경부터는 올메까의 영향에서 조금씩 벗어나며 몇 개의 중심지Nakbé, El Mirador를 시작으로 마야 문화가 서서히 싹트기 시작했다.

1. 고전기 마야(A.D.317~889)

마야 문명이 번성했던 지역은 지역별로 크게 3등분할 수 있다. 남북으로 길게 이어진 산악지대를 고지대라 부르고, 산악지대와 유카탄 반도 사이를 남부 저지대, 유카탄 반도를 북부 저지대라 부른다. 그리고 마야 문명은 시기별로 고전기(317~889년)와 후고전기(889~1546년)로 분류한다.

고전기 마야 문명은 고지대와 남부 저지대에서 번성했고, 후고전기는 북부 저지대에서 발달했다. 따라서 고전기 마야와 후고전기 마야는 발달 지역이 다르고 문화에서도 차이가 나타난다.

고전기 문명이 싹트기 시작한 곳은 열대우림의 남부 저지대인 뻬뗀Petén 지역이었다. 이 지역에서 나타난 도시 중에서 처음으로 종교와 정치체제를 갖추고 왕조를 이룬 도시는 띠깔Tikal이었다. 당시에 우악삭뚠Uaxactún도 있었지만 328년에 세워진 석주 9호(장주기력이 부조된 우악삭뚠의 최초 석주)가 띠깔의 석주 29번(292년 건립, 장주기력이 부조된 띠깔의 최초 석주)보다 시기적으로 늦게 세워진 것을 감안해 보면, 고전기 초기에는 띠깔이 정치적인 우위를 점했던 것으로 보인다. 신전이 밀집한 띠깔의 의례 중심지 면적이 2.5km²이었고, 주변을 포함한 전체 면적이 30km²에 이르렀다. 절정기에는 인구가 약 5만여 명 정도였을 것으로 추산된다.

흥미롭게도 띠깔에서는 떼오띠우아깐의 영향을 받았던 흔적을 찾을 수 있다. 석주 31호에서 떼오띠우아깐의 특사로 보이는 "불이 태어나다"가 우아까를 거쳐 378년에 띠깔에 도착했다는 기록이 발견되었기 때문이다. "불이 태어나다"는 당시 띠깔의 왕이었던 "위대한 재규어 발"을 죽이고 새로운 왕조를 출범시켰다. "위대한 재규어 발"이 죽은 378년 이전에 띠깔을 통치했었던 왕은 총 13명이었다. "불이 태어나다"를 언급하는 석주 기록이 북서쪽으로 250km 떨어져 있는 빨렌께Palenque에서도 발견되는 것으로 보아 띠깔의 영향력이 상당했었던 것으로 보인다. 이외에도 떼오띠우아깐의 영향은 띠깔의 신전 건축tabla-tablero 양식에서도 찾을 수 있다.

당시의 역사를 석주에 부조된 내용을 바탕으로 정리해 보면 다음과 같은 사실을 알 수 있다. 띠깔의 "연기 나는 개구리"가 우악삭뚠을 정복해 복속시켰고, 띠깔의 영향력이 멀리 빨렌께까지 미쳤다. 426년에는 남쪽으로 270km 떨어져 있는 꼬빤(현재 온두라스)을 공격해 정복했다. 5세기 초부터 띠깔의 정치적인 영향력이 마야의 남부 저지대뿐만 아니라 고지대

대부분으로까지 확대되었다.

고전기 초기의 특징은 왕조의 정착과 체계적인 도시국가의 등장에서 찾을 수 있지만, 장주기력이 부조된 석주의 출현에서도 확인할 수 있다. 마야 문명에서 장주기력이 새겨진 가장 오래된 석주는 띠깔의 29호 석주로 건축 연대는 8.12.14.8.15 13-men, 3-zip이다. 또한 이 기록을 통해 3종류의 역법이 당시에 존재했었음을 확인할 수 있다. 먼저 20진법에 기초한 마야의 수 체계를 찾아낼 수 있고, 13박뚠(1,872,000일, 약 5,129년)으로 구성된 장주기력(8.12.14.8.15)의 존재를 확인할 수 있다. 또한 쏠낀력(13-men)과 하압력(3-zip)도 존재했음을 알 수 있다.

마야 수의 기본 원리는 1을 의미하는 '점'과 5를 의미하는 '짧은 막대' 형태를 조합하여 1에서 19까지의 수를 20진법으로 표기하는 방식이었다. 사실 이러한 수 체계는 B.C.600년경부터 나타났고, A.D.900년경에는 메소아메리카 전역에서 사용되었다. 수 표기방식은 큰 자릿수부터 시작하여 작은 자릿수를 아래로 표기한다. 자릿수 단위는 밑에서 위로, 낀kin, 우이날uinal, 뚠tun, 까뚠katun, 박뚠baktun 등으로 불리었다. 이러한 단위는 20진법에 바탕을 두고 있고, 조개 형태의 0을 사용하여 각 단위 체계를 완전하게 고정시켰다. 자릿수 단위의 도입과 0의 사용은 큰 수를 간단하게 표기하고, 셈의 속도를 빠르게 해주는 혁신적인 사건이었다. 그러나 흥미롭게도 역력의 모든 자릿수 단위에 20진법이 사용되지는 않았다. '뚠'이 '18우이날'로 표기되었기 때문이다. 이를 도표로 만들면 다음과 같다.

〈표 3〉 마야의 수 표기방식

5단위	박뚠	20까뚠	144,000일
4단위	까뚠	20뚠	7,200일
3단위	뚠	18우이날	360일
2단위	우이날	20낀	20일
1단위	낀		1일

3번째 단위인, '뚠'이 20진법이 아닌 18진법으로 구성된 이유는 태양력(365일)과 근접하게 일치시키려는 마야 사람들의 노력으로 보인다. 마야의 뚠은 우리의 '년(年)'에 해당한다. 마야의 수에는 10진법에 익숙한 현대인이 간과하는 비밀이 숨어 있다. 예를 들어, 10진법으로 표기된 5,934라는 수를 보고 1년(365일)의 횟수가 몇 번 되는지를 알기 위해서는 현대인은 번거로운 계산을 해야 한다. 하지만 마야의 수 체계로 표기된 5,934(16.8.14)에는 일 년이 16회 있다는 사실을 한눈에 알 수 있다. 3번째 단위 이상의 표기만 보면 수에 내재된 1년의 횟수가 나타나기 때문이다. 이처럼 현대인이 사용하는 10진법의 수는 태양력과 무관한 기계적인 수 체계이지만, 마야의 수는 태양력과 관련된 역력 개념이었다.

장주기력은 고전기에만 등장하는 특이한 역력으로 13.0.0.0.0(4-ahau, 8-cumkú)에 시작하여 0을 향해 나아간다. 이를 그레고리력으로 환산하면 B.C.3114년 8월 13일에 시작하여 A.D.2012년 12월 23일에 종결된다. 장주기력은 마야의 창조신화와 연관시켜 옥수수–인간시대의 출발점을 기록한 것으로 해석하는 것이 일반적이다. 마야 신화에 따르면, 세상은 진흙–인간시대와 나무–인간시대를 거쳐 옥수수–인간시대에 이르렀다. 장주기력이 종결되는 2012년 12월 23일을 세상의 종말이 온다고 주장하는 사람들이 있는데, 이는 황당한 주장에 불과하다. 장주기력에서 기억해야 할 중요한 점은 수(數)와 역력체계를 통해 우주가 창조된 시원을 계산해 낼 수 있다는 마야 사람들의 믿음이다.

쏠낀력은 13개의 수(數)와 20개의 일(日)로 구성되어 있는 일종의 종교력이다. 쏠낀력을 간단하게 이해하기 위해서는 2개의 톱니바퀴를 상상하면 편하다. 1에서 13까지의 수로 구성된 톱니바퀴와 20개의 일로 구성된 톱니바퀴가 맞물려 돌아가면서 260일짜리 역력을 완성하기 때문이다. 인간의 운명과 성격은 태어난 쏠낀력의 날에 따라 결정된다는 믿음이 있었고, 태어난 날의 쏠낀력 일자를 이름으로 부르는 풍습이 있었다. 하압haab

력은 18개월 20일과 5일로 구성된 365일짜리 태양력이다. 농경생활에 실용적으로 사용되었다.

드레스덴Dresden 고문서에서는 금성Noh ek력을 발견할 수 있다. 마야 사람들은 태양 다음으로 금성을 숭배했고, 금성의 5회 주기(584일 × 5주기 =2,920일)가 하압력 8년(365일 × 8년=2,920일)과 일치한다는 사실을 알고 있었다. 당시에 금성 주기가 어떻게 활용되었는지는 알 수가 없다. 그러나 금성의 4단계(240일, 90일, 240일, 14일) 변화 중 금성이 사라지는 90일과 14일 기간에 전쟁을 많이 했었던 흔적은 찾을 수 있다.

고전기 초기에 나타나는 또 다른 특징은 마야 아치이다. 구대륙의 반원형 형태의 아치와는 달리 마야 아치는 석재를 수평으로 쌓아 올려 삼각형 형태로 만든 아치이다. 이 시기에 싸꼴Tzakol 형식의 토기가 등장했고, 상형문자도 본격적으로 석주에 부조되기 시작했다.

고전기 초기부터 띠깔과 우악삭뚠이 주축이 되어 6세기 초까지 마야 문명을 선도해 나갔다. 그러나 6세기 초에 진입하면서 띠깔과 우악삭뚠에 세워지는 건축물과 기념 석주의 수가 축소되는 것이 발견된다. 그리고 많은 신생 도시들이 새롭게 등장하고 신전과 석주를 건립하기 시작했다. 이 시기를 경계로 띠깔의 정치적인 영향력이 축소된 것으로 보인다. 당시 띠깔에 대항했던 신흥 도시는 뻬뗀 지역의 깔라끄물Calakmul이었다. 깔라끄물은 411년경에 도스 삘라스Dos Pilas와 동맹을 맺고 세력을 확장하는 띠깔을 공격했다. 이에 띠깔은 우수마씬따Usumacinta 계곡에 있는 약스칠란Yaxchilan 뿐만 아니라 보남빡Bonampak과도 동맹을 맺고 대항했다. 그러자 깔라끄물과 도스 삘라스는 나랑호Naranjo뿐만 아니라 멀리 떨어져 있는 꼬바Coba까지 끌어들여 연합체의 규모를 확대했다. 이처럼 6세기 이후의 마야 저지대의 열대우림지역인 뻬뗀은 띠깔과 깔라끄물을 중심으로 양분되어 정치적인 대립을 지속했던 시기였다. 보남빡의 벽화는 당시 도시국가 간의 전쟁과 갈등을 생생하게 보여주는 유물이다.

석주의 내용을 종합해 보면, 562년에 깔라끄물이 띠깔을 잠시 정복하기도 했다. 그러나 곧이어 띠깔은 깔라끄물을 격퇴했고, 두 도시국가 간의 대치 상황이 지루하게 이어졌다. 699년경에 띠깔이 깔라끄물을 공격해 정복함으로써 마야 지역에서의 패권을 장악했다. 빠시온Pasión 강의 교역로 지역에 위치했던 도스 뻴라스가 띠깔에 대항했지만 결국 761년에 멸망하고 말았다. 반면에 현재 온두라스에 위치한 꼬빤은 지리적으로 멀리 떨어져 있었기 때문에 뻬뗀 지역에서 치열하게 전개된 전쟁과는 무관해 보인다. 절정기에 약 25,000명 정도로 추산되는 인구가 거주했던 꼬빤은 끼리구아에 의해 783년에 멸망했다.

고지대(과테말라의 북부와 북서 고원지대)에서도 고전기 초기부터 소도시들이 생겨났다. 그 중에서 까미날후유가 대표적인 도시국가였다. 특이하게도 까미날후유에서는 떼오띠우아깐의 영향을 많이 발견할 수 있다. 반면에 뻬뗀 지역의 도시들처럼 건물을 많이 건축하지 않았고, 상형문자가 새겨진 석주도 거의 세우지 않았다. 양 지역 간의 문화적인 차이가 발견되지만 상업적인 교류는 활발했다.

신생 도시국가의 수가 급격히 증가했던 6세기경에 나타나는 특징의 하나는 건물의 규모가 이전 시기보다 커진 점이다. 마야 아치를 사용한 건축물이 많이 늘었고, 신전 정상에 세우는 끄리스떼리아cristeria의 규모도 높아지고 현란해졌다. 도시국가 간에 이루어진 체제 경쟁으로 인한 결과로 보인다. 이러한 신전 건축물은 종교 활동에 국한된 것이 아니라 도시국가의 정통성과 권력 유지, 더 나아가 체제 경쟁에 필요했던 것으로 보인다. 이 시기에 도시국가 간의 공식 통행도로인 샤크베sacbé가 많은 지역에서 건설되었다. 사크베는 보통 지상에서 60cm 정도 높게 만들었고, 경우에 따라서는 높이가 2.5m에 이르기도 한다. 길의 폭은 다양하지만 가장 넓은 경우는 4.5m정도이다. 꼬바Cobá에서 야수나Yaxuná까지의 사크베 길이는 약 100km 가까이 된다.

당시의 우주관에 따르면, 우주는 4방위(동북서남)로 이루어졌고, 천상은 13계와 지하 9계로 구성되어 있었다. 마야 사람들이 상상한 세계관과 우주순환의 원리는 옥수수의 성장 과정이나 빨렌께Palenque의 '생명의 나무 Árbol de vida'로 형상화되었다. 천상세계와 지하세계는 끊임없이 상호교차하며 지상세계의 역동성을 창조한다. 다시 말해 지상세계의 모든 현상은 대립적이지만 같은 근원을 갖는, 양 신의 이원론적인 조화와 갈등의 산물인 것이다. 당시 각종 부조에서 많이 나타나는 신은 천상신인 이참나 Itzamná이다. 이외에도 비의 신과 옥수수 신도 많이 숭배했다. 당시 건축물 중에서 천문학과 밀접하게 관련되어 축조된 건물은 우악삭뚠의 피라미드이다. 춘·추분은 물론이고, 하지와 동지에 해가 뜨는 지역에 맞추어 신전 건물을 건축했기 때문이다. 더 나아가 달과 다른 행성들이 뜨고 지는 위치에 맞추어 건축물을 세웠다. 따라서 비가 오거나 흐려 별을 볼 수 없어도 우악삭뚠의 중앙에 세워진 피라미드에 오르면 천체의 변화와 시기를 쉽게 알 수 있다.

신전의 구조와 규모, 그리고 각종 석주와 벽화의 내용 등을 종합해보면, 마야의 도시국가들은 신정체제였으며 권력의 중앙집중화가 상당히 진행되었던 것으로 보인다. 관료조직도 상당히 정비되어 있었고, 각 분야 별 전문인도 세분화되어 있었다. 또한 사회의 위계질서도 공고했다. 그러나 도시국가들 간의 관계는 학자들마다 서로 다른 의견이 존재한다. 마야 문명 전문가인 사이먼 마틴, 니콜라이 그루베 등이 연구한 결과에 따르면, 도시국가 사이의 관계는 연합체적인 성격이 강했다. 다시 말해 패권을 장악하고 있는 도시국가를 중심으로 여러 도시국가들이 직·간접적으로 연합해 있는 구조였다.

각 도시국가에서 강력한 왕권은 기본적으로 강한 군사력에 바탕을 두고 있었다. 하지만 왕들이 주기적으로 실행하는 '자기희생의식'과도 밀접한 관련이 있었다. 왕들은 선인장 가시로 혀에 구멍을 뚫고, 가시가 달린 끈을 통과시키는 자기희생의식을 주기적으로 시행해야 했다. 자신의 성기를 가오리 뼈로 만든 송곳이나 선인장 가시로 찌르기도 했고, 가시가 달린 선인장 줄기로 온 몸을 때려 피를 내기도 했다. 피를 많이 흘려 사색이 되어 비틀거리며 신전 중앙에 서 있는 왕의 모습을 보며 국민들은 환호했다. 이러한 의식이 거행되는 날은 보통 일식이나 월식이 발생하는 경우가 많았다. 사실 왕이 자기희생의식을 하는 행위는 단순히 피를 흘리는 의식이 아니었다. 천상 13계와 지하 9계를 조합하며 인간이 거주하는 지상세계의 새로운 변화를 창조하는 행위였다. 이러한 의식을 통해 마야의 왕들은 강력한 종교적인 카리스마를 유지했다. 왕비도 결코 예외는 아니었다. 왕이 이웃 도시국가를 정복하기 위해 떠나면 전쟁에서 돌아올 때까지 자기희생의식을 거행해야만했다. 한 예로, 야스칠란Yaxchilán의 석주(23번)에는 '까발 쑥' 왕비가 남편인 '방패 재규어'의 무운을 빌며 혀를 뚫고 가시달린 끈을 통과시키고 있는 모습이 부조되어 있다.

그러나 마야 문명은 790년 이후부터 급격히 쇠퇴했다. 고전기 마야의 도시들이 버려지면서 현재 멕시코 남부지방과 과테말라, 온두라스의 정글지역은 폐허로 변했다. 태평양 연안의 대부분에도 사람이 살지 않았다. 끼체 주와 우에우에떼낭고 일부 지역의 고지대 소도시Nebaj, Zacualpa, La Lagunita y Zaculeu에서는 사람들이 일부 살기도 했지만 대부분의 도시국가들은 사라졌다.

고전기 마야 문명의 멸망 원인과 관련해서는 많은 가설이 난무하고 있다. 지진, 전염병, 가뭄, 기후 변화, 외부 세력의 침입, 반란, 농업 생산기술의 한계 등이 언급되고 있다. 최근의 발굴 결과를 보면, 과잉 개발의 흔적도 발견했고, 토양 침식과 불모지화의 흔적도 찾아냈다. 또한 인골분석에서는 영양실조와 같은 사실도 밝혀냈다. 또한 750~900년 사이에 극심한 가뭄이 있었다는 단서도 찾아냈다. 그리고 야스칠란, 삐에드라스 네그라스, 뻬떼스바뚠 같은 지역에서는 전쟁을 했었던 흔적이 발견되었다. 이 시기에 멕시코 중앙고원지대의 똘떼까가 이주해왔던 것도 확인되었다. 그리고 고지대의 여러 소도시에서는 도시 방어에 유리한 산 정상에 중심지가 새롭게 건축된 것을 발견할 수 있다. 따라서 고전기 마야 문명의 멸망을 획일적으로 규명하기는 어려워 보인다. 근자의 경향은 주로 인구 급증과 기후 변화를 멸망 원인으로 보고 있는데 아직까지는 여러 가능성을 염두에 두고 일단은 유보하는 편이 좋아 보인다.

2. 후고전기 마야(A.D.889~1546)

고지대와 남부 저지대에 있었던 도시들이 급격히 사라지는 동안에 유카탄의 북부 저지대에서는 치첸이싸, 우슈말, 마야빤 같은 도시국가가 급격히 발전하면서 새로운 중심지로 떠올랐다. 이 지역에서 도시가 형성되기 시작한 것은 A.D.700년 전후였지만 고전기 문명의 중심지였던 뻬뗀 지역의 문화적인 영향력에서 벗어나 있지 않았다. 그런데 고전기 마야 문명이 멸망하던 시기에 이 지역의 도시들이 독자적인 길을 걷기 시작했다. 유카탄 고유의 건축 양식인 뿌욱Puuc 양식이 유카탄 지역뿐만 아니라 깜뻬체Campeche 북부와 낀따나 로오Quintana Roo 지역으로 확대되고 있었기 때문이다.

후고전기 초기인 900년경에 있었던 도시국가는 10개동부 해안지대: Tzibanché, Ichpaatún, Tulum, Cobá, Chichén Itzá. 서부 해안지대: Santa Rosa, Xtampak, Etzná, Holactún, Oxkintok, la Isla de Jaina였다. 고전기에 비해 다른 점은 석주에서 장주기력이 사라졌다는 사실이다. 건축에 있어서도 마야 아치는 지속적으로 나타나지만 건축의 규모가 축소되고 수준도 떨어졌다. 무엇보다도 멕시코 중앙고원지대의 똘떼까 영향이 강하게 나타난다.

똘떼까는 고전기 마야 멸망 시기에 마야 지역으로 남하했다. 한 부류는 과테말라 고지대로 이주해 갔고, 다른 부류는 깜뻬체 만을 따라 유카탄으로 이주했다. 987년에 치첸이싸를 멸망시키고 권력을 장악한 이싸itza족이 똘떼까였다. 마야빤의 꼬꼼cocom도 똘떼까였고, 1007년에 우수말Uxumal을 건립한 사람Ah Zuitoc Tutul Xiú도 똘떼까로 보인다.

연구 초기에는 후고전기 마야 문명을 고전기 마야 문명의 연장선으로 이해했었다. 그러나 여러 도시국가에서 똘떼까 문명의 영향이 발견되면서 후고전기 마야 문명이 순수 마야 문명이 아니라 멕시코 중앙고원지대의 문화와 혼합되었다는 사실을 알게 되었다. 중앙고원지대의 영향은 많은 유적과 유물에서 발견할 수 있다. 먼저 꾸꿀깐Kukulcán, 께쌀꼬아뜰의 마야 이름이 치첸이싸의 최고신으로 나타났고, 흑요석과 촘빤뜰리인신 공양된 사람의 머리를 나무로 꿰어 쌓은 해골선반도 발견되었다. 뚤라의 도열한 석주 회랑이 치첸이싸에 나타나고, 각 석주에서는 멕시코 중앙고원의 복장을 한 전사들이 부조되어 있다. 착몰뿐만 아니라 원형 신전(예, 까라꼴 신전)까지도 나타난다. 원형의 건축물은 마야 고전기에서는 찾기 힘든 건축 양식이었다.

치첸이싸의 건축 양식은 고전기 마야의 피라미드 구조와 형태에 있어서 상당 부분 다르다. 먼저 도시구조는 근본적으로 멕시코 중앙고원지대의 원형에 바탕을 두고 있다. 동서남북의 방위와 역법에 맞춘 도시구조의 한 중간에 까스띠요Castillo 피라미드가 우뚝 서 있다. 한 면이 91개의 계단으로 이루어져 있어서 4면을 합하면 총 364개가 되고, 정상에 오르면 한 개의 계단이 더 있기 때문에 정확히 365개가 된다. 피라미드의 4면에는 260일 종교력이 부조되어 있다. 또한 일 년 중 두 번, 춘분과 추분에는 께쌀꼬아뜰 신이 천상에서 뱀의 꼬리를 너울거리며 하강하는 모습이 재현된다. 일종의 그림자 효과인데, 흥미롭게도 일 년에 두 번만 정확하게 이러한 모습이 나타나 수많은 관광객을 끌어 모으고 있다. 흥미로운 것은 신전의 최고신이 꾸꿀깐이라는 점이다. 꾸꿀깐은 멕시코 중앙고원지대의 중요 신인 께쌀꼬아뜰의 마야 이름이다. 이를 통해 도시국가의 건립 주체가 똘떼까인 것은 명확해 보인다. 하지만 신전이나 궁전 등에 나타나는 세부 건축물과 양식은 많은 경우 고전기 마야 문명의 연장선에 있다.

초기에는 여러 도시들이 경합을 했지만 1007년에 3개 도시국가(치첸이 싸, 마야빤, 우슈말)가 마야빤 동맹을 맺으면서 치첸이싸 중심으로 정치구도가 재편되었다. 3개 도시국가를 중심으로 느슨한 형태의 거대 연합체가 이루어진 것으로 보인다. 이러한 구도는 1194년까지 유지되었으며, 후고전기 마야 문명은 정치적인 안정 속에 발전을 이룰 수 있었다. 그러나 마야빤이 이사말과 결혼동맹을 통해 세력을 확대하려 하자 치첸이싸가 이를 방해하면서 마야빤 동맹은 와해되었다. 결국 마야빤의 후낙 쎄엘Hunac Ceel 왕이 치첸이싸를 1204년에 멸망시켰다.

후고전기의 초기를 이끌었던 치첸이싸가 사라지면서 문화의 중심지는 마야빤으로 옮겨갔다. 그런데 치첸이싸에 원형을 둔 마야빤의 도시구조와 건축물이 퇴조하는 경향이 뚜렷이 나타나기 시작했다. 신축한 신전의 규모도 작아졌고 이전에 비해 수준도 떨어졌다. 연합체 내에서의 위상이 급격히 추락하며 중심 도시국가로서의 기능을 유지하지 못한 것으로 보인다. 결국 1441년에 뚜뚤 쉬우tutul xiú에 의해 멸망하고 말았다. 마야빤이 멸망한 이후 큰 도시들은 버려졌고, 10여 개의 군소도시들이 난립했다.

후고전기 마야 문명에서 마야빤 동맹 시기를 제외하고는 도시 건립이 활성화되지 못한 원인은 여러 측면에서 찾을 수 있다. 그 중의 하나는 지리적인 여건이다. 유카탄 반도는 석회암 지대이기 때문에 내린 비는 빠르게 땅속으로 흡수된다. 따라서 강이 없고, 촌락은 쎄노떼cenote를 중심으로 형성되었다. 쎄노떼는 지하로 흐르는 물줄기 중간에 땅이 함몰되어 생긴 거대한 우물이다. 따라서 유카탄 지역에서는 도시를 건설하거나 거주지를 확대하는 것은 쉽지 않은 일이었다.

마야 문명의 역사는 물론이고, 정치조직과 사회상에 관해서는 알려져 있는 것이 드물다. 특히 고전기 마야의 경우는 발굴된 유적지와 유물, 벽화 등을 통해 추측하거나 후고전기의 것을 통해 유추 해석하는 것이 보통이다. 이에 따른 논란이 항시 마야 학계를 시끄럽게 하고 있다. 먼저 마야라는 용어 자체가 현대 인류학자들이 만들어낸 개념이다. 원시 마야어에서 파생된 언어를 사용하는 지역을 중심으로 마야 아치와 역력, 그리고 후에고 데 뻴로따 등이 공통적으로 나타나는 지역을 통칭하는 개념이다. 지역적으로는 현재 멕시코 남부, 과테말라, 벨리즈, 온두라스를 포함한다. 여기서 조심해야 할 점은 '마야 제국'이라는 표현이다. 일정 시기에 몇 개의 강력한 도시국가를 중심으로 여러 도시들이 동맹이나 복속 등의 관계를 통해 거대한 연합체를 형성한 경우는 있었지만 동양이나 유럽 등지에서 나타났던 제국 형태는 한 번도 출현한 적이 없다. 따라서 '마야 제국'이라는 용어는 사용하지 말아야 한다.

약간의 사료가 존재하는 후고전기 마야를 중심으로 정치체제를 구성해 보면, 할라츠 우이닉halach uinic, 도시국가의 왕으로 ahau라 불리기도 했다이 있었던 큰 도시는 치첸이싸, 우수말, 마야빤을 포함해 10여 개에 불과했다. 할라츠 우이닉은 귀족이나 사제, 그리고 특정 인물로 구성된 집단의 조언과 도움을 받으며 통치했다. 할라츠 우이닉 밑에는 각 지역(도시나 촌락)을 다스리는 바따호옵batahoob 계층이 있었다. 보통 바땁batab은 할라츠 우이닉에 의해 임명이 되었지만, 각 지역의 세습귀족 출신들이었다. 따라서 할라츠 우이닉과 바땁 간의 관계는 구대륙에서 나타나는 완벽한 주종관계가 아니었다. 도시국가에서 소규모 지역을 관리하는 행정기구의 장이 아니었기 때문이다. 자신의 지역에서 공물을 거두어 할라츠 우이닉에게 바쳤지만, 각 바땁은 독자적인 정치조직과 군대를 소유하고 있었다. 할라츠 우이닉 또한 특정 지역의 바땁이었다. 따라서 할라츠 우이닉은 다른 바땁들에 대해 정치적인 우위를 갖고 있었던 사람을 지칭하는 용어이다. 역할 분담에서는 그 차이가 명확히 나타난다. 각 바땁은 자신의 지역을 독립적으로 통치했지만, 전쟁이 발생했을 때에는 할라츠 우이닉의 명령에 따랐다. 그리고 바땁 사이에 발생하는 분쟁뿐만 아니라 연합체 내의 정치·군사적인 상황도 할라츠 우이닉이 조율했다. 따라서 강력한 할라츠 우이닉을 중심으로 여러 바땁이 결속하면 거대한 연합체가 형성될 수 있었다. 그러나 이러한 연합체를 제국이라고 정의하기에는 학술적인 측면에서 문제점이 많다. 또한 이러한 정치체제는 후고전기를 중심으로 추정한 것이어서 고전기 마야에 적용하는 것도 논란이 될 수 있다. 하지만 고전기 도시에서 발견된 석주들의 내용을 종합해 보면 큰 무리는 없어 보인다. 특히 이러한 구조는 메쉬까의 정치체제와도 거의 동일하여 신뢰도가 매우 높다. 할라츠 우이닉의 모습은 야스칠란Yaxchilán의 석주(2번)에서 확인할 수 있고, 당시 지배층의 모습 또한 치아빠스에서 발견된 보남빡Bonampak 벽화에서 볼 수 있다.

바따호옵 계층 아래에는 바땁의 정치활동과 행정 등을 보좌하는 사람들ahcuch caboob이 있었다. 이들은 보통 2~3명 정도로 구성되어 있었고, 바땁이 이들의 동의 없이는 정치와 행정업무를 볼 수 없었던 것으로 보아, 각 마을을 이루고 있었던 여러 씨족공동체의 지도자들로 보인다. 각 도시마다 군을 이끄는 지도자는 세습 지도자와 3년 임기의 선출 지도자nacom로 나눌 수 있다. 그러나 나꼼은 군대를 지휘한 실질적인 지도자가 아니라 상징적인 인물이었다.

종교체계도 간단히 언급해 보면, 사제장Ahaucán과 칠람chilam이라 불리는 사제가 있었다. 신의 소리를 인간에게 전달하는 칠람은 일반인들 사이에 많은 존경을 받았다. 인신공양을 전담하는 것은 나꼼nacom이었고, 나꼼을 도와주는 4명chac은 나이가 든 사람들 중에서 의례가 있을 때마다 매번 선출했다. 나꼼으로부터 심장을 건네받아 신에게 바치는 일은 아낀ahkin이 전담했다. 아낀은 막강한 권한을 갖고 있었고, 천문학과 역력에 능통한 전문 사제였다. 이들이 일식과 월식을 예측하며 종교행사의 내용을 결정했다.

평민계급은 농업을 비롯한 다양한 생산 활동을 하는 사람들로 구성되었다. 노예ppentacoob 계층은 후고전기의 경우에 여러 사료를 바탕으로 5종류로 분류할 수 있다. 먼저 노예로 태어나는 경우가 있고, 도둑질을 했다가 노예로 전락한 경우도 있었다. 전쟁 포로로 잡혔다가 노예가 된 경우와 부모를 잃고 고아로 전락했다가 노예가 된 경우도 많았다. 마지막으로 시장에서 구입한 노예가 있었다. 당시의 풍습을 보면, 도둑질을 하다 노예로 전락한 경우에는 훔친 물품을 배상할 수 있는 일정 기간을 봉사하다 풀려나는 경우가 많았다. 인신공양에는 보통 고아 아이를 바쳤는데 시장에서 구입하거나 납치하기도 했다. 당시 어린 아이의 가격은 작은 옥이나 돌로 만든 목걸이 5~10개 정도였다.

치첸이싸의 쎄노떼에서는 각종 귀금속뿐만 아니라 남녀 성인과 어린 아이의 뼈가 발견되었다. 인신공양된 사람들의 뼈로 보인다. 특히 비의 신을 달래며 비를 부르기 위해 어린 아이를 쎄노떼에 바치는 풍습이 있었다. 인신공양 의식은 동틀 무렵에 시작했고, 해가 중천에 뜰 때까지 쎄노떼 내부에서 생존한 사람들은 신의 세계를 갔다 온 사람으로 여겨 신처럼 예우했다는 기록이 있다. 실제로 후낙 쎄엘은 인신공양되었다가 살아남았고 이후에 마야빤의 왕이 되었다.

후고전기 마야의 도시국가들은 주로 카리브 연안을 따라 무역을 크게 활성화시켰다. 수출품은 주로 물고기, 소금, 카카오, 면, 꿀, 밀랍, 노예 등이었다. 치첸이싸의 세노떼에서 발굴된 각종 금세공품은 현재의 온두라스나 파나마 지역에서 생산된 것이었다. 이 시기에 카카오 열매를 화폐 대용으로 사용한 흔적도 발견되었다.

후고전기 마야의 사회상은 사료를 통해 비교적 상세하게 알 수 있다. 집의 구조는 중앙에 있는 긴 벽을 경계로 이원화되어 있었다. 반쪽 공간은 침실이었고, 다른 반쪽은 손님을 맞이하는 공간이었다. 이 공간은 석회로 하얗게 칠했고, 다양한 그림을 그려 넣어 장식을 하기도 했다. 침실에는 가는 나뭇가지로 만든 침대가 있었고, 침대 위에는 따뻬떼tapete, 매트의 일종가 깔려 있었다. 면으로 된 담요를 덮고 잤다. 이러한 집은 사회적 신분이 있었던 사람들의 경우이고, 대부분의 평민들은 바람이 잘 통하도록 손가락 3~4개 굵기의 나무로 벽을 만든 원형의 초가집에서 살았다. 부엌과 침실이 모두 같은 공간에 있었다.

일반 마야 사람들의 일상생활을 살펴보면, 남성(농부인 경우)은 보통 오전 4~5시 사이에 일어나 옥수수 밭으로 가서 일을 시작했다. 여성은 옥수수로 사깐zacán, 옥수수 반죽을 준비하고 또르띠야를 만들었다. 일을 하다 허기가 지면 남성은 바나나 잎에 싸가지고 간 뽀솔pozol을 오전 10시경에 물에 타서 마셨다. 옥수수로 만든 뽀솔을 물에 타면 약간 걸쭉한 죽처럼 된다. 오후 2~3시까지 일을 해야 할 경우에는 뽀솔을 2~3회 더 물에 타 마셨다. 보통은 오후 1~2시경에 집으로 돌아와 정식으로 식사를 했다. 그날 만든 또르띠야와 프리홀로 식사를 했고, 계란, 야채, 고기 등도 함께 먹었다. 경제적인 상황이 허락된다면 카카오로 만든 초꼴라떼도 한 잔 마셨다. 식사를 한 후에는 목욕을 하고 옷을 갈아입었다. 이후에는 밤에 식사를 다시 할 때까지 쉬면서 가족이나 이웃들과 담소를 나누었다. 저녁에 먹는 정식은 가벼운 식사였다. 또르띠야와 프리홀을 먹고, 초꼴라떼나 아똘레atole 혹은 사깐zacán을 물에 타 마셨다. 꿀이나 고추를 넣어 맛을 내기도 했다. 그리고 저녁 8~9시 사이에 잠자리에 들었다.

남성의 의복을 보면, 손가락 5개 정도 넓이의 긴 천ex으로 아랫도리를 기저귀 차듯이 가리고 허리에 감았다. 등에는 사각형의 망토patí를 걸치기도 했다. 이런 형태의 옷은 고전기 마야의 부조나 벽화에서도 흔하게 발견할 수 있다. 여성의 의복은 우이삘huipil이라 불리는 사각형 통옷으로 머리부분과 양팔이 나오는 부분에 구멍이 뚫려 있다. 그리고 속옷pic을 입었다.

후고전기 마야에서도 아름답게 보이기 위한 성형이 있었다. 특히 사팔뜨기가 유행했다. 아이가 어렸을 때부터 구슬 크기의 조그만 덩어리를 앞머리카락에 묶어 양 눈썹 사이까지 늘어뜨렸다. 초점이 흐려져 시간이 지나면서 사팔뜨기가 되었다. 두개골 변형도 유행했다. 이 또한 어머니들이 아이가 어렸을 때부터 공을 들여 만들었다. 남자 아이인 경우는 유아 시절에 물에 적신 뜨거운 천으로 피부를 지져 수염이 나지 않도록 했다. 그리고 흥미롭게도 거울을 많이 사용한 사람들은 여성이 아니라 남성이었다.

축제도 자주 열렸다. 축제를 열어 그동안에 축적한 재산을 단번에 소비하는 경우가 비일비재했다. 축제는 크게 두 종류로 분류할 수 있다. 첫 번째는 귀족이나 주요 인사가 개최하는 축제이다. 이러한 축제에 초대를 받았던 사람들은 이후에 그와 유사한 축제를 열어 대접해야만 하는 풍습이 있었다. 축제가 열리면 초대를 받은 사람 각각에게 구운 새 한 마리와 또르띠야, 카카오 음료 등을 푸짐하게 대접했다. 연회가 끝날 때에는 망토, 조그만 의자, 컵 등을 선물로 주었다. 두 번째는 친족 간에 여는 축제로 자식을 결혼시키거나 조상들을 추모하는 행사였다. 앞의 경우처럼 되갚아야 할 의무감은 없었지만 초대를 받았던 사람들 또한 유사한 축제를 열었다. 멀리 떨어져 살아도 이러한 축제에는 반드시 참여하여 친족 사이의 우의와 결속을 확인했다.

당시 풍습에 따르면, 결혼한 남성은 부인과 함께 씨족공동체로부터 할당받은 땅을 경작했다. 일손이 일시에 많이 필요한 파종기에는 20여 명씩 집단을 이루어 공동으로 일을 했다. 1월 중순부터 4월까지는 보통 땅을 갈고, 우기가 되면 씨앗을 뿌렸다. 씨앗이 담긴 자루 하나를 등에 지고 끝이 뾰족한 막대^{Coa}로 땅에 구멍을 냈다. 그리고 5~6개의 씨앗을 넣고 흙을 덮었다. 특이한 것은 옥수수와 프리홀을 같은 구멍에 심었다는 점이다. 호박 또한 옥수수와 함께 같은 구멍에 심는 경우가 많았다.

재산 상속과 관련된 흥미로운 내용도 발견된다. 아버지가 사망하면 재산은 보통 남자형제끼리 나누어 가졌다. 그러나 남자형제들의 호의에 따라 딸에게 재산을 분배하는 경우도 있었다. 자식이 모두 딸인 경우에는 아버지 형제나 가까운 친척들에게 상속되었다. 아들의 나이가 어리면 가까운 친척이 후견인이 되어 재산을 일시적으로 맡았다. 후견인은 아이들과 그 어머니를 부양해야 할 의무가 있었다. 남편이 사망했더라도 부인에게는 재산을 상속하지 않았기 때문이다. 그러나 아이들이 성년이 되어도 후견인이 재산(주로 토지, 과수원 등)을 넘겨주지 않아 분쟁이 발생하는 경우도 꽤 있었다. 재산을 돌려줄 때는 그동안 들어간 경비를 제했고, 그해 수확한 생산물은 넘겨주지 않았다. 그러나 양봉장의 꿀과 카카오 열매는 반드시 넘겨주어야 했다.

스페인의 정복자가 유카탄을 정복했던 시기에는 5개의 씨족공동체가 세력을 다투고 있었다. 마야빤의 귀족 출신인 첼Chel족은 떼꼬흐Tecoh에 정착해 있었고, 마야빤 출신의 꼬꼼Cocom은 띠볼론Tibolón에 도시를 세워 살고 있었다. 마야빤을 무너뜨렸던 뚜뚤 쉬우tutul xiú는 마니Mani 지역에 거주하고 있었다. 이외에 따야살Tayasal은 까넥Canek에서 살고 있었고, 뻬체Peche는 모뚤Motul에서 모여 살고 있었다. 후고전기 마야 문명의 화려함은 스페인의 정복자가 도착했을 때에는 이미 오래전에 사라지고 없었다. 그럼에도 불구하고 유카탄 지역을 정복하려 시도했던 스페인의 정복자 프란씨스꼬 데 몬떼호Francisco de Montejo는 두 번(1527~1528년, 1531~1535년)이나 고배를 마셔야했다. 마야 사람들의 저항이 드셌기 때문이다. 3번째 시도 (1540~1546년)에서야 몬떼호는 유카탄 지역을 정복하고 식민도시를 건설할 수 있었다.

참고문헌

Alva Ixtlilxóchitl, Fernando de(1985), *Obras históricas I, II*, México: UNAM.

Alvarado Tezozómoc, Fernando(1992), *Crónica mexicáyotl*, México: UNAM.

Anales de Cuauhtitlán, en Códice Chimalpopoca(1945), México: Imprenta Universitaria.

Arqueología mexicana(1993 −2011), México: Consejo Nacional para la Cultura y las Artes, Editorial Raíces.

Carrasco, Pedro(1996), *Estructura político-territorial del Imperio tenochca*, México: El Colegio de México, Fideicomiso Historia de las Américas, FCE.

Castillo, Bernal Díaz del(1955), *Historia verdadera de la conquista de la Nueva España*, 2vols. México: Porrúa.

Códice Florentino(textos nahuas de Sahagún)(1979), (Edición facsimilar publicada por el Gobierno Mexicano), 3vols. México: Archivo General de la Nación.

Cuauhtlehuanitzin, Chimalpain(1991), *Memorial breve acerca de la fundación de la ciudad de Culhuacan*, México: UNAM.

D. Coe, Michael(1995), *El desciframiento de los glifos Mayas*, México: FCE.

Durán, Fray Diego(1995), *Historia de las Indias de Nueva España e Islas de Tierra Firme*, I, II, Méxic: Cien de México.

El libro de Chilam Balam de Chumayel(1973), México: UNAM.

Florescano, Enrique(1995), *Memoria mexicana*, México: FCE.

Garibay K., Ángel María(ed.)(1973). *Teogonía e historia de los mexicanos: tres opúsculos del siglo XVI*, México: Porrúa.

González Torres, Yolotl(1985), *El sacrificio humano entre los mexicas*, México: FCE.

Kirchhoff, Paul(ed.)(1989), *Historia Tolteca-Chichimeca*, México: FCE.

Krickeberg, Walter(1995), *Mitos y leyendas de los Aztecas, Incas, Mayas y Muiscas*, México: FCE.

la Garza, Mercedes de(1990), *El hombre en el pensamiento religioso náhuatl y maya*, México: UNAM.

Landa, Diego de(1966), *Relación de las cosas de Yucatán*, México: Porrúa.

La tira de la peregrinación: Códice Boturini, Gobierno del Estado de Nayarit, 1990.

León-Portilla, Miguel(1990), *Los antiguos mexicanos*, México: FCE.

López Austin, Alfredo(1989), *Hombre-Dios: religión y política en el mundo náhuatl*, México: UNAM.

Morley Sylvanus G(1987), *La civilización Maya*, México: FCE.

S. Edmonson, Munro(1995), *Sistemas calendáricos mesoamericanos: el libro del año solar*, México: UNAM.

Sahagún, Fray. Bernardino de(1985), *Historia general de las cosas de Nueva España*, México: Porrúa.

Schele, linda; Mary, Ellen Miller(1992), *The blood of kings*, London: Thames and Hudson.

Sotelo Santos, Laura Eléna(1988), *Las ideas cosmológicas mayas en el siglo XVI*, México: UNAM.

Thompson, J. Eric S(1960), *Maya Hieroglyphic Writing*, Morman: University of Oklahoma Press.

Part 5
안데스 문명

아메리카로 이주한 몽골리언이 파나마를 지나 안데스 지역으로 유입하기 시작했던 시기는 대략 B.C.14000년경으로 추측된다. 페루와 칠레 지역에서 발견된 초기 거주 흔적이 최대 B.C.14000년까지 거슬러 올라가기 때문이다. 수렵과 채집생활을 했던 초기 원주민들은 두 갈래로 나뉘어 하나는 베네수엘라 방향으로 이주했고, 다른 하나는 콜롬비아를 거쳐 태평양 연안과 안데스 고산지대를 따라 칠레 북부까지 퍼져 나갔다. 안데스 산지에서 인간이 거주했던 흔적은 최소 B.C.10000년경까지 거슬러 올라간다. 각 지역에서 발견되는 찌르개를 비교해 보면, 초기부터 해안지대와 고산지대 사이에서는 문화의 차이가 발견된다. 또한 위도에 따라 양 지대의 문화가 지역별 특색을 띠며 발전해갔다.

남아메리카 원주민이 수렵과 채집에서 벗어나 농업을 시작했던 시기는 지역별로 조금씩 차이가 있다. 콜롬비아의 산 이시드로San Isidro에서는 B.C.8050년경부터 시작했고, 베네수엘라 지역에서는 B.C.5000년경에 이르러서야 농사를 지은 흔적을 찾을 수 있다. 반면에 에콰도르의 해안지역인 베가스Vegas에서는 호박을 B.C.7740년경에 재배했던 흔적이 남아 있다. 옥수수의 경우는 B.C.5000년에야 재배했던 흔적을 찾을 수 있다. 페루의 뜨레스 벤따나스Tres Ventanas에서는 B.C.8000~B.C.6000년 사이에 감자, 마니옥, 고구마, 유까, 히까마jicama, 둥그란 무 형태로 무 맛과 비슷하다 등을 재배했다. 지역마다 편차가 있지만 남아메리카에서 농업이 안정적으로 정착한 시기는 대략 B.C.5000~B.C.3000년 사이였다. B.C.5000년경부터는 야마,

알파카, 꾸이cuy, '기니안 피그'라고도 불린다 등을 길들여 사육하기 시작했다. 특히 번식력이 뛰어난 꾸이는 단백질을 섭취할 수 있는 중요한 식량원이었다. 애완용 동물처럼 길들여지지는 않았지만 내쫓아도 집안 내부를 벗어나지 않고 잘 자라는 꾸이는 집집마다 사육했을 가능성이 매우 높다.

정착하면서 나타난 큰 변화의 하나는 토기의 출현이다. 에콰도르San Pedro, Achallán와 콜롬비아Puerto Hormiga에서는 B.C.3000년경부터 토기를 제작했다. 그러나 페루 지역은 상대적으로 늦었다. B.C.1800년경에 이르러서야 우아누꼬Huánuco에서 처음으로 토기를 제작했기 때문이다. 토기의 출현은 늦었지만 이후에는 다른 지역보다 더 발달했다.

B.C.2500~B.C.1800년 사이에 페루의 여러 지역에서는 돌과 흙벽돌을 사용하여 축조한 소규모 신전이 발견된다. 이 중에서 기억할 만한 유적지는 갈가다Galgada, 엘 빠라이소El Paraíso, 아뻬로Apero, 라스 살리나스 데 차오 Las Salinas de Chao, 꼬또쉬Kotosh 등이다. 이 시기에 종교체계가 형성되었고 전문적인 사제 집단이 등장했다. 또한 신전이 사회공동체의 중심지로 자리를 잡기 시작했다. 그러나 신전의 규모가 작은 것으로 보아 아직은 인구밀집도가 낮은 사회였다.

이 시기에 지어진 신전들은 안데스의 중요한 특징을 보여준다. 신전을 ㄷ자 형태로 건축하고, 신전 앞에 반지하원형광장이 있기 때문이다. 그리고 신전과 원형광장은 계단으로 이어져 있다. 이러한 구조는 초기 신전인 까랄Caral, B.C.3000~B.C.2000과 가라가이Garagay, B.C.1600의 신전에서부터 찾을 수 있다. 이러한 특징은 이후에 안데스 고유의 건축 양식으로 발전했다.

흥미로운 사실이 있다. 앞에서 언급한 초기 유적지에서 다양한 작물(면, 조롱박, 호박, 고추 등)이 발견되었지만 끼누아와 옥수수가 발견되지 않았기 때문이다. 게다가 감자의 경우는 우아이누나Huaynuná, B.C.2250~1775에서 처음으로 나타났다. 감자와 옥수수가 여러 발굴지에서 동시 다발적으로 나타나기 시작하는 시기는 B.C.2000년 이후부터이다. 이를 근거로 안데스 문화권의 주식이었던 감자와 옥수수가 본격적으로 재배되기 시작했던 시기를 B.C.2000년경으로 추정한다. 감자는 고산지대에서 문명이 발전하는 데에 크나큰 공훈을 세웠던 작물이다. 고지대에서는 옥수수가 잘 자라지 못하기 때문이다. 그리고 감자를 재배했던 초기부터 추뇨Chuño를 만들었던 것으로 보인다. 추뇨를 만드는 방법은 다음과 같다. 감자를 수확한 뒤에 밭에 그대로 두면 밤에는 얼고, 해가 뜨면 녹기 시작한다. 이때에 원주민들은 감자를 발로 밟아서 수분을 제거한다. 이렇게 여러 날 반복하면 수분이 제거되고 전분만 남은 바짝 마른 감자를 얻을 수 있다. 이러한 감자를 추뇨라고 한다. 추뇨는 생감자와는 달리 오랜 기간에 걸쳐 보관할 수 있었고 음식 문화에 대변혁을 일으켰다. 고산지대에서 감자와 추뇨가 없었다면 안데스 문명의 발전은 기대할 수 없었을 것이다.

I. 초기 문명기와 초기 중간기

초기 문명기B.C.900~B.C.200를 열은 최초의 고대 도시국가는 페루 북부 산악지대에서 나타난 차빈 문명이었다. 중심지는 해발 3,117m에 위치한 차빈 데 우안따르Chavin de Huantar였다. 신전은 ㄷ자 형태의 3층 기단으로 이루어졌고, 정면에는 반지하원형광장(지름 21m)이 있다. 신전은 흙벽돌을 사용하여 건축했고, 크기는 75m x 72m로 규모가 상당히 크다. 특징이 있다면 아치를 이용한 건축물이 없다는 점이다. 이러한 특징은 이후 문명에서도 지속적으로 이어진다. 원형광장을 둘러싸고 있는 벽면에는 재규어의 모습과 반인반수의 문양들이 위아래 두 줄로 부조되어 있다. 세친 문화의 영향을 엿볼 수 있다. 부조된 문양 중에는 환각작용을 일으키는 산 뻬드로 San Pedro 선인장을 들고 있는 반인반수의 모습도 있다. 종교의식에서 산 뻬드로 선인장을 환각제로 사용했던 것 같다. 짜낸 선인장 액을 정제하여 가루로 만들어 코로 흡입했다. 자주 흡입하는 경우에는 코 내부의 점막을 자극해 코피가 난다.

차빈 문명은 종교의 체계와 도시국가 체제가 정비된 고대국가였다. 정치와 종교가 일치하는 제정일치의 도시였으며 엄격한 계급사회였다. 도시의 규모와 인구 밀집의 수준을 보아 주변의 소도시들로부터 공물을 받아 유지되었을 것으로 보인다. 차빈의 영향은 B.C.400년경에 북쪽으로는 에콰도르까지 이르렀고, 남쪽으로는 아야꾸초Ayacucho와 이까Ica까지 나타난다.

차빈 문명에서는 시기별로 여러 변화를 겪은 흔적을 최고신의 모습에서 확인할 수 있다. 초기의 최고신은 높이 5.53m의 란손Lanzón이었다. 사람 형태의 신체에 얼굴은 재규어 상을 하고 있다. 입에는 송곳니가 튀어나와 있고, 손과 발에는 재규어처럼 발톱과 손톱이 길게 나와 있다. 머리카락은 긴 뱀의 형태로 부조되어 있다. 문양의 수준이 조악하고 부조 기술 또한 낮았다.

B.C.400년경에는 새로운 신전을 구 신전에 이어 붙여 신축했다. 이때가 차빈이 가장 번성했던 시기였다. 당시 세워진 최고신은 오벨리스꼬 떼요Obelisco Tello, 높이 2.52m, 폭 32cm 의 석주에서 기존 신과는 다른 모습으로 나타난다. 무엇보다도 셀바selva 지역의 영향이 전체 문양에서 강하게 나타난다. 후기의 최고신은 라이몬디 석주La Estela de Raimondi, 높이 1.98m, 폭 74cm의 돌기둥에서 발견할 수 있다. 형태적으로는 초기 최고신의 연장선에 있지만 부조된 문양이 세련되고 복잡하다. 후기신의 모습은 매우 넓은 지역에서 발견된다. 해안지대에서는 북부지역의 람바예께Lambayeque에서 남부의 이까Ica까지 나타나고, 고산지대에서는 빠꼬빰빠Pacopampa에서 아야꾸초Ayacucho까지 나타난다. 차빈의 종교·정치적인 영향권이 매우 광대했었음을 알 수 있다.

종합적인 시각에서 보면 차빈 문명은 해안과 고산지대는 물론이고 셀바 지역의 문화까지 포괄했던 강력한 도시국가였다. 또한 이전 문화를 종합한 최초의 고대 문명이었다. 관심을 끄는 것은 차빈의 신이 올메까에서 나타나는 재규어 신과 매우 유사하다는 사실이다. 차빈 문명과 올메까 문명 사이에 문화적인 교류가 있었을 가능성이 높아 보인다.

B.C.300~B.C.200년 사이에 차빈은 쇠퇴하기 시작했고 자취를 감추었다. 멸망 원인과 관련해서는 여러 가설이 있다. 무엇보다도 차빈이 쇠퇴했던 시기에 각 지역마다 여러 도시가 세력을 확대했었다는 점에서 다른 도시에 의해 정복되었을 가능성이 가장 높다. 차빈 문명이 멸망하면서 다양한 지역의 도시들을 결속시켰던 종교 중심체가 와해되었고, 지역 별로 독특한 문화가 발전하며 초기 중간기가 시작되었다.

차빈이 고산지대뿐만 아니라 해안지대까지 강력한 영향력을 발휘했었던 시기에도 여러 소규모의 도시들이 존재했었다. 각 도시의 토기를 비교해 보면 차빈의 영향이 강하게 나타나지만 지역적인 특색 또한 쉽게 발견할 수 있다. 특히 이 시기에 토기가 급격히 발전했다. 먼저 해안지대에서는 꾸뻬스니께Cupisnique, B.C.800~B.C.200와 빠라까스B.C.700~B.C.200가 번성했다. 꾸뻬스니께에서는 거미를 숭배했던 독특한 문화가 있었고, 빠라까스는 화려한 색상과 무늬의 직조 기술로 유명하다. 또한 빠라까스에서는 죽은 사람을 미라로 만드는 풍습이 있었다. 시신의 내용물을 제거한 이후에 웅크려 앉은 자세로 형태를 잡고, 화려한 색상의 옷과 망토로 미라를 감쌌다. 미라는 보통 섬유질로 짠 광주리에 담아 보관했다. 빠라까스에서 미라가 발달할 수 있었던 원인은 건조한 기후와 관련되어 있다. 발견된 미라 중에는 두개골 변형을 하거나 뇌수술을 받았던 흔적이 있는 것도 있다. 뇌수술 이후에 뼈가 재생된 흔적이 나타나는 미라가 약 65%에 달하는 것으로 보아 수술 이후에도 상당 기간에 걸쳐 생존했었던 것으로 보인다. 빠라까스의 미라 숭배 전통은 이후에 잉카의 조상신 숭배로 이어졌다. 미라 매장 방식에 따라 빠라까스의 역사를 구분하기도 한다. 초기에는 지표에서 수직으로 굴을 파고 땅속에 많은 미라를 안치했다. 그러나 B.C.500년경부터는 사각형의 방에 미라를 집단으로 안치하기 시작했다.

차빈이 페루의 북부 고산지대를 중심으로 발전할 때에 콜롬비아와 에 콰도르 사이의 지역에서는 뚜만꼬Tumaco, B.C.600~A.D.350가 번성하고 있었다. 전성기에는 도시 면적이 25km²에 이를 정도로 크게 발전했다. 깔리마Calima에서도 상당한 수의 주민이 거주했던 흔적을 찾을 수 있다. 콜롬비아의 산 아구스띤San Agustin에서는 세친에서 나타나는 반인반수 형태의 형상과 유사한 전사의 모습이 나타난다. 앞에서 언급한 세 지역에서는 야금술이 크게 발달했지만, 차빈 문명에 비해 신전의 규모가 왜소하고 영향력 또한 미약했다.

차빈 문명이 몰락하면서 소규모 도시국가가 우후죽순처럼 출현했고, 지역적인 특성이 강한 초기 중간기B.C.200~A.D.700가 시작되었다. 지역 간의 문화적인 동질성이 와해되었던 사실은 각 도시에서 발굴된 토기에서 쉽게 찾을 수 있다. 각 도시마다 토기의 형태와 무늬를 비롯한 제작기술이 다르게 발전했기 때문이다. 이 시기에 토기는 비약적인 발전을 거듭했다. 또한 관개수로 시설이 발전했고 농경지가 확대되면서 농업이 크게 발전했다. 더불어 가축 사육도 크게 성행하기 시작했다.

초기 중간기에 발전했던 대표적인 도시는 Huarás, Salinar, Pucará, Vicús, Moche, Lima, Nasca, Tiwanaku 등이다. 해안지역에서 발전한 비꾸스B.C.200~A.D.600에서는 금속공예가 특히 발달했다. 금과 은 등을 합금하여 각종 예술품(가면, 동물상, 장식 도끼, 사발 등)을 생산했다. 에콰도르와 콜롬비아뿐만 아니라 남부 해안지대의 도시Cupisnique, Salinar, Gallinazo, Moche에서까지도 비꾸스의 영향을 찾을 수 있다.

초기 중간기의 후기에 가장 발달했던 도시는 페루 북부 해안지대에서 발전한 모체B.C.200~A.D.700였다. 당시의 다른 도시에 비해 의례 중심지의 규모가 월등히 컸던 것으로 보아 인구 밀집도가 높았고, 주변 소도시에 대한 정치적인 영향력 또한 상당했을 것이다. 계단식 피라미드 형태로 지어진 태양의 우아까^{Huaca del Sol}는 높이가 50m에 이르렀고, 주변에는 달의 우아까^{Huaca de la luna}를 비롯해 많은 건축물이 밀집해 있었다. 모체의 최고신은 아이 아빠엑^{Ai-Apaec}이었다.

모체에서 관심을 끄는 유물은 토기이다. 동일 인물의 얼굴 형태로 제작된 토기가 많이 발견되고, 틀을 이용하여 대량으로 토기를 생산했었기 때문이다. 그리고 토기 형태와 그림, 그리고 색채에서 일정한 규칙을 발견할수 있다. 국가가 토기 제작에 직접적으로 관여하며 통제했었다는 사실을 유추할 수 있다. 당시에 세련된 토기를 만들 수 있는 기술은 최첨단 산업이었다. 원료 배합과 온도 조절 등 고유한 제작 방법이 다른 도시국가에 알려진다면 엄청난 손실이었다. 그리고 국가는 토기 제작을 직접 통제하면서 국가의 통치 이념을 불어넣었고, 국민을 결속시킬 수 있는 그림을 그려 넣었다. 이외에 모체 토기의 또 다른 특징은 성행위 모습을 한 토기를 많이 제작했었다는 것이다.

모체에서는 관개수로 기술이 크게 발전했다. 꿈부레^{Cumbre} 관개수로의 경우는 길이가 80km에 이른다. 덕분에 불모지 개간이 수월해졌고, 다양한 작물을 재배할 수 있었으며 농업 생산력이 현격히 높아졌다.

모체의 장례 전통을 상세하게 알 수 있는 중요한 무덤이 있다. 시빤의 영주^{Señor de Sipán}라 알려진 이 무덤에서는 많은 유골과 부장품이 나왔다. 먼저 시빤의 영주를 중심으로 8구의 유골이 4방향으로 누워 있다. 8구의 유골을 분석해 보면, 3구는 왕의 첩으로 보이고, 2구는 전사이다. 그리고 어린 아이와 문지기, 파수병으로 보이는 유골이 각각 1구씩이다. 이외에 야마 2마리와 개 1마리의 뼈도 발굴되었다. 시빤의 영주는 A.D.200~300년 사이에 모체를 통치했던 왕으로 보인다. 이처럼 최고 통치자의 무덤이 온전하게 발견된 경우가 처음이어서 세간의 관심을 모았고, 무기와 방패를 들고 영주를 지키고 있는 문지기의 발목이 잘려 있어서 많은 사람의 호기심을 자아내었다. 죽어서도 도망가지 말고 영주를 지키라는 의미였을까?

남부의 해안지대에는 나스까 문명B.C.100~A.D.600이 있었다. 건조한 사막의 지면에는 사다리꼴이나 긴 선을 비롯하여 거미, 도마뱀, 원숭이, 고래, 벌새, 물고기, 나무 등과 같은 동·식물을 그린 문양으로 유명하다. 원숭이 그림의 크기는 60m에 이르고, 독수리 그림은 110m 정도이다. 거대한 사막 평원에 그림을 그리는 문화는 안데스의 전통에서 찾아볼 수 없는 특이한 현상이었다. 지상그림을 그린 이유와 관련해서는 역력이나 별자리, 혹은 제의적 목적과 연계해 설명하지만 정확한 이유는 알 수 없다.

마지막으로 띠와나꾸Tiwanaku, B.C.200~A.D.1300는 띠띠까까Titicaca 호수 남쪽의 볼리비아에 있다. 6개의 신전으로 구성된 종교 의례지의 규모가 상당히 크다. 600년경부터는 모체 문명과 경쟁을 했었고, A.D.800~1000년 사이에는 와리 문명과 연합하여 위세를 떨치기도 했다. 잉카의 빠차꾸떽 왕이 띠와나꾸의 중심지를 보고 감탄하며 꾸스꼬를 건설할 때에 원형으로 삼았다는 기록이 남아있다.

띠와나꾸에서 기억해야 할 신은 '태양의 문'에 부조된 태양신이다. 차빈의 반인반수 형태와 유사하지만 송곳니가 튀어나온 재규어 상이 사라지고 표현도 상당히 세련되었다. 차빈의 라이몬디 석판에 등장하는 후기 신과 형태가 유사하다. 또한 신전 벽에 돌출되어 있는 석두상도 차빈의 전통과 비슷하다.

띠와나꾸 건축에서 눈길을 끄는 것은 H자 모양의 이음쇠이다. 석벽을 쌓을 때에 양편의 돌을 단단히 맞추기 위해 돌 하나하나에 T자로 홈을 내었다. 두 돌의 T자 홈을 서로 마주 대면 H자 이음매가 생기고 여기에 청동과 구리가 혼합된 액을 부었다. 이런 기술이 발달하게 된 원인은 안데스의 자연환경과 관련이 깊다. 지진이 일어나거나 엘니뇨El niño 현상으로 홍수가 나면 석벽이 어긋나거나 무너지기 일쑤였기 때문이었다.

II. 중기 문명기와 후기 중간기

지역별로 많은 도시들이 나타나 고유의 문화를 창조하며 경쟁했던 초기 중간기는 남부 산악지대에서 와리Wari가 등장하면서 막을 내렸다. 아야꾸초에서 북동쪽으로 25km정도 떨어져 있는 와리는 A.D.660~700년경에 급격히 성장하며 중기 문명기A.D.700~1100를 열었다. 정치적인 영향력을 북쪽으로는 까하마르까Cajamarca와 람바예께Lambayeque, 남쪽으로는 띠띠까까 호수 근처까지 확대하며 띠와나꾸와 경계를 이루었다.

중심 도시였던 와리 유적지를 보면 도시 내에 높은 담들을 세워 행정구역을 나눈 흔적을 찾을 수 있다. 와리 문명의 도시구조를 상세히 알기 위해서는 이후에 세워진 삐끼약따Pikillaqta를 참고하는 것이 좋다. 광장과 거주지, 그리고 창고 건물 등이 바둑판처럼 질서정연하게 건축되어 있기 때문이다. 도시의 형태가 정사각형이며 면적은 1km² 가까이 된다. 삐끼약따의 건축에서도 와리의 독특한 특징을 발견할 수 있다. 도시 전체가 높이 8~12m의 성벽(흙벽돌로 축조)으로 둘러싸여 있고, 내부에도 담을 쌓아 구역을 나누었기 때문이다. 그리고 외부로 통하는 출입구의 수는 매우 적었다. 안데스의 다른 도시에서는 찾을 수 없는 독특한 도시 형태이다.

안데스의 산악지대는 농사지을 땅이 부족했기 때문에 산비탈을 깎아 만드는 계단식 농지는 오래전부터 존재했다. 그러나 계단식 농지에 본격적으로 관개수로시설을 접목하고, 각 기단의 축대를 돌로 쌓아 홍수에 대비한 것은 와리 때부터였다. 각 기단의 축대에는 넓적한 돌들이 길게 차례대로 돌출되어 있어서, 이를 계단 삼아 아래위로 자유롭게 오르내릴 수 있었다.

중기 문명기에는 안데스의 문화가 와리와 띠와나꾸에 의해 양분되어 발달했다. 그러나 와리가 번성하면서 띠와나꾸의 영향력은 눈에 띄게 약해졌다. 와리는 800년경부터 서서히 쇠퇴하기 시작했고, 각 지역에서 여러 도시들이 세력을 확대하기 시작했다. 결국 창까이^{chancay}의 공격으로 와리는 멸망하고 말았다.

와리가 여러 개의 거대 도시를 세우며 주변 도시국가에 강력한 정치적인 영향력을 발휘하고 있을 당시에 페루 북부 해안지역에는 람바예께 Lambayeque. 750~1375가 시깐^{Sicán}을 중심으로 번성하고 있었다. 람바예께는 모체의 전통을 이어받았고, 남부의 와리 문화와 접촉하면서 A.D.950~1050년 사이에 절정기를 맞았다. 람바예께는 나임랍^{Naymlap} 신화와 금속공예로 널리 알려져 있다. 특히 반원 형태의 의식용 칼인 뚜미의 손잡이에는 나임랍 신이 붙어 있고 뚜미로 뇌수술을 집도하기도 했다. 그러나 1375년경에 치무에게 정복당했다.

와리가 1100년경에 멸망하자 다시 소도시 국가들이 지역별로 나타나 세력을 다투기 시작했다. 이 시기를 후기 중간기^{A.D.1100~1438}라고 부른다. 소도시들은 와리가 쇠퇴하기 시작했던 800년경부터 그 모습을 드러냈다. 띠띠까까 호수를 중심으로 꼬야^{Colla}와 루빠까^{Lupaca} 등이 있었고, 이 지역의 도시들에서는 공통적으로 아이마라^{aymara} 어를 사용했다. 이외에도 많은 도시^{Churajón, Chiribaya, Chuquibamba, San Miguel, Gentilar, Cuelap, Chipuric, Revash} 등가 있었다.

페루 북부 해안지대에서는 상대적으로 뒤늦게 치무^{Chimú, A.D.1300~1470}가 나타났다. 전설에 따르면, 뜨루히요^{Trujillo} 계곡에서 온 따이까나모 Taycanamo라는 영웅이 일 년에 걸쳐 궁전을 건축했고, 현지 언어를 배우면서 그 지역의 통치자가 되었다. 치무는 모체의 전통과 람바예께의 문화를 바탕으로 발전했다. 시깐을 정복하고 남쪽 해안지대의 리마^{Lima}까지 세력권을 확장하며 잉카와 세력 다툼을 벌였지만 결국 1460년에 잉카에 의해 정복되었다.

치무 문명의 중심지는 뜨루히요 근처에 있는 찬찬^{Chanchán}이었다. 면적이 20km²에 이를 정도로 안데스 문화권에서는 찾아보기 힘든 최대의 도시였다. 바둑판처럼 계획적으로 구획된 찬찬의 도시구조는 와리의 삐끼약따를 연상시킨다. 한 기록에 따르면, 치무의 상류계층은 최고 왕Ciquic, 지역별 통치자Alaec, 각 지역의 귀족fixilia들로 구성되어 있었다. 상류계층을 보필하는 사람gana과 관리paran가 중간계층을 구성했고, 밑으로는 농작물을 생산했던 농부들이 있었다. 단편적인 기록이어서 단정하기는 어렵지만 안데스의 전통적인 정치체제와 동일할 것으로 여겨진다.

치무의 최고신은 달의 신Si이었다. 이전 문명에서는 태양신이 주를 이룬 것에 반해 치무의 경우는 예외였다. 고래를 숭배했던 흔적도 발견되고, 바다의 신Ni도 섬겼다. 무엇보다도 인간이 돌에서 나왔다는 믿음을 바탕으로 형성된 돌 숭배사상이 치무에서 처음으로 시작되었다.

치무가 번성했던 시기에 중부 해안지역에서는 창까이Chancay, 1200~1470가 발전하고 있었다. 창까이 남쪽 해안지대인 이까Ica 계곡에서는 친차Chincha가 있었다. 친차가 번성했던 지역은 이전에 빠라까스와 나스까가 번성했던 곳이다. 연대기 기록을 보면, 15세기경에 안데스의 각 지역과 무역을 전담했던 상인의 수가 600여 명에 이르렀다. 멀리 떨어져 있는 에콰도르의 뿌에르또 비에호Puerto Viejo에서까지 물루mullu라는 조개를 수입해 왔다. 당시 조개는 기우제를 지낼 때 반드시 필요한 용품이었다. 또한 친차chincha 지역의 상인들은 도끼 모양으로 만든 구리를 화폐처럼 사용하기도 했다. 하지만 일상생활에서 구리가 화폐처럼 사용된 것은 아니었다. 야금술 또한 크게 발달해서 금과 은, 구리 등을 합금하는 기술이 빼어났다. 친차는 1476년에 잉카의 빠차꾸떽 왕에게 정복당했지만, 이후에 아따우알빠 왕과 친밀한 관계를 유지하며 크게 번성했다.

Ⅲ. 후기 문명기

여러 도시국가가 난립했던 후기 중간기를 마감하고 후기 문명기^{A.D.145}를 열은 도시국가는 잉카^{Inca}였다. 잉카의 기원과 관련해서는 2개의 신화가 전해지고 있다. 첫 번째는 이 세상에 존재하는 인간들이 동물들과 같이 원시적으로 살아가는 것을 측은히 여긴 태양의 신^{Inti}이 자신의 아들과 딸을 띠띠까까^{Titicaca} 호수로 내려 보냈다. 이들이 망꼬 까빡^{Manco Capac}과 마마 오끄요^{Mama Ocllo}이다. 2번째 신화는 빠까릭땀보^{Pacarictambo}라 불리는 동굴에서 나온 아야르^{Ayar} 4형제의 이야기이다. 막내였던 망꼬 까빡이 형제간의 경쟁을 거쳐 1대왕이 되었다. 두 개의 신화를 보면, 잉카의 기원은 띠띠까까 호수이거나 꾸스꼬^{Cuzco}의 인근 남쪽이었다. 잉카는 1250년경에 해발 3,400m의 꾸스꼬에 조그만 도시를 건립했다. 당시 잉카는 외부 지역에서 이주해 온 힘없는 소수 이방족에 불과했다. 꾸스꼬는 윗마을^{Hanan Cusco}과 아랫마을^{Hurin Cusco}로 나뉘었고, 13개의 구^{barrio}로 구성되었다.

잉카가 꾸스꼬에 정착했을 당시는 와리가 붕괴된 이후에 많은 소도시국가들이 고산과 해안지대에서 난립했었던 시기였다. 중부 산악지대에서는 창까^{Chanca}가 강력한 군사력을 바탕으로 주변 소도시국가들을 정복하며 영토를 빠른 속도로 넓히고 있었다. 잉카도 꾸스꼬를 중심으로 도시국가의 기틀을 마련하며 주변 지역으로 조금씩 영역을 확대했다. 잉카의 세력이 커지자 불안을 느낀 창까가 잉카를 공격했다. 당시 잉카의 왕이었던 비라꼬차^{Viracocha}는 왕위계승자였던 장남을 데리고 깔까^{Calca}로 피신했다. 그러나 비라꼬차의 아들이었던 빠차꾸떽^{Pachacutec Inca Yupanqui, 재위 기간: 1438~1471}은 일부 주변 도시와 연합하여 기적적으로 창까의 공격을 막아냈다. 전쟁에서 승리한 빠차꾸떽은 피신해 있었던 아버지를 찾아가 전승식을 요구했다. 전승식은 전쟁에서 생포한 포로와 전리품을 광장에 늘어놓고 밟고 지나가는 의식으로 유일하게 왕만이 시행할 수 있었다. 빠차꾸떽의 예상과 달리 비라꼬차 왕은 이 의식을 왕위계승자였던 장남에게 치르도록 명했다. 분노한 빠차꾸떽은 포로와 전리품을 거둬들이고 꾸스꼬로 되돌아갔다. 그리고 분노한 비라꼬차 왕은 빠차꾸떽을 공격했다. 그러나 연대기 기록은 이 사건에 대한 서술을 여기서 그치고, 1438년에 빠차꾸떽이 9대 왕으로 등극했었다는 사실을 기록하고 있다. 약간의 상상력을 동원해 본다면, 비라꼬차 왕은 폐위되거나 피살되었을 것이고, 왕위 계승자였던 장남은 죽음을 면치 못했을 것이다. 빠차꾸떽이 창까와의 전쟁에서 승리한 덕분에 이러한 불명예스러운 사건이 역사에서 지워졌고, 왕위 계승의 정통성을 어렵지 않게 확보한 것으로 추측된다.

잉카와 창까 사이의 전쟁은 중부 고산지대 패권의 향방이 걸린 중요한 역사적인 사건이었다. 예기치 않게 그 패권이 잉카에게 갔다. 물론 잉카가 창까의 침입을 막아낸 것에 안주했었다면 잉카는 평범한 도시국가로 남았을 것이다. 그러나 빠차꾸떽은 왕위에 오르자마자 중앙 신전이었던 인띠깐차Inticancha, 태양의 지역를 꼬리깐차Coricancha, 황금의 지역로 개명하고 신전을 재정비했다. 이어서 도시체제와 정치제도를 개혁하며 4방위 연합체로 성장할 수 있는 기틀을 마련했다. 이 시기에 태양의 햇살이 모든 세상을 비추듯이 안데스 전 지역을 태양신의 이름으로 잉카가 지배해야 한다는 선민사상을 만들어냈다.

현재 잉카라는 용어는 국가의 이름처럼 사용되고 있다. 원래는 왕을 지칭하는 용어였으며, 꾸스꼬를 중심으로 형성된 거대한 연합체는 따우안띤수유Tahuantinsuyu라 불렸다. 그럼에도 불구하고, 현재는 이 연합체를 '잉카 제국'이라 부르고 있다. 학술적인 시각에서 종합해 보면, 잉카 제국이라는 용어보다는 잉카 연합체가 적절해 보인다. 그리고 안데스 지역의 문명을 언급할 때면 가장 대표적인 문명으로 잉카 문명을 손꼽는다. 그러나 꾸스꼬Cuzco에 세워진 잉카가 거대 연합체로 성장하기 시작한 것은 빠차꾸떽이 9대 왕으로 등극하는 1438년부터였고 멸망한 것은 1533년이었다. 따라서 잉카의 전성기는 고작해야 100년 정도에 불과했다.

빠차꾸떽과 후대 왕들은 강력한 군사력을 바탕으로 대대적인 정복활동을 벌였다. 또한 연합과 결혼동맹 등을 통해 빠른 속도로 잉카의 영향력을 넓히기 시작했다. 그 결과 11대 와이나 까빽Huaina Capac, 재위기간: 1493~1527년 왕에 이르러서는 에콰도르, 페루, 볼리비아, 칠레, 아르헨티나 북부를 포함하는 안데스 지역 전체를 정복했다. 잉카가 단기간에 안데스 전 지역을 정복하고 따우안띤수유라 불리는 거대 연합체를 건설한 것은 안데스 역사상 그 유례를 찾아볼 수 없는 기적과도 같은 일이었다. 높은 산과 험준한 계곡으로 이루어진 안데스 지역은 북반구에서 남반구에 걸쳐 있는 광대한 지역이었으며, 각 지역에 거주하는 원주민들의 언어와 문화도 서로 달랐었기 때문이다.

잉카의 대표적인 신은 태양Inti이었다. 빠차꾸떽이 왕이 되면서 오래된 전통 신인, 아뿌 꼰띠띠 위라꼬차Apu Kontiti Wiracocha, '비라꼬차'라 불리기도 한다는 창조주의 신으로 격상되었다. 빠차꾸떽 왕 시기를 경계로 종교체계가 재정립된 것을 확인할 수 있다. 금으로 도배된, 꼬리깐차Coricancha 신전은 태양의 신을 숭배하는 공간이었다. 달의 여신Killa과 금성 신Chasca도 섬겼고, 천둥과 번개의 신인, 이야빠Illapa도 매우 중요한 신이었다. 하늘에 비를 청할 때면 잉카 사람들은 이야빠에게 제사를 지냈다. 내륙지방에서는 빠차까막Pachacamac이라는 땅의 여신을 숭배했고, 해안지방에서는 마마꼬차Mamacocha라는 바다의 어머니 신을 주로 섬겼다.

잉카는 우아까Huaca라는 독특한 종교적인 개념을 갖고 있었다. 초인간적인 힘을 갖고 있다고 믿었던 다양한 사물이나 장소, 그리고 자연현상을 우아까라 불렀다. 피라미드나 제단은 물론이고 길, 특이한 바위, 나무, 더 나아가 손가락이 6개인 사람도 우아까가 될 수 있었다. 꾸스꼬를 중심으로 우아까는 4방위로 뻗어나갔으며, 이 선을 세께Seque라 불렀다. 우아까가 있는 장소에는 금은보화가 많아 스페인 정복자들은 세께를 찾기 위해 혈안

이 되었었다.

잉카 사람들은 조상신을 숭배했다. 사망 이후에도 조상들이 사후세계에서 현세의 삶에 영향을 끼친다고 믿었다. 조상의 시신뿐만 아니라 사용했던 물건들도 병을 고치거나 액운을 몰아내는 힘이 있다고 생각했다. 조상이 사망하면 먼저 시신을 웅크려 앉은 자세의 미라로 만들었다. 그리고 망토로 감싸고 보석으로 장식해 집의 특정 공간에 모셔두었다. 각종 공식 행사가 열릴 때마다 미라를 안치된 장소에서 꺼내 행사가 열리는 광장에 서열에 맞추어 진열했다. 시간이 흐르면서 조상신 숭배는 경제적인 부담으로 다가왔다. 각 집안마다 조상신만을 관리하는 전문 담당자가 생겼고, 일정 기간마다 조상신의 망토를 갈아입히고 음식을 바쳐야했기 때문이다. 이러한 문제를 시정하기 위해 아따우알빠 왕이 개혁을 시도한 적이 있었지만 귀족의 반대에 부딪혀 무산되고 말았다.

잉카의 정치·사회 조직은 다음과 같이 구성되어 있었다. 먼저 부계 혈족의 씨족공동체인 아이유ayllu가 정치·사회 조직의 기본 단위였다. 보통 100가족으로 구성된 집단의 수장을 빠차까 까마욕Pachaca Camayoc이라 불렀다. 빠차까 까마욕은 꾸라까curaca라 불리기도 했으며 아이유의 수장이었다. 까마치꾸Camachicu라 불리는 축제에서 매년 선출되었던 빠차까 까마욕은 정부와 아이유를 이어주는 역할을 담당했다. 5명의 빠차까 까마욕을 한 단위로 묶고, 그 수장은 삐스까 빠착 까마욕Pisca Pachac Camayoc이라 불렀다. 다시 2명의 삐스까 빠착 까마욕을 한 단위로 묶으면 그 수장은 1,000가족을 이끄는 우아란까 까마욕Huaranca Camayoc이 되었다. 우아란까 까마욕 10명을 한 단위로 묶으면 그 수장은 10,000가족을 이끄는 우노 까마욕Uno Camayoc이 되었다. 4명의 우노 까마욕을 한 단위로 묶으면 그 수장은 와마니Wamani라 불리는 군사 지도자가 되었다. 잉카는 정복된 지역 전체를 4개 지역suyu으로 나누었다: Chinchasuyu, Contisuyu, Collasuyu, Antisuyu. 각 수유의 최고 통치자는 수유욕 아뿌Suyuyoc Apu였다. 수유욕 아뿌는 보통 잉카

왕이 자신의 형제들로 임명했다. 잉카를 따우안띤수유^{Tahuantinsuyu}라 부른 이유는 '4개의 수유'라는 뜻에서 나왔다. 4개 수유를 통치하는 인물은 잉카^{Inca}였다. 사회조직과 정치체제를 효율적으로 접합시킨 잉카의 통치체제는 꾸스꼬에서 파견한 관리$^{Tucuy\ Ricuj}$와 지역 간의 분쟁 등을 조정하기 위해 수시로 꾸스꼬에서 파견한 특사들에 의해 한층 더 강화되었다. 잉카의 통치는 1. 게으르지 말 것$^{ama\ qella}$, 2. 도둑질하지 말 것$^{ama\ sua}$, 3. 거짓말을 하지 말 것$^{ama\ llulla}$의 3개의 이념을 바탕으로 운영되었다.

거대한 잉카 연합체를 유지하는 데에 큰 역할을 담당한 조직은 군대였다. 군대 편성은 종족 별로 구성했으며, 각 종족의 군인은 3개의 조직으로 나누고 각 부대는 2명의 장군이 지휘했다. 이러한 편성은 안데스의 오래된 전통에 따른 것이었다. 세부적으로 각 조직은 10명, 100명, 1000명 단위로 구분하고, 각각 같은 종족의 장이 지휘했다. 잉카의 정복활동에 자주 참여했었던 수유는 잉카 왕의 신임이 각별했던 꼬야수유와 친차수유의 군대였다.

잉카가 거대한 연합체로 발전하는 데에는 강력한 군대뿐만 아니라 '잉카의 길'도 한 몫을 톡톡히 했다. 안데스 지역에서는 오래전부터 각 도시와 주요 신전, 우아까 등을 잇는 길이 거미줄 같이 퍼져 있었다. 그러나 잉카는 지리적인 한계를 벗어나지 못했던 각 지역의 길을 통합하여 체계화했다. 잉카 이전에는 각 도시나 종족 간의 교류가 상대적으로 빈약하여 지역적인 특성을 벗어나지 못했었다. 잉카의 길은 크게 두 종류로 분류할 수 있다. 고산지대와 해안지대에서 각각 남북으로 길게 이어진 길이 중심 도로가 된다. 그리고 양 지대를 이어주는 무수한 길이 나 있었다. 이러한 길을 통해 잉카는 관리를 파견하고 군대를 신속히 이동시킬 수 있었다. 또한 각 지역에서 바치는 공물과 보급 군수품이 빠르게 전달되었다. 그러나 잉카의 길은 일반인은 결코 이용할 수 없었다. 각 지역이나 도시 간의 소통을 확대하기 위한 길이 아니라 전적으로 잉카의 통치를 효율적으로 유지하기 위한 길이었기 때문이다. 따라서 전략적인 장소나 국경지대의 경우는 운행통제가 엄격히 실시되었다.

잉카의 길 중간 중간에는 땀보tambo라 불리는 건축물이 있었다. 각 지역에 파견된 행정관리와 군인뿐만 아니라 차스끼 등을 관리하고 숙박시설을 제공하는 행정기관이었다. 잉카의 왕이 시찰을 나갈 때에 묵는 곳도 땀보였다. 땀보 중에는 수만 명의 군인들이 일시에 사용할 수 있는 식량과 각종 보급품을 저장해 놓은 꼴까colca, 대규모 창고가 있었다. 꼴까에는 식량과 전쟁 무기 이외에도 농기구와 의류를 포함한 모든 물품들이 저장되어 있었다. 주변 지역에서 공물로 걷은 것으로 정복 전쟁 시에는 병사들에게 보급품으로 지급되었고, 잉카의 왕이 순례를 할 때에는 주민들에게 나누어 주기도 했다.

각 땀보에는 차스끼chasqui라는 전령들이 대기하고 있었다. 차스끼는 지역 간의 연락뿐만 아니라 꾸스꼬의 행정 명령을 각 지역으로 전달하는 역할을 맡았다. 각종 훈련을 거친 차스끼는 산악 5km를 18분 안에 달릴 수 있었으며, 이어달리는 차스끼들은 하루에 270km 정도의 속력으로 이동할 수 있었다. 한 연대기 기록을 보면, 끼또Quito에서 2,400km 떨어진 꾸스꼬까지 차스끼들이 밤낮을 쉬지 않고 달리면 10일 내에 도착했다. 땀보와 땀보 사이의 거리가 먼 경우에는 중간에 오끄로간이 연락처를 설치했다. 문자가 없었기 때문에 연락 내용은 몇 개의 짧은 문장으로 구성되었고, 차스끼는 이를 외워서 다음 차스끼에게 전달했다. 이외에도 끼뿌quipu나 각종 물품을 운반하기도 했다. 한 예로, 태평양에서 잡은 생선이 2~3일 만에 산 채로 잉카의 왕에게 전달되기도 했다.

잉카에는 메소아메리카에서 발견되는 상형문자가 없었다. 대신에 인구와 곡물, 기타 물품의 다양한 분류와 그 수량을 표시해 놓은 끼뿌quipu, 결승문자 혹은 매듭문자가 있었다. 중심 줄에 많은 줄을 매달아 놓아 커튼과 유사해 보이지만 사실은 태양의 햇살이 4방위로 퍼져나가는 것을 형상화한 것이다. 끼뿌의 각 줄을 자세히 관찰해보면, 색이 다르고 매듭의 수도 차이가 있는 것을 발견할 수 있다. 또한 줄의 방향이나 연결이 다양하고 복합적이다. 끼뿌에는 한 씨족공동체나 도시국가의 모든 상황(인구수, 식량의 종류와 양, 군인의 수, 무기의 종류와 수 등)을 한눈에 알아볼 수 있는 훌륭한 통계 자료였다. 잉카의 왕은 각 지역에서 보내오는 끼뿌를 통해 해당 지역의 상황을 총체적으로 파악할 수 있었고, 효율적으로 통치할 수 있었다. 끼뿌를 만드는 관리를 '끼뿌까마욕'이라 불렀다. 각 도시의 규모에 따라 끼뿌까마욕의 수가 적게는 몇 명에서 많게는 20여 명에 이르렀다. 흥미로운 것은 각 도시마다 1년에 단 1개의 끼뿌만을 만들 수 있었다는 사실이다. 일부 연구자들은 끼뿌가 단순한 통계 자료가 아니라 잉카의 역사 같은 내용도 담겨 있다고 주장하고 있다.

잉카를 비롯한 안데스 문명권에는 상호호혜주의 전통이 있었다. 전쟁을 하거나 대규모 공사 등을 착수하기 위해 연합 도시국가의 도움이 필요할 경우에는 반드시 일정한 절차를 밟아야만 했다. 물론 잉카의 왕이 있었던 꾸스꼬가 정치·군사적인 우위에 있었지만 도움을 요청하는 의식은 생략될 수 없는 전통이었다. 먼저 연합체의 도시국가 왕들을 꾸스꼬에 초대하여 식사를 제공하고 선물을 주어야만 했다. 이러한 과정이 생략될 경우에는 연합체 도시국가의 도움을 이끌어낼 수 없었다. 이를 여실히 보여주는 유명한 사건이 있다. 와이나 까빡 왕이 북쪽지역에서 까얌비스cayambis족과 전쟁을 할 때였다. 상황이 시급해서 상호호혜주의 원칙을 무시하고 지원된 군대를 전투에 투입시키자 분노한 지휘관들이 군대를 철수시켰다. 그러자 잉카의 왕은 사절단을 보내 큰 선물을 보냈고, 이에 만족한 지휘관은 전쟁에 참여했다. 동양이나 유럽의 시각에서 본다면 황당한 일이지만, 잉카가 단일 제국이 아니라 연합체였다는 사실을 인지한다면 충분히 이해할 수 있다. 도시국가 간에 상호호혜주의 원칙이 무시되는 것은 매우 큰 모욕이었다.

꾸스꼬에서는 왕실 가족이나 씨족공동체의 장들이 모여 공공 광장에서 의례적인 식사를 함께 하는 것은 매우 중요한 의식이었다. 단순한 식사가 아니라 정치·사회적인 의미가 있었기 때문이었다. 이러한 자리에 불참할 경우에는 다른 사람들과의 관계가 약해지거나 고립될 수도 있었다. 그러나 잉카 연합체가 빠른 속도로 확장하면서 상호호혜주의 원칙은 비효율적인 장애요소로 등장하기 시작했다. 광대한 지역의 왕들을 불러 모으기 위해서는 많은 시간이 소요되었고, 수많은 사람을 수용할 수 있는 큰 광장과 숙소가 필요했기 때문이다. 후기에 가서는 각 도시의 왕(도시는 아랫마을과 윗마을로 나누어진 2원 체제였다) 중에서 한 명을 꾸스꼬에 거주하게 함으로써 상호호혜주의의 절차를 대폭적으로 간소화시켰다. 그러나 잉카의 정치적인 영향력이 미쳤던 모든 지역이 연합체적인 성격을 띠고 있었던 것은 아니다. 반란을 일으켰다 진압된 지역이나 도시인 경우는 잉카왕이 직접 통치자를 임명했고, 상호호혜주의 원칙을 무시하고 명령을 내릴 수 있었다.

잉카의 사회를 유지하는 법률은 매우 엄격하고 처벌 방식이 잔혹했다. 왕의 권위에 도전하거나 반란을 일으키는 경우는 돌이나 몽둥이로 쳐 죽이거나 절벽에서 떨어뜨려 죽였다. 살가죽을 벗겨 죽이는 경우도 발견된다. 간통한 사람들은 돌을 던져 죽였다. 특히 태양신의 처녀가 남자와 정을 통한 사실이 발각되면 두 사람 모두 죽을 때까지 머리카락을 나무에 매달아 놓았다. 도둑질을 한 경우에는 훔친 것의 2배를 갚아야 했고, 못 갚을 경우에는 노예가 되어야 했다. 씨족공동체 내에서 개인에게 배분된 농지를 경작하지 않거나 공동 작업에 참여하지 않는 사람은 채찍으로 맞거나, 심할 경우에는 씨족공동체에서 추방되었다. 당시 일반 농민은 씨족공동체 내에서 잉카와 꾸라까 땅뿐만 아니라 우아까huaca 소속의 땅도 순번에 맞추어 경작해야만 했다. 그리고 각종 미따(의무 노역)를 수행해야 했다. 미따의 종류는 주로 신전 건축이나 도로를 닦는 일이었고, 전쟁에

나가는 것도 포함되었다.

잉카 사람들은 하루에 두 끼의 식사를 했다. 일어나자마자 치차^{chicha} 한 잔을 마시고 일을 시작했다. 치차는 막걸리와 유사한 옥수수 술이지만 음식처럼 자주 마셨다. 오전 9~10시경에 아침식사를 했고 해가 지기 전에 두 번째 식사를 했다. 주식은 감자와 옥수수, 그리고 끼누아^{quinua}였다. 일반 사람은 집에서 키우는 꾸이 이외에는 육류를 구하기가 매우 어려웠다. 고산지대인 탓에 나무가 귀해서 야마의 배설물을 바짝 말려 연료로 사용했다. 말린 코카 잎을 평상시에 씹는 것은 원주민 사이에 널리 퍼져 있었던 풍습이었다. 코카는 배고픔과 피로를 잊게 해주는 효과가 있었다. 작은 핸드백 크기의, 직물로 짠 가방^{chuspa}에 코카 잎을 넣어 가지고 다니며 수시로 씹었다.

잉카에서는 천을 짜는 직조 기술이 상당히 발달했다. 목화를 이용하여 직물을 짜기도 했지만, 야마, 알파카, 비꾸냐 같은 동물의 털을 섞어서 짜기도 했다. 여러 식물과 광물 등에서 채취한 염료를 사용하여 직물을 다양한 색깔로 염색했다. 당시 여성들은 털 뭉치와 실을 잣는 기구를 갖고 다니며 시간만 나면 실을 만들었다.

남성의 기본적인 의복은 무릎 아래까지 내려오는 통치마와 유사한 운꾸^{uncu}였다. 머리 부분과 손이 나오는 양쪽 부분에 구멍이 있는 단순 형태의 의복이었다. 사각형의 망토^{yacolla}를 어깨에 걸치기도 했고, 성인인 경우는 속옷^{wara}을 착용할 수 있었다. 반면에 여성은 아나꾸^{Anacu}라 불리는 통치마를 입었다. 길이는 보통 발목까지 내려오며 허리띠^{Chumpi}로 묶었다. 그리고 망토를 어깨에 걸치고 양 끝을 긴 핀^{tupu}으로 고정시켰다. 머리는 남성과 여성 대부분이 길게 길렀다. 남성도 머리띠^{llautu}를 사용했는데, 신분을 표시했다. 대부분의 여성들은 머리를 길게 늘어뜨리거나 땋았다. 물론, 머리띠^{vincha}도 사용했다. 왕족과 귀족들은 귀고리를 했다. 귓밥에 구멍을 뚫고 크기를 점차 늘려가면서 동그란 형태의 장식물을 구멍에 끼워 넣었다. 흥미롭게도 일반 여성들은 목걸이는 할 수 있었지만 귀고리는 착용할 수 없었다. 이러한 귀금속의 대부분은 정복지의 전문 기술자(주로 치무사람)들이 꾸스꼬에서 제작한 것이거나 공물로 받은 것이었다. 잉카의 야금술이 그다지 발전하지 못했기 때문이다.

씨족공동체의 땅은 구성원들에게 가족 수에 따라 배분했다. 예를 들어, 아이가 태어나면 이에 맞는 크기의 땅을 더 주었고, 노인이 사망했을 경우에는 노인 몫의 땅을 반납해야만 했다. 잉카 역시 농기구는 발전하지 못했다. 기껏해야 삽과 유사한 따끄야Taclla가 있었고, 호미의 기능을 했던 아뚜나Atuna가 있었다. 잉카는 해안지대의 농작물을 고산지대에 적응시켜 재배한 것으로도 유명하다. 마치 원형극장처럼 계단식으로 움푹 파인 모라이Moray는 저지대의 작물을 고산지에 적응시키는 시설물이었다. 가장 낮은 부분에서부터 계단식으로 높여가며 저지대의 작물을 고산기후에 적응시켰다.

잉카의 유적지 중에서 많은 사람을 경탄시키는 것은 정교한 석조 기술이다. 꼬리깐차 신전과 꾸스꼬의 좁은 골목에 남아 있는 석벽뿐만 아니라 삭사이우아만Sacsayhuamán 요새는 보는 이의 입을 다물지 못하게 한다. 특히 꾸스꼬와 인접해 있는 삭사이우아만에서는 수백 톤에 이르는 돌을 가공하여 조각그림을 짜 맞춘 것처럼 길게 쌓아올린 요새를 볼 수 있다. 메소아메리카와 마찬가지로 안데스 문명권에도 도르래가 없었다는 사실을 기억한다면 제작 기술에 놀라움을 감출 수 없다. 삭사이우아만은 보통 요새로 알려져 있지만 종교 의례지였을 가능성이 더 높다. 현재도 매년 6월이면 인띠라이미Inti Raymi 축제가 열린다.

마지막으로 언급해야 할 유적지가 있다. 꾸스꼬에서 약 112km 떨어져 있고, 해발 2,550m의 정상에 위치한 마추픽추Machu Picchu이다. 마추픽추는 사람이 거주하기에 적당하지 않은 종교 의례지였다. 기후 변화가 심하고 농경지가 절대적으로 부족했기 때문이다. 이 유적지의 학술적인 가치는 유일하게 잘 보존된 잉카 시기의 건축물이라는 사실일 것이다. 정상에는 인띠우아따나Intihuatana라는 높이 1.8m 정도의 돌기둥이 있다. 매년 동지가 되면 태양을 돌에 묶는 종교의식을 치렀다. 그러나 이 유적지는 16세 후반에 버려졌다.

안데스 거의 전 지역을 정복하며 번성했던 잉카는 1527년에 와이나 까빡 왕이 갑자기 사망하면서 분쟁의 소용돌이로 빠져들었다. 적자였던 우아스까르Huáscar와 서자였던 아따우알빠Atahualpa 간의 왕권 경쟁으로 잉카의 연합체가 2개로 나뉘어 내전으로 돌입했기 때문이다. 우아스까르는 꾸스꼬의 왕족에 기반하고 있었고, 아따우알빠는 끼또의 토착 세력으로부터 지지를 받고 있었다. 이복형제간의 싸움은 결국 전쟁 경험이 많았고 최강의 정예 군대를 소유하고 있었던 아따우알빠의 승리로 끝났다. 그러나 내전이 발생한 탓에 잉카 연합체의 결속력은 급격히 약해졌고, 당시 상황을 기회로 잉카의 지배로부터 벗어나려는 도시국가들이 반발하기 시작했다. 이러한 혼란 상황에서 프란시스꼬 삐사로는 아따우알빠 왕과 까하마르까 광장(3면이 석벽으로 둘러싸여 있고 한쪽 면만이 밖으로 통하는 구조)에서 만났다. 광장의 폐쇄적인 구조를 이용하여 삐사로는 아따우알빠 왕을 생포하는데 성공했다. 당시 스페인 정복자들의 수는 62명의 기병과 106명의 보병에 불과했다. 스페인 정복자들의 수가 열세였지만 대포와 총소리에 놀란 잉카의 군인들은 우왕좌왕하며 몰살을 당하고 말았다. 물론 잉카에 반감을 품고 있었던 도시국가의 원주민들이 스페인 정복자와 합세했었다. 포로가 된 아따우알빠는 삐사로에게 석방 조건으로 엄청난 양의 금과 은을 제시했지만 1533년에 처형되고 말았다.

참고문헌

Aldenderfer, Mark(1999), "The Pleistocene/Holocene transition in Peru and its effects upon human use of the landscape", *Quaternary International* 53/54, pp.11 – 19.

Aparicio Bueno, Fernando(2001), *Líneas de Nazca: enigma resuelto?*, La Paz: Cima.

Baudin, Louis(1972), *El imperio socialista de los incas*, Santiago de Chile: ZIG-ZAG.

Caceres Macedo, Justo(2001), *Culturas prehispánicas del Perú*, Lima.

Chavín: art, architecture and culture(2008), Los Angeles: University of California.

De la Vega, Inca Garcilaso(1998), *Los comentarios reales*, Lima: Mantaro.

Escalante Moscoso, Javier F.(1997), *Arquitectura prehispánica en los Andes bolivianos*, La Paz: CIMA.

G. Y., Franklin Pease(1999), *Curacas, reciprocidad y riqueza*, Lima: Pontificia Universidad Católica del Perú.

_____(2004), *Los últimos incas del Cuzco*, Lima: Instituto Nacional de Culturas.

Handbook of south american archaeology(2008), New York: Springer.

Historia del Perú(2000), Barcelona: Lexus

Kauffmann Diog, Federico(1991), *Introducción al Perú antiguo*, Lima: KOMPAKTOS.

La tecnología en el mundo andino(1985), México: UNAM.

Lavallée, Danièle(2000), *The first south americans*, Salt Lake: University of Utah.

Los modos de producción en el imperio de los Incas(1989), compilación de Waldemar Espinoza Soriano, Lima: Amaru.

Massone, Mauricio(2005), *Los cazadores después del Hielo*, Santiago: Centro Diego Barros.

Money, Mary(2004), *Oro y plata en los Andes*, vol. 4, La Paz: Colegio de Historiadores de Bolivia.

Padilla Bendezu, Abraham(1979), *Huaman Poma: el indio cronista dibujante*, México: FCE.

Rostworowski, María(2002), *Historia del Tahuantinsuyu*, Lima: IEP.

Sanginés, Carlos Ponce(1999), *Tiwanaku: 200 años de investigaciones arqueológicas*, La Paz: CIMA.

Tiwanaku: Papers from the 2005 Mayer Center Symposium at the Denver Art Museum (2009), Denver: Denver Art Museum.

Tom Zuidema, R.(1991), *La civilización inca en Cuzco*, México: FCE.

Part 6

인종 문제와 이슈

I. 인종(Race)과 종족성(Ethnicity)

라틴아메리카는 다양한 역사, 자연, 문화만큼이나 다양한 인종으로 구성되어 있는 지역이다. 그리고 이렇듯 다양한 인종그룹들이 어떻게 공존할 것인가의 문제는 라틴아메리카의 식민 시기부터 지금까지 라틴아메리카가 해결해야 할 주요 사회문제이기도 하다.

인종이란 한 인간 혹은 특정 그룹이 공유하는 생물학적으로 규정된 특징이라고 여겨져 왔다. 즉 모든 인간이 생물학적으로 특정한 "인종"에 포함된다는 뜻이다. 나아가 이러한 생물학적인 특징은 다시 한 인간이 갖는 혹은 특정 인종그룹이 공유하는 사회·문화적 특성과 관련이 있다고 상정되어왔다. 이를 위해 우리는 피부색, 코의 모양, 머리카락의 색과 형태 등을 기준으로 제법 정교하게 인종구분을 하려고 노력하며, 이러한 구분이 완벽하다고 믿곤 한다. 따라서 많은 이들이 타인 혹은 자신의 인종이 무엇인지 정확하게 구분할 수 있을 것이라고 생각한다.

하지만 인종구분이 객관적이고 과학적이라는 믿음은 이미 많은 과학자들에 의해 사실이 아닌 것으로 밝혀졌다. 우선 소위 흑인, 백인, 황인종 간의 어떠한 유전적 혹은 생물학적 구분도 과학적으로는 무의미하다는 결론이 난 지 오래이다. 즉 흑인, 백인, 황인종 간의 유전적 차이는 이들 인종들이 공유하는 99.9%의 유전적 공통점에 비하면 과학적으로 무시할 수 있는 정도라는 뜻이다. 나아가 인류역사 이래로 진행되어온 인종 간의 끊임

없는 혼합 혹은 혼종으로 인해 더 이상 누군가를 백인, 황인, 흑인 등으로 분명하게 구분하는 것은 불가능해졌다.

다양한 문화를 비교해보면 인종이란 개념이 얼마나 모호한 개념인지를 더욱 잘 알 수 있다. 예를 들어 많은 미국인들은 라틴아메리카의 피부가 검은 사람들이 스스로를 흑인과 구분하는 것을 보고 놀라곤 한다. 미국인들에게 백인과 흑인 사이에서 태어난 어린이들은 전통적으로 흑인으로 분류된다면 라틴아메리카인들에게 흑인이란 단순히 피부색만을 의미하는 것이 아니라 조상, 전통 및 사회계층 등을 모두 포함한 의미이기 때문이다. 따라서 라틴아메리카에서 인종의 의미는 이러한 다양한 측면들을 고려하고 해석해야만 이해할 수 있다.

그 결과 라틴아메리카에서는 인종이라는 개념보다는 종속성이 널리 쓰인다. 종족성이란 같은 문화권의 역사를 계승하는 사회·문화적인 정체성을 의미한다. 따라서 종족성의 핵심은 생물학적 특징이 아닌 문화적 특징이다. 문화를 중심으로 사고하면 특정 종족의 존폐는 문화의 변화와 밀접하게 연관되어있다는 것을 알 수 있다. 즉 문화의 소멸 혹은 흡수를 통해 한 종족이 사라지거나 다른 종족으로 흡수될 수도 있다는 뜻이다. 이렇듯 종족성의 개념은 역사와 사회를 초월하는 생물학적 본질을 강조하는 인종과는 다른 개념이다.

II. 라틴아메리카 인종 및 종족성의 형성 과정

라틴아메리카 인종 형성의 역사는 스페인에 의한 라틴아메리카의 식민화로부터 시작되었다. 유럽 출신의 백인들과 라틴아메리카의 원주민들, 그리고 이어 주로 노예로 라틴아메리카에 투입된 흑인들 간의 교류를 통해 인종적, 문화적 혼종mestizaje이 이루어졌고, 그 결과 라틴아메리카의 인종적・문화적 스펙트럼은 매우 다양해졌다. 스페인의 인종 및 문화 간 분리의 노력에도 불구하고 문화적인 혼합은 정복의 당연한 결과였다. 특히 스페인 남성에 의한 원주민 여성들의 강간, 축첩 및 아주 드물지만 결혼 등을 통한 결합은 빈번히 이루어졌다.

인종 간 결합과 그 결과 생겨난 인종 및 문화적 혼종은 1500년대 초부터 1800년대 중반까지 아프리카 노예들의 라틴아메리카 도입과 함께 더욱 가속화되었다. 약 1천만 명이 넘는 흑인들이 신세계로 끌려온 것으로 추정되며 노예로 끌려오는 도중에 또 다른 1천만 명 정도는 사망한 것으로 여겨진다. 신세계로 도입된 아프리카 노예의 대부분은 브라질에 흡수되어 흑인 노예 인구의 40% 정도가 브라질에 도착한 것으로 추정된다. 그 결과 아프리카를 제외하고 가장 많은 아프리카계 인구가 살고 있는 곳은 현재 브라질이다. 스페인이 점령한 라틴아메리카 지역은 아프리카계 노예 인구의 약 16% 정도를 받아들였고, 북미의 경우 약 4%를 받아들였다.

1. 인종 구분과 사회적 지위

앞에서 밝힌 바처럼 스페인은 인종 및 문화적 혼합에 대한 우려를 갖고 있었으며 소위 "혈통 청소Limpieza de sangre: Blood cleansing"를 신세계에 도입하고자 하였다. 이를 위해 순수 백인 혈통으로부터 멀어지는 혈통적 차이들을 분명히 하려는 노력을 기울였고, 이러한 구분은 단순히 인종에 관한 것이 아니라 사회적 지위에 관한 것으로 확대되었다. 즉 인종적인 구분을 근거로 스페인 식민주의자들은 라틴아메리카의 사회적 지위 또한 구별하려고 하였다.

이러한 노력을 보여주는 대표적인 예는 멕시코에서 발견된 카스타Casta 제도라고 할 수 있다. 18세기 누에바 에스파냐 부왕청에서 널리 사용되었던 이 제도의 인종구분은 다음과 같다.

<표 4> 카스타 제도

아버지	어머니	자녀
스페인	원주민	메스티조
원주민	스페인	메스티조
메스티조	원주민	카스티조
스페인	카스티조	스페인
흑인	스페인	뮬라토
스페인	뮬라토	모리스코
스페인	모리스코	알비노
스페인	알비노	토르나 아트라스
원주민	노르타 아트라스	로보
로보	원주민	잠비아고
잠비아고	원주민	캄부호
캄부호	뮬라토	알바라사도
알바라사도	뮬라토	바르시노
바르시노	뮬라토	코요테
코요테	원주민	차미소
차미소	메스티조	코요테 메스티조
코요테 메스티조	뮬라토	아이 데 에스타스

　카스타 제도에 의한 인종구분은 유전적인 구분도 포함하였다. 즉 알바라사도는 30.86% 백인, 43.75% 원주민, 그리고 25.39% 흑인을 뜻하고, 바르시노는 40.43% 백인, 21.87% 원주민 그리고 37.7% 흑인을 뜻한다 Yelvinton 2005, 246. 이런 식의 인종 구분은 무한대로 계속되었다. 하지만 앞에서 밝혔듯이 카스타를 통한 인종구분은 과학적인 기준에 근거했다기보다는 당시 사회적 통념에 기반을 둔 것에 불과하며 이렇듯 자세한 구분이 필요했던 이유는 과학적 호기심에 근거한 것이 아니라 구분을 통해 식민지의 사회계층 간 차이를 공고히 하여 백인인 스페인 식민주의자들의 지위를 보장하고자 했던 것이었다. 뿐만 아니라 백인으로부터 '멀어질수록' 사회적 지위가 낮아지는 이러한 인종구분은 이후 라틴아메리카에 뿌리 깊게 남아 있는 사회적 불평등의 원인으로 작용하게 된다.

2. 인종차별

  인종구분에 따른 법적·사회적 차별은 광범위하게 일어났다. 스페인 출신의 백인들은 라틴아메리카에서 태어난 백인들을 차별하였고, 원주민들은 이러한 인종구분 시스템 속에서 가장 낮은 지위를 차지하며 가장 극심한 차별의 대상이 되었다. 인종의 지위구조에서 가장 상위를 스페인 출신의 백인이 차지하고, 가장 낮은 지위를 원주민들이 차지한다면 그 중간에는 메스티조, 뮬라토 그리고 아프리카계 흑인들이 각각의 "백인성"의 정도에 따라 위치하였다. 그리고 이러한 인종 구별은 이후 각각의 그룹의 사회활동을 제한하는 준거로 이용되었다. 이를테면 인종적 구분에 따라 정부에 요직에 오를 수 있는지 없는지가 결정되었으며, 대학입학 여부가 결정되었고, 백인과 혼인을 할 수 있는지 또한 판가름 났다.

  스페인 출신의 백인들과 라틴아메리카 출신의 백인들 사이에 존재하던 차별은 이후 라틴아메리카 독립의 주요한 원인이 되었다. 스페인 출신의 백인들은 페닌술라레스Peninsulares: 반도인, 즉 이베리아 반도 출신이라는 뜻라고 불리었으며, 라틴아메리카에서 태어난 백인들은 그들이 '생물학적으로' 백인임에도 불구하고 크리오요로 불리며 페닌술라레스와는 다른 사회적 지위를 부여받았다. 크리오요들은 각종 관직 임명에서 차별을 당했고, 교회의 주요 요직에도 오르지 못했다. 따라서 이들은 대부분 식민지와 스페인 간 무역에 종사했는데, 당시 스페인의 강력한 무역규제로 인해 이들의 입지는 페닌술라레스에 비해 좁을 수밖에 없었다.

  이밖에도 메스티조들 사이에 소수이지만 성공한 무역상들이나 상인들이 출현하게 되었다. 그리고 이들은 재력을 이용하여 "백인성"을 법적으로 획득하기도 하였다. 스페인은 이들 소수 성공한 메스티조들에게 "백인카드"를 판매함으로써 재정을 살찌웠을 뿐 아니라 소수의 성공한 메스티조들이 동료 메스티조와 결합하여 체제에 대항하기보다는 백인과 연합할 수 있는 시스템을 만들어 저항할 여지를 없애기 위해 노력했다. 하지만 이렇듯 백인성을 법적으로 구매할 수 있는 메스티조들을 극소수에 불과하였고 대부분의 메스티조들은 그들이 유색인종이라는 이유로 각종 탄압과 차별을 감수해야만 했다.

원주민에 대한 차별과 탄압은 더욱 심각하였다. 원주민들은 인종적으로 열등한 그룹으로 여겨졌을 뿐 아니라 원주민의 문화, 관습, 전통 또한 극복해야 할 열등한 대상으로 치부되었다. 그 결과 원주민의 언어, 종교, 지식에 대한 조직적인 탄압이 이루어졌고, 원주민들의 공동체는 붕괴되었다. 페루 부왕청은 원주민들의 악기를 모두 모아 소각시켰으며, 누에바 에스파냐 부왕청은 마야와 아즈텍의 문화유산을 소각하거나 파괴하였다. 그리고 이러한 원주민들에 대한 차별은 라틴아메리카 독립을 이룬 이후에도 사라지지 않았다.

3. 독립과 인종주의

라틴아메리카의 독립은 스페인 출신의 백인들에게 불만을 품은 라틴아메리카의 백인들 즉 크리오요에 의해 주도되었다. 그 결과 독립 이후에도 유색인종들에 대한 차별은 사라지지 않았고, 오늘날까지 라틴아메리카에 인종차별 및 갈등이 존재하고 있다.

독립 이후 라틴아메리카에서는 카스타 제도에 의한 법적 차별은 종식되었다. 그러나 법적 차별의 종식이 실질적 차별의 종식을 의미하는 것은 아니었다. 여전히 인종과 계급은 밀접히 연결되어 있었고, 백인에 가까울수록 계급이 높아지며 반대로 피부색이 검어질수록 계급적으로 낮아지는 현상은 오히려 강화되었다. 또한 소수지만 사회적으로 성공하여 계급의 사다리를 오를 수 있었던 유색인종의 경우 백인들의 문화 속으로 흡수되는 성향을 보였다.

1870년경 유럽에서 유행했던 사회적 진화론은 라틴아메리카의 백인 엘리트들에게 환영받았다. 사회적 진화론에 따르면 유럽 및 미국의 성공은 이들 국가들이 백인 국가이기 때문이며 백인들이 갖고 있는 생물학적 혹은 유전적 우월성이 사회에서 발현되었기 때문이다. 라틴아메리카의 백인 엘리트들은 이러한 이론을 라틴아메리카의 사회에 적용하고자 하였다. 현실적으로 사회에서 소수에 불과하던 백인들은 백인들의 생물학적·유전적 우월성을 라틴아메리카에 발현시키기 위해서 라틴아메리카 사회를 백인화 할 수 있는 방법들을 모색하기 시작했다.

우선 문화 및 인종의 백인화를 위하여 원주민 및 흑인 문화에 대한 조직적인 파괴가 이루어졌으며, 동시에 유럽문화의 보급이 가속화되었다. 또한 백인과의 혼인을 통해 유색인종의 생물학적 열등성이 서서히 극복될 수 있다고 주장하였다. 나아가 유럽으로부터의 이민을 적극적으로 유치하였다. 브라질의 경우는 백인들의 브라질 이주를 적극적로 추진했을 뿐만 아니라 흑인, 유태인 및 유색인종들의 브라질 이주를 어렵게 하는 조항을 이민법 안에 삽입하였다. 이러한 조항은 1940년대까지 유지되었다.

라틴아메리카 백인들은 라틴아메리카 내에서는 사회의 백인화 작업에 몰두했으나 유럽과 미국에 대해서는 이와는 다른 모습을 보여준다. 즉 내부적으로는 끊임없이 라틴아메리카의 백인화를 추구한 반면 외부적으로는 미국의 적대적인 인종주의적 전통에 비하여 라틴아메리카는 인종적 민주화를 이뤘다고 자부하였다. 멕시코, 브라질, 베네수엘라 등의 엘리트들은 라틴아메리카의 인종 관계는 적대적인 갈등에 기반을 둔 미국의 그것과는 달리 조화로운 통합과 공존에 기반을 두고 있다고 주장하였다. 특히 메스티소의 전통을 강조하며 신대륙과 구대륙의 장점들만이 결합된 새로운 인종이 라틴아메리카에서 탄생되었다고 강조하기도 하였다. 이는 끊임없이 백인의 문화 및 인종적 우월성을 내부적으로 강조하며 원주민 및 흑인의 전통을 백인화하려는 노력을 경주했던 라틴아메리카의 엘리트들이 갖고 있는 이중성이자 동시에 이들이 인종적 소수라는 현실 속에서 직면하는 다양한 딜레마의 한 면을 보여주는 예이다.

Ⅲ. 라틴아메리카 인종의 현황

라틴아메리카의 인종 혹은 종족성은 절대적인 생물학적 개념이라기보다는 사회, 문화 및 역사적 산물이다. 하지만 사회, 문화 및 역사적 산물로서의 인종 및 종족성은 그 개념의 모호함과 가변성에도 불구하고 매우 구체적이고 견고한 인종차별이라는 제도의 토대가 되었다. 따라서 인종 구분의 기준이 불분명하고 인종의 스펙트럼이 항상 변하지만 인종그룹의 현황을 파악하고 이들이 처한 현실을 고찰하는 것은 라틴아메리카의 사회를 이해하는 데에 역할을 한다. 이 장에서는 라틴아메리카의 인구를 구성하고 있는 인종그룹들 중 원주민과 흑인 그룹에 대해서 살펴보도록 하겠다.

1. 원주민 그룹

오늘날 라틴아메리카에 존재하는 원주민 인구는 전체 인구의 8% 정도로 추정된다. 원주민 인구가 가장 많은 비중을 차지하는 나라는 볼리비아로 전체 인구의 55%에 달하며 원주민 인구가 가장 적은 나라는 아르헨티나로 전체 인구의 1%에 미치지 못한다. 볼리비아와 과테말라가 라틴아메리카 국가들 중 원주민 인구의 비율이 높은 국가에 속한다면 원주민의 절대적 인구 수가 많은 나라는 페루와 멕시코이다. 원주민은 크게 두 가지 그룹으로 나뉘는데 첫 번째 그룹은 현재 원주민 인구의 대다수를 차지하는 고산지대 원주민들로 아즈텍, 잉카 및 마야의 후손들이다. 두 번째 그

<표 5> 국가별 원주민 인구비율

나라	원주민 비율
아르헨티나	1.0%
볼리비아	55%
브라질	0.4%
칠레	4.6%
콜롬비아	1%
코스타리카	1%
에콰도르	25%
엘살바도르	8%
과테말라	40.8%
온두라스	7%
멕시코	30%
니카라과	5%
파나마	6%
페루	45%

출처: CIA Factbook 2010

룹은 라틴아메리카 원주민들 중 소수에 속하는 원주민들로 저지대에 사는 그룹이며 이들은 대부분 아마존 지역 혹은 중미 지역에 거주한다. 고산지대에 사는 원주민의 수는 2천2백만에 달하는 것으로 추정되며 저지대에 사는 원주민들은 약 1백만 가량이 남아 있는 것으로 알려져 있다.

경작지에 대한 권리를 유지하며 적은 양이지만 땅을 공유하고 있는 고산지대의 원주민 그룹들은 5세기 전과 큰 차이가 없이 농업에 종사하며 살아가고 있다. 멕시코의 경우 이들은 주로 옥수수와 호박 및 콩을 경작하고 안데스의 경우는 감자와 옥수수를 경작한다. 고산지대 원주민 공동체는 여전히 견고하게 결합되어 있다. 그 결과 공동체 구성원이 아닌 이들에게 토지를 팔지 않도록 공동체 스스로 독려하는가 하면 부족 내에서의 결혼이 장려된다. 많은 사람들이 원주민들의 삶을 낭만적으로 묘사하지만 이들은 상당히 고된 삶을 살아가고 있다. 라틴아메리카의 인구 중 절대적 빈곤 인구의 대다수가 전통적인 생활방식을 고수하는 원주민 공동체에 속해 있으며, 이들은 다른 인종들에 비해 높은 영아사망률과 낮은 문자해독률 및 낮은 기대수명을 보여주고 있다.

지난 20세기 동안 근대 문명은 원주민들이 유지해오던 전통적인 생활 방식을 변화시켜왔다. 도로 시스템의 개선으로 인해 원주민 공동체들은 점점 더 화폐 경제로 편입되고 있으며, 교육시스템의 확장과 외부 세계와의 빈번한 접촉은 원주민 공동체의 구성원들이 스페인어를 사용하게 만드는 결정적인 원인이 되었다. 위성 TV와 인터넷은 이미 외진 시골 마을까지 퍼져 있고, 원주민 공동체를 중심으로 빠르게 전파되고 있는 개신교는 원주민들을 개종시키고 있을 뿐 아니라 이들이 전통적인 생활 방식을 포기하는 데에 기여하고 있다. 이러한 문화 동화의 흐름에 아직까지는 동요하지 않고 있는 지역이 과테말라이다. 과테말라의 원주민들은 21개에 달하는 과테말라 원주민 언어를 사용하며, 많은 원주민들의 여전히 스페인어에 익숙하지 않다. 하지만 과테말라의 경우는 예외이고 대다수의 국가들에서 원주민들의 문화동화현상은 빠르게 진행되고 있는데, 특히 직업을 통해 화폐 경제에 통합되는 기회가 많은 원주민 남성의 경우 그 문화동화의 속도가 원주민 여성들보다 더 빠른 것으로 보고되고 있다.

원주민들의 화폐 경제로의 편입이 문화 동화를 일으키는 한 요인이라면 라틴아메리카에서 60~70년대부터 진행된 도시화 또한 원주민들의 문화 동화를 부추기는 요인이다. 땅을 잃은 많은 원주민들은 대도시로 일자리를 찾아 떠났고, 도시에서의 삶은 도시의 문화를 원주민들에게 강요하였다. 도시에 이미 정착한 메스티소 및 백인들과의 소통을 위해 원주민들은 스페인어를 습득하였고, 나아가 자녀들에게 스페인어를 원주민 언어보다 먼저 교육시키기에 이른다. 도시에 거주하는 원주민들이 자녀들에게 원주민 언어를 교육하지 않는 이유는 원주민 언어를 체계적으로 교육시킬 수 있는 기관이 부족하기 때문이기도 하지만, 도시에서 원주민으로서 겪는 차별을 자녀들에게 대물림하지 않으려는 원주민 부모들이 원주민 언어 교육을 거부하기 때문이기도 하다.

식민시기 동안 자행된 원주민에 대한 인종청소에 대항하여 원주민들은 거세게 저항하였다. 카리브 지역 및 브라질의 경우 백인들의 지배에 저항하며 원주민들은 대규모 자살을 감행하기도 하였다. 다른 지역의 원주민들은 백인들의 지배를 피해 인적이 드문 지역으로 피난하였고, 혹은 스페인의 지배에 대항하여 봉기하기도 하였다. 스페인 지배 시기의 대표적인 원주민 봉기로는 페루의 투팍 아마루의 저항, 칠레의 마푸체 부족의 저항 마푸체 부족은 끝까지 스페인의 지배에 저항하여 라틴아메리카에서 유일하게 스페인에게 정복당하지 않았다을 들 수 있다.

원주민들의 저항은 주로 원주민 문화를 둘러싸고 일어났다. 특히 원주민 정체성의 핵심 요소인 언어와 종교는 끈질긴 생명력을 보이며 현재까지 살아남았을 뿐만 아니라 최근 원주민의 문화에 대한 자각심과 정체성은 점점 더 강해지고 있다. 이를 반증하듯이 지난 35년 동안 원주민의 정체성에 기반을 둔 정치는 더욱 활발해졌고, 이러한 정체성의 정치를 바탕으로 원주민들의 조직도 늘어나고 있다. 고산지대 원주민들은 멕시코, 과테말라 및 페루의 경우처럼 농민조직들을 접수하여 저항의 거점으로 사용하는가 하면, 볼리비아와 에콰도르의 경우는 원주민 농민 조직이 국내 정치에서 두각을 나타내기도 한다.

원주민 부족 간 소통의 어려움, 주류 사회의 차별과 탄압 등 다양한 문제에도 불구하고 원주민 조직들의 정치력은 꾸준히 강해지고 있다. 이렇듯 강해진 원주민 조직들의 정치적 영향력으로 인해 사회운동조직, 정당들, 그리고 정부는 이제 원주민들의 주장을 진지하게 경청해야한다. 이러한 원주민 조직들의 정치력 성장을 보여주는 좋은 예는 2006년 볼리비아 최초의 원주민 대통령이 된 아이마라 출신의 에보 모랄레스의 당선이다. 에보 모랄레스는 대통령이 된 이후 원주민의 전통을 존중하고, 원주민의

복지를 향상시키는 각종 개혁을 추진해왔다.

한편 브라질과 콜롬비아는 헌법 개정을 통해 원주민의 권리를 보장하는 조항을 삽입하였다. 멕시코의 경우는 원주민 봉기의 핵심 조직인 사파티스타 운동과 멕시코 정부 사이에 합의된 원주민 권리 장전을 통해 멕시코 원주민 공동체들의 '자율'이 보장되었다. 멕시코 정부와 사파티스타 간의 합의는 사파티스타들이 본래 주장했던 경제권 보장에 대한 내용이 들어 있지 않았고, 이러한 이유로 사파티스타 봉기의 의미가 훼손되었다고 주장하는 이들도 있다. 하지만 원주민 권리장전을 통해 원주민 공동체가 스스로의 문화를 지키고 후세를 교육시킬 수 있는 권리가 확보되었으며 나아가 정치적 자율성 또한 일정 정도 보장되었다는 측면에서 사파티스타와 멕시코 정부 간의 협상은 중요한 의미를 갖는다.

앞서 살펴보았듯이 식민시기 이래 계속되었던 원주민에 대한 지속적인 탄압과 차별에도 불구하고 라틴아메리카의 원주민 공동체는 사라지기는 커녕 최근 라틴아메리카 사회의 변혁을 요구하는 가장 강력한 세력으로 떠오르고 있다. 최근 원주민들의 저항 및 정치세력화는 라틴아메리카의 정치지형을 바꾸는 주요 요인으로 작용하고 있을 뿐 아니라 오랜 차별과 문화적 소외를 극복하고 라틴아메리카를 진정한 다문화주의 사회로 이끄는 동력으로 작용하고 있다.

2. 라틴아메리카의 흑인들

라틴아메리카에서 흑인의 인구는 전체 인구의 약 5%에 달하는 것으로 알려져 있다. 라틴아메리카의 흑인인구는 대부분 브라질, 베네수엘라, 콜롬비아, 쿠바 등에 밀집되어 있다. 아프리카 대륙을 제외하고 세계에서 가장 많은 아프리카계 흑인인구가 거주하는 브라질 덕분에 다른 국가들에서는 상대적으로 흑인의 인구가 적은 데도 불구하고 라틴아메리카 전체 인구의 5%가 흑인 인구로 조사되고 있다.

최근 라틴아메리카에서의 흑인들은 소외와 빈곤의 의미를 극복하고 새로운 정체성의 상징으로 떠오르고 있다. 원주민들의 정치세력화 및 정체성의 강화가 라틴아메리카 정치의 지형을 바꾸는 주요한 요소로 작용하고 있듯이 흑인들의 조직화 및 정체성 강화 역시 라틴아메리카 사회의 변화 특히 브라질, 베네수엘라 및 콜롬비아 등 흑인인구가 집중적으로 거주하는 국가들의 사회 변화를 추동하고 있다.

하지만 역설적이게도 흑인들의 권리 신장을 위한 정치적인 움직임이 가시화된 국가들은 전통적으로 인종적 민주주의를 외치며 미국의 인종차별주의에 비하여 스스로의 인종관계가 민주적이라고 자부해왔던 국가들이다. 따라서 이들 사회에서 공개적으로 인종과 인종차별에 대해서 논하는 것은 국가의 인종적 정체성을 비판하는 것과 같은 효과를 가지고 있다. 특히 브라질의 경우 인종차별이 브라질 사회에 존재한다는 것을 인정한다고 할지라도 이러한 차별은 브라질이 내재적으로 가지고 있는 모순이라기보다는 식민시기 및 노예제도의 유산이라고 여겨졌다. 하지만 이러한 부정에도 불구하고 인종 및 인종관계, 인종차별은 브라질인들의 일상에 큰 영향을 끼치고 있으며, 최근 브라질 정부는 브라질 사회의 인종 간 불평등을 해소하기 위하여 대학 정원 및 공무원 정원에 흑인 할당제를 실시하기 시작했다.

IV. 인종 정책

라틴아메리카의 인종과 관련한 정책들은 필연적으로 라틴아메리카 사회의 정체성과 관계가 있다. 다양한 인종그룹 간의 관계를 어떻게 설정할 것인가의 문제는 곧 한 사회의 문화적 정체성으로 연결되기 때문이다. 따라서 역사 이래로 다양한 인종정책들이 라틴아메리카에서 시도되어왔는

데, 이 장에서는 독립 이후 원주민의 문화를 국가의 정체성 형성의 도구로 사용했던 인디헤니스모Indigenismo와 원주민의 문화를 인정해달라는 원주민들의 요구에 대한 대응으로 최근 다양한 라틴아메리카 국가들에서 호응을 얻고 있는 다문화주의multiculturalism를 중심으로 라틴아메리카의 인종정책을 살펴보겠다.

1. 인디헤니스모(Indigenismo)

인디헤니스모는 멕시코 혁명 이후 멕시코에 거주하는 원주민들을 점진적으로 멕시코 사회에 통합시키기 위해 멕시코 엘리트들에 의해 추진된 정치이념이다. 인디헤니스모의 내용은 고대 멕시코 문화를 숭배하면서 동시에 현대를 살아가는 원주민들의 문화가 잊히지 않도록 보호하려는 것이다. 인디헤니스모 안에서 메스티소는 원주민과 유럽인들의 결합의 산물로 여겨지고, 나아가 진정한 멕시코인으로 추앙된다. 즉 멕시코의 문화적 정체성을 원주민이나 유럽인에게서 찾는 것이 아니라 유럽 문화와 원주민 문화의 결합에서 찾아야한다는 것이다. 그 당시 유행했던 사회적 진화론에 반대하며 멕시코의 철학자이자 정치가였던 호세 바스콘셀로스Jose Vasconcelos는 메스티소를 우주인종raza cósmica으로 주장하였고, 장기적으로 원주민들은 이 우주인종으로 흡수될 것이라고 예상했다. 멕시코로부터 출발한 인디헤니스모는 서양 중심적 사고에 대한 반기를 의미했고, 심한 경우에는 메스티소 혹은 원주민들이 백인들보다 인종적·문화적으로 우월하다는 주장의 근거로 사용되었다. 그리고 이러한 인디헤니스모의 전통, 즉 메스티소를 중심으로 한 국가정체성 설정 또한 멕시코로부터 시작하여 브라질, 베네수엘라, 콜롬비아, 에콰도르, 페루 등 주변 라틴아메리카 국가로 퍼져나갔다.

원주민 문화의 복원 심지어는 원주민 문화에 대한 숭배를 주장하였다고는 하지만 여전히 인디헤니스모는 인종적인 관점에서 원주민을 바라보았을 뿐 아니라 원주민들을 새로운 인종 즉 메스티소로 가는 노정에 있는 완성되기 전 단계로 파악하는 오류를 범하였다. 따라서 과거 훌륭했던 문명을 인정하고 국가 정체성의 토대로 추앙했지만 정작 현대를 살아가는 원주민들이 겪는 차별 및 불평등에 대해서는 적절한 정책을 내세우지 못하였다. 뿐만 아니라 혼합 혹은 혼종성에 거부하고 스스로의 문화를 고수하려는 원주민들의 경우는 애국심이 부족하다는 지적을 받기 일쑤였다. 따라서 인디헤니스모는 진정한 인종 간의 화합을 이루기 위한 정책이라기보다는 독립 이후 국가의 문화적 정체성을 고민했던 엘리트들이 사용했던 정치 이데올로기라는 평가를 받는다.

2. 다문화주의(Multiculturalism)

1990년대 라틴아메리카의 민주화 이후 라틴아메리카의 각국은 다양한 인종과 문화가 어떻게 공존할 수 있을 것인가에 대해 다시 한 번 고민하기 시작하였다. 이미 살펴보았듯이 라틴아메리카는 다인종·다문화 지역이다. 원주민과 흑인 인구뿐 아니라 19세기 라틴아메리카로 유입된 상당수의 중국 이민자들이 존재하고, 최근 특히 브라질로 이주한 일본인들 그리고 남미지역을 중심으로 유럽으로부터의 이민 또한 활발하게 일어났다.

이렇듯 다양한 인종 그룹들이 항상 평화롭게 공존했던 것은 아니다. 특히 최근 라틴아메리카 국가들이 겪었던 경제위기는 인종 간 갈등을 증폭시켰다. 아르헨티나로 일자리를 찾아 이주한 볼리비아인들에 대한 아르헨티나 사회의 냉대와 차별을 이러한 인종갈등의 일례로 들 수 있다. 1990년대 이후 볼리비아 노동자들은 아르헨티나에서 아르헨티나인들보다 낮은 임금을 받으며 아르헨티나인들이 주로 일하고자 하지 않는 분야에서 노동력을 제공하였다. 하지만 2001년 이후, 아르헨티나의 고용률이 감소하고 일자리가 부족해지자 볼리비아 노동자들이 아르헨티나의 일자리를 '훔치는' 자들로 지목되며 각종 차별과 비난을 받을 수밖에 없었다. 이러한 예는 다른 지역에서도 빈번하게 나타난다. 멕시코로 일자리를 찾아 이주하는 과테말라 원주민들, 칠레로 이주하는 페루 노동자들은 이주민을 받아들이는 국가뿐 아니라 이주를 보내는 국가에게도 서로 다른 문화의 공존을 고민할 기회를 제공한다.

다양한 문화의 평화롭고 평등한 공존을 주장하는 목소리는 원주민 조직들을 중심으로 강력하게 제기되었다. 최근 활성화되고 있는 원주민들의 정치세력화는 앞서 지적했던 바와 같이 라틴아메리카의 정부들로 하여금 원주민들의 문화 공존에 대한 주장에 귀를 기울이게 하였으며, 그 결과 다양한 다문화주의 정책들이 쏟아져 나왔다. 학교 교육 시스템의 개선을 통해 교육제도에 다언어 혹은 이중언어 교육이 실시되었으며, 의료시스템의 개혁을 통해 원주민들의 전통 의술을 서양의술에 접목하거나, 서양의술을 배운 의사 및 간호사 등 의료인력들에게 원주민 문화에 대한 교육을 실시하여 의료접근성의 문제를 해결하고자 하였다. 또한 원주민 문화의 보호 및 보급을 위해 다양한 문화센터 및 문화보급 프로그램들을 정부 차원에서 지원하고 나섰다.

하지만 이러한 정부 주도의 다문화주의에 대하여 비판적인 시각도 많다. 몇몇 학자들은 정부 주도의 다문화주의 정책이 진정으로 인종적 소수 그룹 특히 원주민 그룹의 권리를 증진시키기 위한 것이라기보다는 원주민들의 불만을 표면적으로 달래며 동시에 원주민 조직들을 분열시켜 이들의 정치력을 약화시키기 위한 당근 정책에 불과하다고 비판한다.

V. 결 론

이 장에서는 라틴아메리카 사회의 주요한 특징 중 하나인 인종의 다양성에 대하여 살펴보았다. 식민시기 이후 라틴아메리카는 원주민, 흑인, 백인, 아시아인들이 공존하고 교류하며 다양한 문화를 꽃피웠다. 물론 문화의 공존과 교류가 언제나 평화적이고 평등한 것은 아니었다. 식민시기 내내 유지되었던 백인 중심의 인종차별적 정책과 관습들은 아직도 라틴아메리카에 남아 진정한 사회 발전을 가로막는 장애물로 작용하고 있다. 그러나 우리가 라틴아메리카의 인종 관계 혹은 문제를 다룸에 있어서 주목해야할 점은 단순히 백인 중심의 인종주의적 정책과 차별만은 아니다. 더욱 가치 있는 라틴아메리카의 유산은 이러한 차별과 탄압에도 불구하고 끈질긴 생명력을 유지하며 새로운 문화로서 거듭 발전했던 원주민 및 흑인들의 문화유산이다. 이들은 오늘날까지도 그들 고유의 문화를 유지함은 물론 새로운 라틴아메리카의 탄생을 위해 자신들의 문화가 정당하게 인정받아야 한다는 점을 강력하게 주장하고 있다. 그리고 이들의 주장은 그동안 서양 중심의 발전모델에 집착하던 라틴아메리카 엘리트들을 견제하는 목소리로 자리매김하고 있다.

이렇듯 새로이 정립되고 있는 라틴아메리카 내의 인종 관계 및 문화의 공존을 살펴봄으로써 우리는 라틴아메리카를 좀 더 심도 깊게 이해할 수 있을 뿐만 아니라 우리 사회의 다문화주의화 혹은 다인종화에 대해서도 사고해볼 수 있는 기회를 얻을 수 있을 것이다.

참고문헌

강석영(2003), "원주민 동화 정책과 원주민 운동", 김우택(편) 『라틴아메리카의 역사와 문화』, 도서출판 소화: 서울, 355 - 465.

박윤주(2008), "사회적 행위주체와 칠레의 다문화주의 사회정책", 『라틴아메리카연구』, 21(3), 161 - 187.

주종택(2003), "원주민과 종족관계", 김우택(편) 『라틴아메리카의 역사와 문화』, 도서출판 소화: 서울, 211 - 348.

Green, Duncan(2006), "Identity and Rights" in *Faces of Latin America*, Latin American Bureau: New York, 133 - 176.

Knight, Alan(1999), "Racism, Revolution and *Indigenismo*", in Richard Graham(ed.) *The Idea of Race in Latin America, 1870 - 1940*. The University of Texas Press: Austin, 71 - 114.

Wade, Peter(1997), *Race and Ethnicity in Latin America*. Pluto Press: London.

Yelvington, Kevin A.(2005), "Patterns of race, ethnicity, class and nationalism" in Richard S. Hillman(ed.), *Understanding Contemporary Latin American*, Lynne Rienner Publisher: Boulder, 237 - 272.

Part 7
빈곤과 불평등

Ⅰ. 라틴아메리카의 빈곤 및 불평등 현황

　라틴아메리카라는 단어와 함께 일반인들의 머릿속에 떠오르는 이미지
는 끝없이 펼쳐진 빈민촌이라든지, 가난한 농민들의 모습인 경우가 많다.
특히 각종 재난 재해의 뉴스를 접하다보면 라틴아메리카 빈민들의 고단한
삶의 단면을 볼 수 있게 되고, 이들을 위한 도움의 손길이 필요하다는 생
각 또한 갖게 된다.

　라틴아메리카를 연구하는 연구자들에게도 라틴아메리카의 사회 문제
중 가장 심각한 문제를 꼽으라면 빈곤과 불평등의 문제를 거론하지 않는
이는 드물 것이다. 하지만 막연하게 라틴아메리카는 가난한 대륙이라고
치부하기는 어렵다. 2011년 포브스Forbes지가 선정한 세계에서 가장 부유
한 사람은 미국인도 프랑스인도 아닌 멕시코의 언론 · 통신 재벌인 카를로
스 에슬림과 그의 가족으로 자산 규모가 740억 달러에 이르는 것으로 보
고되었다. 브라질의 에이케 바티스타 역시 당당히 8위를 차지했는데, 브라
질 최대의 물류회사인 EBX 그룹의 회장인 그의 개인 자산은 300억 달러
에 달하는 것으로 알려졌다. 특히 주목할 점은 최근 라틴아메리카의 부유
층이 크게 늘어나고 있다는 것이다. 메릴린치의 2008년 Merrill Lynch's
World Wealth Report에 따르면 라틴아메리카는 백만장자의 수가 가장 급
속도로 증가하는 지역 중 하나이다. 2008년 기준으로 40만 명의 백만장자
가 라틴아메리카에 살고 있는 것으로 조사되었으며, 이는 2007년에 비해

12% 증가한 숫자이다. 특히 브라질은 14만 3천여 명의 백만장자가 거주하는 국가로 전년도에 비해 그 숫자가 무려 19%나 증가하였다. 이렇듯 꾸준한 경제 성장과 부유층의 확대를 경험하고 있는 라틴아메리카에서 여전히 극빈층의 문제가 주요 사회문제로 거론된다는 것은 다소 역설적인 현실이다.

1. 라틴아메리카의 빈곤

라틴아메리카는 상대적으로 높은 인구가 절대빈곤선(하루 2달러 이하의 소득) 이하의 삶을 살아가고 있다. 2008년의 자료에 따르면 라틴아메리카 인구의 33.2%인 1억 8천2백만 인구가 빈곤선 이하의 삶을 살고 있다고 한다. 하지만 이러한 빈곤 인구가 라틴아메리카의 각국에 골고루 퍼져 있는 것은 아니다. <표 6>에서 알 수 있듯이 절대 빈곤 인구는 라틴아메리카의 특정 국가에 집중적으로 거주하고 있다는 것을 알 수 있다. 예컨대, 라틴아메리카에서 비교적 부유한 나라로 꼽히는 아르헨티나는 빈곤선 이하의 삶을 살아가는 인구가 전체 인구의 23.4%인 데 반해, 온두라스는 68.9%로 인구 10명 당 7명이 빈곤선 이하의 삶을 살아가고 있다. 브라질의 경우 그 경제규모와 발전의 속도에 비해 빈곤선 이하의 인구가 무려 전체 인구의 30%로 3명 당 1명이 빈곤선 이하의 삶을 살아가는 것으로 나타났다. 국가 간 편차가 존재한다고는 하지만 칠레와 코스타리카의 예를 제외하고, 모든 라틴아메리카 국가에서 빈곤선 이하의 극빈층의 비율은 상당히 높은 편이다.

〈표 6〉 라틴아메리카의 빈곤인구 분포

나라	빈곤율(%)
아르헨티나	30
볼리비아	30.3
브라질	26
칠레	11.5
콜롬비아	45.5
코스타리카	18.6
도미니카 공화국	42.2
에콰도르	33.1
엘살바도르	37.8
과테말라	56.2
온두라스	65
아이티	80
멕시코	18.2
니카라과	25.6
파나마	29
파라과이	18.8
페루	34.8
우루과이	20.9
베네수엘라	37.9

출처: CIA Factbook 2011

여기서 한 가지 지적해야 할 부분은 1990년대 많은 라틴아메리카 국가들이 경험한 경제위기가 오늘날 빈곤문제에 큰 영향을 끼쳤다는 것이다. 예를 들어 아르헨티나 도시 빈민의 인구는 1994년 16%에서 2002년 41.5%로 급증하였는데 그 결과 아르헨티나는 낮은 도시 빈민률을 기록하던 국가에서 높은 도시 빈민률을 기록하는 국가로 바뀌게 된다. 우루과이의 경우 같은 기간 동안 10% 미만이었던 도시빈민률이 15% 이상으로 증가하였다. 1990년대 라틴아메리카의 국가들이 겪었던 경제위기와 그 결과 증가한 빈곤의 문제를 해결하기 위해 다양한 방법들이 모색되었다. 이러한 방법들에 대해서는 이후 더 자세히 언급하도록 하겠다.

2. 라틴아메리카의 불평등

라틴아메리카의 빈곤 문제가 심각하다고는 하지만 라틴아메리카는 세계에서 가장 가난한 지역은 아니다. 아프리카와 아시아의 몇몇 국가들이 겪는 빈곤에 비하여 라틴아메리카 국가들이 보여주는 절대빈곤의 현황은 덜 심각한 편이다. 하지만 라틴아메리카의 소득불평등은 전 세계에서 가장 심각한 편에 속한다. 그리고 이러한 불평등은 경제 개발의 단계에서 한시적으로 일어나는 현상이 아니라 구조적이고 만성적이라는 점에서 그 문제가 더욱 심각하다. 라틴아메리카의 지니계수[12]는 1990년대에 지역 평균 52.2를 기록, 같은 시기 34.2를 기록한 OECD의 평균보다 훨씬 높았고, 동유럽의 32.8, 아시아의 41.2, 그리고 아프리카의 45.0보다도 높았다Reygadas 2006. 120. 또한 소득 상위 20% 인구의 소득이 하위 20%의 소득의 15배가 넘는 등 소득의 불균형은 어떤 기준으로 보아도 매우 심각하다.

라틴아메리카의 빈곤의 문제가 전체 라틴아메리카의 문제라기보다는 지역별 편차가 뚜렷이 존재하는 문제였다면, 불평등의 문제는 라틴아메리카의 모든 국가가 고민하는 문제이다. <표 7>에서 볼 수 있듯이 거의 모든 라틴아메리카의 국가가 2011년 기준으로 지니계수가 50에 육박하는 양상을 보이고 있다.

---

12) 소득불평등을 측량하는 방법으로 널리 사용되는 지표로 숫자가 높을수록 불평등의 정도가 심각하다는 뜻이다.

<표 7> 라틴아메리카의 소득분포 현황

나라	GINI 계수
아르헨티나	41.4
볼리비아	58.2
브라질	56.7
칠레	52.4
코스타리카	48
도미니카공화국	49.9
에콰도르	46.9
엘살바도르	52.4
멕시코	48.2
한국	31.4
스웨덴	23
일본	37.6

출처: CIA Factbook 2011

하지만 라틴아메리카의 소득 불평등이 보여주는 독특한 특징 중 하나는 단순히 높은 지니계수만이 아니다. 라틴아메리카의 소득 불평등이 다른 지역의 소득불평등보다 눈에 띄는 이유는 라틴아메리카의 부유층이 다른 지역의 부유층보다 더 많은 소득을 올리고 있다는 점이다. 라틴아메리카의 소득 상위 10%의 소득은 전체 국민소득의 48% 정도에 달하는 것으로 보고되었는데 이는 선진국의 소득 상위 10%가 전체 국민소득의 29.1% 정도를 차지하는 것에 비하면 매우 높은 수준이다. 중요한 것은 라틴아메리카의 중산층과 저소득층 간의 간격은 다른 지역에 비해 그리 큰 수준은 아니라는 것이다. 유독 라틴아메리카의 소득불평등이 눈에 띄는 이유는 부유층과 중산층 및 저소득층 간의 간극인 것이다.

라틴아메리카의 불평등은 역사 및 경제정책의 변화, 그리고 다양한 정치제도를 거치는 동안에도 감소하기는커녕 유지되어왔다. 이는 이미 라틴아메리카 사회의 다양한 제도 속에 불평등이 뿌리내리고 있다는 것을 반증하는 것이다. 이 장에서는 이제 이렇듯 라틴아메리카 사회에서 불평등이 고착화된 원인을 살펴보기로 하겠다.

Ⅱ. 라틴아메리카의 빈곤과 불평등의 원인들

스페인에 의한 라틴아메리카의 식민화 이래로 라틴아메리카는 원자재 수출을 중심으로 경제를 운용해왔다. 수출한 원자재를 통해 벌어들인 외화로 라틴아메리카 국가들은 산업화된 선진국으로부터 공산품들을 수입하였다. 원자재 수출과 공산품 수입을 반복하는 라틴아메리카의 경제 시스템은 근본적으로 라틴아메리카에게는 유리하지 않다고 평가 받아왔다. 무엇보다도 선진국들이 국제사회에서 그들이 갖고 있는 권력을 이용하여 원자재 가격을 낮춰왔다는 의혹이 있고, 공산품을 사기 위해 원자재를 생산해야 하는 국가들의 국민들은 더 낮은 가격으로 더 많은 원자재를 생산하기 위하여 열악한 노동조건들을 견뎌내야 했다.

나아가 원자재 중심의 경제는 원자재 수출에 종사하는 소수만을 부유하게 만드는 결과를 가져왔다. 수출형 농작물인 목화나 사탕수수는 전통적으로 대규모로 경작될 때 수익성을 갖는다. 따라서 수출 중심의 대규모 경작은 자연스럽게 농지가 소수의 대지주에게 집중되는 결과를 가져오며, 자신들의 농지에서 쫓겨나거나 농지를 팔아버린 농민들은 대규모 농장의 농업 노동자로 전락하거나 도시로 이주하여 도시 빈민의 삶을 살아가게 된다. 광업의 경우도 마찬가지이다. 규모의 경제가 가지는 이점을 십분 활용하여, 광산 자본가들은 소규모의 광산들을 매입, 자신의 입지를 넓혀나간다. 그것이 농업 자본가가 되었든, 광산 자본가가 되었든, 국가 경제에 핵심적인 역할을 하는 수출 품목을 좌지우지할 수 있을 정도의 장악력을 갖게 되면, 이들 소수의 자본가들은 정부보다도 더 강력한 권력을 행사하기도 하였다. 이들이 각국에서 필요한 것은 값싸고 유순한 노동력뿐이었다. 수출 중심의 원자재 산업의 고객들은 해외 각국에 퍼져 있으며, 심지어는 원자재 산업을 위한 금융 거래 또한 해외 시장에서 직접 이루어졌다. 값싼 노동력이 끊임없이 안정적으로 제공될 수 있도록 하기 위하여 원자재 수출 산업의 자본가들은 그들이 갖고 있는 경제적 힘뿐 아니라 정치적인 영향력을 사용하는 데에 주저함이 없었다. 일례로 1980년대 엘살바도르에서는 커피 산업의 주요 생산자 가문이 수만 명의 커피농민조합들과 조합운동가들을 살해하는 암살단을 조직, 운영하기도 하였다.

1. 불평등한 무역조건

식민시대 이후로 라틴아메리카의 각국에서 추진된 원자재 수출 중심의 경제발전 모델이 빈곤과 불평등을 감소시키는 데에 그다지 효과적이지 못했던 이유 중 하나는 근본적으로 원자재와 공산품 간의 무역구조가 불평등하기 때문이다. 무엇보다도 원자재 가격과 공산품의 가격 차이는 심각하다. 일례로 철광석을 수출하고 제철제품 및 자동차를 수입하는 브라질의 경우, 상대적으로 값싸고 부가가치가 낮은 원료를 수출하고 원자재에 기술을 더하여 가격과 부가가치를 높인 자동차 및 제철 제품을 수입함으로써 영구적으로 무역적자에 허덕일 수밖에 없는 조건이 형성된다. 이러한 예는 라틴아메리카의 다양한 국가들에서 찾아볼 수 있다. 구리를 수출하고 각종 전자기기를 수입하는 칠레, 바나나를 수출하고 다양한 공산품을 모두 수입해야하는 엘살바도르, 커피를 수출하고 스타벅스를 수입하는 콜롬비아 등 불평등한 무역이 발생하는 예는 참으로 많다.

이러한 불평등한 무역조건은 무역국 간의 권력 차이로 인해 더욱 확대된다. 주로 원자재를 수출하는 국가들은 대개 원자재를 수입하여 공산품을 만들어내는 국가들에 비하여 경제 발전이 더디고, 국제 사회에서의 권력 또한 상대적으로 약하다. 뿐만 아니라 앞에서 지적한 불평등한 무역조건 덕에 원자재를 생산하는 국가들은 대규모 자본을 유치하여 산업화를 추진하는데, 이때 이들이 도입하는 자본 역시 선진국들로부터 들여온 외채인 경우가 많다. 따라서 원자재를 생산하는 국가들은 국제사회에서 공산품을 생산하는 나라들보다 열악한 위치를 갖고 있음은 물론 산업국과의 채무관계로 인해 이러한 종속의 관계는 더욱 악화되는 경향을 보인다. 그리고 이러한 불평등한 관계는 원자재 가격의 지속적인 하락과 무관하지 않다.

2. 급격한 경기변동

급격한 경기변동에 취약한 원자재의 생산은 장기적으로는 가격의 하락을 가져온다. 원자재의 가격이 높을 때에는 더 많은 생산자들이 몰리게 되고, 이는 곧 가격을 하락시킨다. 뿐만 아니라 원자재의 수요에 영향을 미치는 요소들은 너무나 많다. 일례로 최근 미국의 커피 시장에서 질 좋은 커피에 대한 수요가 높아졌고, 그 결과 콜롬비아와 중미의 커피에 대한 수요는 높아졌으나 브라질 커피에 대한 수요는 줄어들었다. 뿐만 아니라 대체제의 개발, 원자재 자체의 고갈, 저렴한 생산 방법의 발견 등은 모두 원자재의 가격에 큰 영향을 끼치며, 원자재 가격의 변동을 가져온다. 불행히도 이러한 요인들은 라틴아메리카의 일국이 통제하기는 어렵다. 그 결과 라틴아메리카 대부분의 국가들은 급격한 경기변동에 자주 노출될 수밖에 없었다.

원자재 산업에서 흔히 볼 수 있는 급격한 가격변동으로 인해 라틴아메리카의 많은 국가들은 장기적인 경제계획을 세우는 데에 어려움을 겪는다. 그리고 이러한 어려움은 라틴아메리카 국가들이 장기적 안목을 갖고 빈곤과 불평등의 문제를 해결하는 것 또한 어렵게 만든다.

3. 단일상품 생산 경제의 노동시장 왜곡

단일상품 특히 농산물에 의존하는 경제구조는 라틴아메리카 농촌의 몰락을 가져왔다. 식민시기 이후 고착화된 토지의 불균등한 분배는 단일 상품 중심의 수출 농업을 통해 더욱 확대되었다. 이미 대규모의 토지를 소유한 거대 지주들은 수출 중심의 농업을 통해 세력을 키워나갔고, 주변의 소농들이 소유한 땅을 공격적으로 흡수해나갔다. 토지를 대지주들에게 팔거나 혹은 빼앗긴 농민들은 대농장의 농업노동자로 전락하거나 대도시로 일자리를 찾아 떠나야 했다. 라틴아메리카의 도시들은 농촌으로부터 유입된 노동인력을 흡수하기 충분한 일자리를 창출하지 못하였고, 그 결과 라틴아메리카의 대도시 주변에는 거대한 빈민촌이 형성되었다.

단일 농산물에 의존한 수출 중심의 농업뿐 아니라 광업 역시 대규모의 일자리 창출에 효과적이지 않다. 일례로 칠레의 대표 산업인 구리산업의 경우, 구리산업이 칠레 총수출의 1/3 이상을 차지하지만 칠레 광업에 직접 종사하는 인력은 약 82,000명 정도로 전체노동인구의 1.3%에 불과하다(남미자원협력센터 2006, 250). 이는 산업규모에 비해 고용효과가 미미하다는 점을 잘 보여주는 예이다. 물론 광업의 발전을 통해 다른 산업들의 발전이 동반될 수 있다고 주장할 수도 있겠으나, 여전히 직접적인 고용의 효과가 적다는 사실은 숨기기 어렵다. 이는 단순히 칠레의 사례만이 아니다. 베네수엘라의 석유, 브라질의 철강, 볼리비아의 주석, 에콰도르의 석유산업 등 라틴아메리카의 다양한 광업 부문이 직접적으로 많은 고용을 창출하지는 않는다는 것은 알려진 사실이다.

Ⅲ. 라틴아메리카의 빈곤과 불평등 극복의 노력들

위에서 살펴본 라틴아메리카 사회구조 특히 경제구조의 모순을 극복하기 위하여 라틴아메리카 각국은 다양한 방안들을 모색하였다. 이러한 방안들을 크게 시장주의적인 접근과 참여적 발전 접근법으로 구분하여 살펴보겠다.

1. 시장주의적 빈곤 해소

빈곤과 불평등의 문제를 해소하기 위한 대안으로 가장 각광을 받는 접근은 시장주의적 접근으로 자유경제주의라고 불리는 이 접근에 의하면 빈곤은 경제발전의 부재를 의미한다. 즉 빈곤의 원인은 경제가 적절히 발전하지 못하여 충분한 일자리가 생성되지 못하기 때문이라는 것이다. 따라서 빈곤을 극복하기 위해서 정부가 해야 할 일은 적절한 경제발전의 계획을 세워 일자리 창출을 유도하는 것이다.

시장주의적 빈곤 해결 노력의 기본 전제는 경제가 발전하면 그 발전의 혜택이 사회 구성원들에게 골고루 돌아갈 것이라는 트리클 다운Trickle Down 효과에 대한 강력한 믿음이다. 즉 한 사회의 경제라는 파이를 키우면 사회 구성원들에게 돌아가는 파이의 양도 함께 성장할 것이라는 것이다. 따라서 정부는 빈곤의 극복을 경기부양을 통해서 추구하게 된다. 시장주의적 접근을 주장하는 사람들은 경제성장을 통해 소득이 증가하고, 소득의 증가는 더 많은 소비를 가져오므로 더욱 경제가 성장하며 일자리가 창출된다는 시나리오를 믿고 있다. 그리고 이 과정에서 정부의 개입은 최소한이어야 한다고 주장한다. 즉 빈곤의 극복은 시장을 중심으로 이루어져야 한다는 뜻이다.

빈곤과 불평등의 문제를 해결하기 위하여 라틴아메리카 국가들도 시장주의적인 접근법을 사용해왔다. 특히 국가경제를 운용함에 있어 활용할 수 있는 제화가 한정되어 있는 라틴아메리카의 경우 빈곤문제를 경제발전을 통해 극복하겠다는 것은 빈곤 자체를 직접적으로 해결하기 위한 노력이 상대적으로 덜 중요시된다는 뜻이다. 빈곤계층에 대한 직접적인 구호나 지원에 할애할 예산과 노력이 국가 경제 전반의 부양을 위해 사용되는 것을 선호하기 때문이다. 뿐만 아니라 경제성장을 구현하기 위해 적극적인 시장 개방 또한 장려되었다. 세계 시장에 적극적으로 상품을 수출하고, 그 결과 얻어낸 소득을 통해 국내 경기가 활성화되면 이를 통해 일자리가 창출되어 빈곤의 문제가 해결된다고 믿었기 때문이다.

라틴아메리카에서 시장주의를 통해 빈곤을 해결하려는 노력은 식민주의 시기 이후 계속해서 사용되었던 방법이었다. 특히 1970년대 이후로 추진된 대규모 경제개발 프로젝트 및 국책사업들은 제한된 재화를 경기부양에 할애하여 경제성장을 도모하려는 노력의 일환이라고 볼 수 있다. 1970년대 이후 라틴아메리카에서 시행된 다양한 프로젝트 중 하나는 브라질의 이타이푸 댐 건설이다.

브라질과 파라과이의 국경지역인 파라나 강 유역에 위치한 이타이푸 댐은 세계에서 가장 긴 수력발전소이다. 핵발전소 10개가 생산할 수 있는 전기보다 많은 양을 생산하는 이타이푸 댐은 브라질이 소비하는 전력의 26%, 파라과이가 소비하는 전력의 78%를 생산한다.

이타이푸 댐의 건설은 1966년 브라질 정부와 파라과이 정부가 대규모 수력발전소 건설의 타당성을 조사하면서 시작되었다. 1973년 4월 26일 두 정부는 파라나 강 유역 수자원 개발을 위한 협정문에 서명하였고, 1975년 공사가 시작되었다. 1978년 공사가 절정에 달했을 때 이타이푸 댐 프로젝트는 무려 3만 명의 노동자를 고용하였으며, 댐 건설을 위해 건설현장에서 30만 제곱 미터 이상의 콘크리트가 생산되었다. 이는 350층 빌딩을 지을 만한 양으로 유로터널 건설에 사용된 콘크리트 양의 15배에 달한다. 댐의 높이는 196m에 이르며 길이는 7.76km로 댐 건설로 형성된 호수는 290억 톤의 저수량을 기록하고 있다. 이타이푸 댐을 건설하는 데에 들어간 비용은 미화로 약 200억 달러로 이는 건설 당시 브라질 총외채의 20%에 달하는 액수이다.

이타이푸 댐 건설 과정에서 상당한 고용이 창출되었으며, 무엇보다도 안정적인 전기 수급이 가능해진 브라질과 파라과이는 이를 경제성장의 토대로 활용할 수 있었다. 하지만 이타이푸 댐이 빈곤해결에 끼친 직접적인 영향을 확인하기는 쉽지 않다. 대다수 시장주의적 빈곤해결책이 그러하듯이 경제발전의 간접적인 효과를 통해 빈곤을 해결하다보니 대규모 프로젝트와 빈곤 감소의 직접적이고 가시적인 관계를 설명하기는 쉽지 않다.

이타이푸 댐에 대해 비판적인 시각들 역시 존재한다. 우선 거대한 댐의 규모가 가져온 이 지역의 환경파괴에 대한 우려도 존재한다. 이타이푸 댐 건설 지역의 동식물 중 50%가 멸종했다고 보고되고 있으며, 대규모 저수지가 생성되면서 세계에서 가장 대규모의 원시림 소실이 이루어졌다는 것이다. 또한 이타이푸 댐 건설로 파라나 강 유역의 생태계가 훼손되었고, 이 지역의 기후 또한 변화했다. 더욱 심각한 것은 이타이푸 댐의 건설로 만여 명의 지역 주민이 다른 지역으로 이주했어야 했다는 점이다. 지역에서 농업에 종사하던 대부분의 원주민들은 다른 지역으로 이주하면서 삶의 터전을 잃었고, 이타이푸 댐 주변에 거주하는 원주민들은 댐 건설로 일어난 환경파괴의 영향으로 농작물 경작에 어려움을 호소하고 있다. 즉 이타이푸 댐 건설이 지역민의 빈곤을 해소하기보다는 악화시켰다는 것이다.

브라질 이타이푸 댐의 사례는 시장주의에 기반을 둔 빈곤해소책의 장·단점을 잘 보여주는 예이다. 시장주의적 빈곤해소책은 한 나라 전체의 경제성장을 통해 고용을 창출하고 이렇게 생겨난 일자리가 빈곤층에게 기회를 제공하여 장기적으로 빈곤을 해소하려는 시도이다. 이타이푸 댐의 예에서 알 수 있는 것처럼 막대한 예산과 장비가 소요되는 거대 프로젝트는 단기적으로 대규모의 고용을 창출하고 장기적으로는 사회기반시설의 확충이라는 효과가 있다. 하지만 거대 프로젝트가 직접적으로 빈곤의 해결에 영향을 끼친다는 직접적인 증거를 찾아보기는 힘들다. 특히 이타이푸 댐을 포함한 대부분의 거대 프로젝트가 지역주민의 빈곤 문제를 해결하는 데에는 취약한 것으로 보고되고 있다. 즉 이타이푸 댐의 건설로 생산된 전기 및 일자리가 빈곤층에게 직접적인 혜택을 주었다고 보기 어렵다. 경제성장의 성과가 사회 전반에 골고루 분배되기보다는 빈익빈 부익부 현상을 가중시켰던 라틴아메리카의 현실에 비춰볼 때 경제 전반의 발전을 통해 빈곤을 해소하겠다는 주장은 라틴아메리카의 빈곤을 해결하는 데에 한계를 지닌다.

시장주의적 빈곤해소책의 한계에 대한 자각은 새로운 빈곤해소책의 탄생을 가져왔다. 특히 1980년대 중반 이후 대부분의 라틴아메리카 국가들이 겪었던 경제위기 속에서 라틴아메리카 각국은 극빈층의 급증을 경험하였고, 정부는 더 이상 경제발전을 통해 빈곤을 해소한다는 기존의 입장을 고수할 수 없게 되었다. 그 결과 1990년대부터 많은 라틴아메리카 국가들은 시장의 보이지 않는 손을 통해 빈곤을 극복하려는 시장주의적 빈곤해소책을 보완하기 위해 참여적 빈곤해소책을 시도하기 시작하였다.

2. 참여적 발전을 통한 빈곤해소

참여적 발전Participatory Development을 통한 빈곤해소를 주장하는 사람들은 시장주의를 통해 빈곤과 불평등을 해소하려는 노력이 늘 성공적인 것은 아니었다고 지적한다. 이들은 개발도상국, 특히 라틴아메리카에서 시장주의를 통한 발전은 대부분의 경우 빈곤층에게 혜택을 주기보다는 불평등을 악화시키는 경향이 강하다고 주장한다. 따라서 산업화를 통해 경제를 발전시켜 그 트리클 다운Trickle-down 효과가 빈곤과 불평등을 해소할 것을 기대하기보다는 빈곤층에 직접적인 도움을 주어 빈곤층의 삶의 질을 개선하기 위해 노력한다. 즉 거대한 프로젝트를 통해 사회 전반의 경제 발전을 추구하기보다는 소규모 자본이지만 이를 빈곤을 겪는 사람들이 직접적으로 필요한 사업을 진행하는 데에 활용하고, 지역주민들의 의견을 수렴함으로써 직접적으로 빈곤이 극복될 수 있다는 것이다. 참여적 발전을 통한 프로젝트들은 그 계획 단계에서부터 지역민들의 의견 수렴을 매우 중요하게 생각하는데 이는 이를 통해 지역민들의 리더십을 성장시킬 수 있고, 이는 빈곤해결방안이 단기간의 프로젝트가 아닌 장기적인 지역 공동체 자립 방안이 되기 위해 필요한 가장 중요한 요소라고 믿고 있기 때문이다. 뿐만 아니라 필요한 빈곤해결방안을 스스로 설계함으로써 가장 효율적인 방법으로 제한된 재화를 활용할 수도 있고 주장한다.

같은 맥락에서 참여적 발전을 통한 빈곤해결책은 지역민들이 이미 갖고 있는 기술을 적극 활용하는 데에 중점을 둔다. 이는 막대한 해외 자본을 도입하여 최첨단 기술을 사용한 프로젝트들이 장기적으로는 지역 경제에 이바지하기보다는 라틴아메리카의 외채 문제를 악화시키는 결과를 가져왔기 때문이다. 따라서 최첨단의 기술과 막대한 자본을 필요로 하는 기술보다는 지역민들이 이미 알고 있는 기술을 효과적으로 사용하는 노동집약적인 발전 방안들이 적극적으로 활용된다. 참여적 발전을 통한 빈곤해결책의 좋은 예는 빈곤의 해소를 위해 브라질의 룰라 정부가 적극적으로 도입한 볼사 파밀리아Bolsa Familia 프로그램이 있다.

룰라 정부에 의해 적극적으로 도입된 볼사 파밀리아는 자녀를 가진 빈곤층 가정에서 자녀를 학교에 보내고 자녀에게 예방접종을 시키는 등의 조건으로 현금 미화 약 $35가 매달 지불되는 프로그램이다. 약 1천 200만 가구, 즉 4천 600만 인구가 혜택을 받고 있다고 평가되는 이 프로그램을 통해 룰라 정부는 임기 동안 빈곤층을 27.7% 감소시켰다고 평가받는다.

이 프로그램의 특징은 무엇보다도 빈곤층에 대한 직접적인 지원을 실행하고 있다는 것이다. 경제발전을 통해 일자리를 창출하고, 고용을 통해 빈곤 및 불평등을 해소하고자 하는 시장주의적인 입장과는 달리, 볼사 파밀리아는 비록 한 달에 35달러라는 적은 돈이지만 빈곤층에 직접 지원함으로써 이들이 필요로 하는 삶의 질 개선을 추구하고 있다. 이 프로그램에 가입하기 위해서 빈민 가구는 지방정부에 빈민 가구로 등록하고 자녀들의 취학, 예방 접종, 영양 상태들에 대한 기본 조건을 지킬 것을 약속해야 한다.

볼사 파밀리아가 획기적인 빈곤해소책으로 큰 관심의 대상이 된 것은 이 프로그램의 혜택을 받는 인구가 많기 때문만은 아니다. 볼사 파밀리아의 특징 중 하나는 관료적인 제도들을 대폭 정비하여 지역의 지방정부 특히 시정부의 권한을 대폭 확대시킨 것이다. 이를 통해 중앙정부, 주정부, 시정부의 단계를 거치면서 파생되는 관료화를 최소화할 뿐 아니라 시정부과 빈곤 가정 간의 계약을 통해 빈곤퇴치 기금들을 운용함으로써 프로그램 운용 과정에서 지역주민들의 의견이 개진될 수 있는 길을 열어두었다. 뿐만 아니라 볼사 파밀리아에 가입한 가구의 자녀들이 프로그램의 선정 기준을 준수하는지, 즉 자녀들을 학교에 보내고, 예방 접종을 하며, 기본적인 영양 상태를 유지하는지를 역시 지역 단체들이 참여하여 모니터링하게 함으로써 빈곤해소책의 지방분권화를 이루었다는 평가를 받는다.

다양한 장점에도 불구하고 볼사 파밀리아 또한 참여적 발전에 기반을 둔 빈곤해소책의 한계를 내포하고 있다. 참여적 발전에 기반을 둔 빈곤해소책의 가장 큰 한계는 이러한 프로그램이 얼마나 지속가능하냐는 점이다. 시장주의적인 빈곤해소책의 경우 단기적으로 빈곤의 해소에 끼치는 영향을 가늠하기 어려운 반면 산업화를 이루어 일자리를 창출하고 사회의 경제구조를 변화시켜 장기적 빈곤해소책을 마련한다는 장점이 있는 반면, 참여적 발전을 통한 빈곤해소책은 단기적으로는 빈곤의 직접적 해결을 이루는 것처럼 보이지만 이러한 단기적 효과가 장기적이고 구조적인 변화로 연결되는 사례는 흔치 않다. 볼사 파밀리아 역시 비슷한 비판에 직면하고 있다. 즉, 빈곤에 허덕이는 인구에게 현금을 지급하는 지금의 방식은 단기적으로는 가난한 가정에 도움이 되겠지만 장기적으로 가난한 가정의 소비를 증진시킬 뿐 이들이 고용을 증대시키지는 않는다는 것이다. 나아가 룰라 정부의 강력한 의지에 기반을 둔 프로그램이기 때문에 정부시책의 변화에 취약하다는 점도 볼사 파밀리아의 장기적 효과를 의심케 하는 요인이다. 물론 이러한 우려는 아직까지는 기우라는 견해가 지배적이다. 볼사 파밀리아의 경우 자녀들을 교육시킴으로써 인적자본을 확충하여 빈곤가정에서 태어난 자녀들의 고용의 기회를 넓힐 뿐 아니라 빈곤 가정의 금융활동, 고용활동을 증진시켰다는 평가를 받고 있기 때문이다.

IV. 결 론

라틴아메리카의 빈곤 및 불평등은 라틴아메리카의 발전을 저해하는 가장 심각한 문제로 여겨져 왔다. 이 장에서는 라틴아메리카의 빈곤과 불평등을 가져온 원인들을 살펴보고, 이러한 문제를 해결하기 위한 노력들 또한 고찰해보았다. 흔히 빈곤은 개인적인 취향, 혹은 근로 의지와 연관되어 있다고 생각하는 사람들이 많고, 그런 이유로 빈곤의 문제가 심각한 지역 특히 동남아, 아프리카 및 라틴아메리카의 주민들이 나태하기 때문에 가난하다는 선입견을 갖고 있는 사람을 많이 만날 수 있다. 하지만 이 장을 통해 우리는 라틴아메리카의 빈곤과 불평등이 매우 구조적인 문제이며, 긴 식민시대를 통해 이식된 경제구조와 밀접한 관련이 있다는 점을 배웠다. 뿐만 아니라 이러한 구조적 문제를 해결하기 위해 시도된 다양한 정책들을 살펴봄으로써 라틴아메리카 사회를 더 잘 이해하는 기회를 얻을 수 있었다.

한 가지 덧붙이고 싶은 점은 라틴아메리카의 빈곤 및 불평등의 문제는 이미 더 이상 라틴아메리카만의 문제가 아니라는 것이다. 특히 라틴아메리카에서 시도된 다양한 빈곤해소책들은 오늘날 다양한 지역에서 사용되는 방법들의 한 사례라고 볼 수 있다. 이 장에서 학습한 내용을 통해 라틴아메리카 사회에 대한 이해의 수준을 높일 뿐만 아니라 오늘날 한국 사회가 겪고 있는 양극화와 빈곤의 문제를 함께 비교해보는 것도 의미 있는 일일 것이다.

참고문헌

Hancock, Graham(1989), *The Lords of Poverty*. New York: Atlantic Monthly Press

Hillman, Richard S.(2005), *Understanding Contemporary Latin America*. Rienner: Boulder

International Labor Organization(2009), *Bolsa Familia in Brazil: Context, concept and impacts*. Geneva.

Kelleher, Ann and Laura Klein(2009), *Global Perspectives: A Handbook for Understanding Global Issues*. Pearson: Prentice Hall.

World Bank. *Bolsa Família: Changing the Lives of Millions in Brazil*.

Part 8

도시와 이주

Ⅰ. 라틴아메리카의 도시와 이주

라틴아메리카는 세계에서 가장 도시화된 지역 중 하나이다. 라틴아메리카를 생각하면 떠오르는 멕시코시티, 리우데자네이루, 부에노스아이레스와 같은 도시들은 모두 인구 천만 명 이상의 대도시들이다. 물론 라틴아메리카의 국가들마다 경험하는 도시화의 정도는 다르지만 많은 라틴아메리카 사회는 이제 대부분 농촌 중심의 사회가 아니라 도시 중심의 사회로 전환되었다. 불과 50여 년 전만 하더라도 라틴아메리카 인구의 대부분이 농촌에 살았다면 지금은 약 25% 정도만이 농촌에 거주하는 것으로 나타나고 있다. 이처럼 빠른 도시화로 인해 라틴아메리카 사회는 공해, 주택부족, 실업과도 같은 도시화의 문제점에도 노출되어 있다.

도시화가 한 국가 내에서 인구가 농촌에서 도시로 이주하는 현상이라면 라틴아메리카에서의 인구의 이동은 단순히 한 국가 내에서만 이루어지는 것은 아니다. 최근 라틴아메리카가 주목받는 이유 중 하나는 대규모의 국제이주 특히 라틴아메리카로부터 미국과 유럽으로의 이주가 두드러지기 때문이다. 이중 라틴아메리카에서 미국으로의 이주는 라틴아메리카 사회뿐 아니라 미국 사회에 문화·사회·정치 및 경제적 변화를 가져오고 있다.

Ⅱ. 인구의 이동의 요인

농촌에서 도시로 혹은 한 국가에서 다른 국가로 인구가 이동하는 요인은 크게 배출요인^{Push effect}과 흡입요인^{Pull effect}로 요약된다. 즉 인구가 빠져나가는 지역에서는 인구를 밀어내는 배출요인이 존재하고, 동시에 인구를 빨아들이는 지역에서는 흡입요인이 존재한다. 인구의 배출요인과 흡입요인은 도시화와 이민을 이해하는 데에 많은 도움을 주며 나아가 이주패턴을 조절하거나 도시화를 계획함에 있어서 꼭 염두에 두어야 할 요소들이다.

1. 배출요인(Push factors)

한 지역으로부터 인구가 다른 지역으로 이동하도록 만드는 요인들은 대부분 부정적인 요인들이다. 이 중 가장 강력한 요인은 바로 인권침해의 위험이다. 개발도상국들 중 독재정권을 경험한 많은 국가들에서 인권침해를 피해 대규모 이주가 일어나곤 한다. 아프리카의 루완다 내전, 다르푸르 사태는 인권침해가 대규모 인구이동을 초래한다는 것을 보여주는 좋은 예이다. 라틴아메리카의 경우 오랜 내전을 겪고 있는 콜롬비아가 최근까지 인권침해 및 안전상의 이유로 대규모 이주가 발생하는 국가이다. 유엔에 따르면 콜롬비아에는 520만 정도의 난민이 살고 있는데 이들로 인해 콜롬비아는 수단과 함께 세계에서 가장 많은 국내난민들이 살고 있는 지역이 되었다. 뿐만 아니라 1970년대 칠레, 아르헨티나 등의 국가들이 군사독재를 경험하던 시절에는 이들 국가의 국민들이 군부의 탄압을 피해 멕시코와 유럽으로 이주하기도 하였다. 이처럼 인권침해는 주요한 배출요인 중 하나이다.

두 번째 배출요인은 과다인구를 들 수 있다. 한 지역의 인구밀도가 다른 지역의 인구밀도보다 높은 경우 인구밀도가 높은 지역에 거주하는 주민들이 인구밀도가 낮은 지역으로 이주하는 경향이 있다. 대표적인 예로는 엘살바도르 국민들의 온두라스 이주를 들 수 있다. 엘살바도르의 면적은 2만 1천km²이고 인구는 6백만에 달한다. 한편 이웃나라 온두라스는 면적이 11만 2천km²인 데 반해 인구는 8백2십만이다. 즉 온두라스는 면적이 엘살바도르의 5배에 달하는 데에 반해 인구는 약간 많은 편이다. 따라서 인구밀도의 차이로 인해 엘살바도르에서 온두라스로의 이주가 대규모로 이루어진다. 일례로 1969년 온두라스와 엘살바도르 간의 축구전쟁의 원인 중 하나로 온두라스로 대거 유입된 당시 30만 명에 달하던 엘살바도르 이주민들의 존재와 이주의 증가를 들기도 한다.

세 번째 배출요인은 경쟁배타Competitive exclusion이다. 구소련 과학자 가우스가 실험을 통해서 얻은 가우스 법칙의 하나로 경쟁하는 두 종(種) 중 장기적으로 경쟁에서 도태된 종은 사라진다는 이론이 있다. 이를 노동시장에 대입해보면 같은 일자리를 두고 경쟁하는 인구군 중 경쟁에서 도태된 인구군은 다른 지역으로 이주할 수밖에 없다. 최근 라틴아메리카에 생겨난 많은 일자리는 제조업의 단순노동직으로 주로 저학력 여성을 선호하는 것으로 나타났다. 따라서 제조업의 단순노동직을 놓고 여성노동자들과 경쟁하던 저학력의 남성들은 노동시장에서 배제되고 결국 일자리를 찾아 다른 지역으로 이주하는 결과를 낳았다. 멕시코에서 미국으로 발생하는 대규모 멕시코 청년들의 이주는 이러한 경쟁배타의 원리로 설명할 수 있을 것이다.

마지막으로 대표적인 배출요인은 경제적인 어려움이다. 한 지역의 경기가 나쁠 때 그 지역에 사는 주민들은 경기 침체의 부정적 영향을 극복하기 위하여 경기가 상대적으로 좋은 지역으로 이주한다. 도시화를 설명하기에 가장 적합한 요인이라고 할 수 있다. 상대적으로 발전이 더뎠던 농촌지역의 주민들이 산업화와 함께 빠른 성장을 경험하는 도시로 대거 이주하는 현상을 바로 도시화라고 부르기 때문이다. 대부분의 라틴아메리카 도시들이 경제적인 원인으로 인해 농촌을 떠나온 주민들의 유입으로 인해 거대한 도시로 성장하였다.

2. 흡입요인(Pull effect)

경기침체가 주요한 배출요인이라면 경제의 호황은 타 지역에서 인구를 흡수하는 주요 흡입요인이다. 주변 지역 혹은 주변국에 비하여 경제 발전이 빠르게 진행되는 경우 주변 지역 및 주변국에서 이주민이 유입되는 경험을 하게 된다. 앞서 지적했듯이 라틴아메리카에서 진행된 도시화는 산업화와 함께 성장하는 도시 지역에 대거 이주민들이 유입되면서 생겨난 현상이다. 뿐만 아니라 라틴아메리카 지역 내에서도 경제가 불안하거나 취약한 국가에서 상대적으로 경제가 발전된 국가로 인구가 유입되는 현상을 자주 볼 수 있다. 대표적인 예로 중미국가들의 주민들이 멕시코로 이주하는 것과 볼리비아 및 페루 국민들이 이웃국가인 칠레, 아르헨티나 및 브라질에서 이주노동자의 삶을 살아가는 것을 들 수 있다.

두 번째 흡입요인은 바로 세계화이다. 세계화로 인하여 이제 거주지를 옮긴다는 것이 전처럼 어려운 일이 아니며, 특히 국가를 넘어 거주지를 옮기는 것조차 손쉽게 가능한 시대가 왔다. 각종 교통수단의 발달로 이주 자체가 쉬워졌을 뿐 아니라 세계화로 인하여 이주 후 겪어야 하는 문화·사회적 어려움도 상당히 완화되었다. 멕시코에서 미국으로 이주하는 이주민들의 경우 이미 미국의 각 지역에 형성된 멕시코계 이주민들의 공동체로부터 많은 도움을 받는 것으로 보고되고 있다. 뿐만 아니라 세계의 문화가 하나로 동질화되어가는 문화의 세계화 경향은 거주지의 변경을 상대적으로 수월한 일로 만들고 있다.

Ⅲ. 라틴아메리카의 도시화: 현황과 사회문제

1950년대 이후 라틴아메리카에서 전개된 산업화와 함께 급속한 도시화가 이루어졌다는 데에는 많은 이들이 동의할 것이다. 하지만 라틴아메리카 도시 형성의 역사는 식민시기로 거슬러 올라간다.

식민시기 동안 식민 정복자들은 라틴아메리카에 정착하기 위하여 도시를 건설하기 시작하였다. 이들 도시는 광물자원이 풍부한 곳 혹은 식민시기 이전에 이미 도시가 건설된 곳을 중심으로 형성되었다. 또한 브라질 지역의 경우 사탕수수 농장을 경영하기 쉬운 해변지역을 중심으로 도시들이 형성되었는데 상대적으로 브라질 내륙 지역은 식민 정복자들의 관심 밖에 있었던 탓에 도시의 성장을 경험하지 못했다.

이들 식민도시들은 광물자원의 고갈로 쇠퇴하거나 1950년대 새로운 도시화 물결 속에서 다시 성장하기도 하였다. 그럼 이제부터 라틴아메리카의 도시화 현황과 비교적 급작스런 도시화로 발생된 사회문제들을 알아보자.

1. 라틴아메리카의 도시화 현황

19세기부터 20세기 초까지 라틴아메리카의 도시화는 독립과 독립 이후 국가 형성 과정의 영향을 받았다. 하지만 이후 라틴아메리카가 원자재 수출을 통해 세계 경제에 편입된 이후부터 라틴아메리카 도시의 성장은 원자재 수출지로서 라틴아메리카의 기능을 보조하기 위한 행정 및 상업 서비스가 원활한 지역을 중심으로 이루어졌다.

이후 1930년부터 1970년대까지 라틴아메리카 도시화에 가장 결정적인 영향을 끼쳤던 요인은 수입대체산업화이다. 내수시장의 성장을 통한 경제 발전을 꾀했던 수입대체산업화 전략은 1930년대 대부분의 라틴아메리카 국가에서 채택되었으며, 그 결과 도시에 많은 일자리가 창출되었다. 도시의 발전과 함께 수입대체산업화 기간 동안 농촌의 전통적인 노동집약적 생산방식도 붕괴되어 농촌인구에 대한 노동의 수요도 감소하였다. 그 결과 많은 농촌 인구가 도시로 유입되어 도시의 성장을 가져왔다. 1925년부

<표 8> 라틴아메리카와 카리브 지역의 도시화

	인구	도시화 비율(%)
남미		
아르헨티나	41,769,726	92
볼리비아	10,118,683	67
브라질	203,429,773	87
칠레	16,888,760	89
콜롬비아	44,725,543	75
에콰도르	15,007,343	67
파라과이	6,459,058	61
페루	29,248,943	77
우루과이	3,308,535	92
베네수엘라	27,635,743	93
중미		
코스타리카	4,576,562	64
쿠바	11,087,330	75
엘살바도르	6,071,774	64
과테말라	13,824,463	49
아이티	9,719,932	52
온두라스	8,143,564	52
니카라과	5,666,301	57
파나마	3,460,462	75
도미니카공화국	9,956,648	69
북미		
멕시코	113,724,226	78

출처: CIA Factbook 2011

터 1975년의 50여 년 동안 라틴아메리카의 도시화 비율은 25%에서 61.2%로 증가하였으며 2000년에 이르러서는 라틴아메리카 전체 인구의 75.3%의 인구가 도시에 거주하고 있다. 그 결과 <표 8>에서 볼 수 있듯이 대부분의 라틴아메리카 국가들에서 상당히 높은 도시화 비율을 확인할 수 있다.

하지만 라틴아메리카 국가들 간에 도시화에 상당한 차이를 보이는 것도 사실이다. 인구의 92%가 도시 지역에 거주하는 우루과이가 있는가하면 인구의 절반에 못 미치는 49%가 도시에 사는 과테말라와 같은 국가도 있다. 라틴아메리카의 4대 강국인 아르헨티나, 칠레, 브라질, 멕시코의 경우 각각 92%, 89%, 87% 그리고 78%의 높은 도시화 비율을 보이고 있는 반면 중미의 국가들은 대부분 절반 정도의 낮은 도시화율을 나타내고 있다.

이러한 지역적 차이에도 불구하고 라틴아메리카의 도시화는 계속 진행될 것으로 예상되며, 2015년 도시에 사는 라틴아메리카 인구는 2005년의 도시거주인구보다 7천5백만 명 정도 늘어날 것이라고 한다. 이미 도시화된 국가들의 도시화도 꾸준히 계속되겠지만 지금까지 상대적으로 도시화의 정도가 낮은 국가들의 도시화는 더욱 빠르게 진행될 것으로 예상된다. 라틴아메리카의 거대 도시들의 중요성은 줄어들지 않고 있지만, 최근 중소도시의 성장도 괄목할 만하다. 오히려 높은 인구성장률을 보이는 도시들은 전통적인 대도시들이 아니라 최근 국가의 국토발전정책을 통해 지목된 중소도시들이다. 일례로 멕시코는 최근 수십 년 동안 국내관광산업의 육성을 위해 노력해왔다. 그 결과 북태평양 해안선, 바하캘리포니아 반도, 유카탄 반도 주변의 도시들이 빠른 인구성장률을 보이고 있는데, 특히 세계적인 휴양지로 알려진 칸쿤과 코스멜 주변의 성장은 놀라울 정도이며 유카탄 반도의 관광 산업의 영향을 받은 킨타나루의 인구성장률은 멕시코에서 가장 높은 것으로 나타났다.

라틴아메리카 중소도시의 성장에 영향을 끼친 것은 비단 라틴아메리카 각국의 국토발전 노력만은 아니다. 1990년대 라틴아메리카는 수입대체산업화를 포기하고 수출중심의 경제발전을 추구하기 시작하였고, 이를 위해 새로운 발전의 중심지가 필요하게 되었다. 수출중심의 경제 발전 전략은 국가의 시장 개입을 줄이고 시장의 보이지 않는 손을 통해 나라 발전을 이룰 수 있다는 믿음에 기반을 두고 있다. 그 결과 막대한 정부의 지원과 계획의 결과물이었던 거대도시들이 쇠퇴하고 자유무역지대를 중심으로 중소도시들이 성장하였다. 이들 도시들은 라틴아메리카의 시장 개방을 통해 지역에 유입된 해외 자본들이 선호하는 지역들로 거대 도시들이 갖고 있는 다양한 문화·사회적 혜택은 주지 못하지만 작은 규모로 인해 자유무역지대로 선정되기 쉽다는 장점이 있으며 다국적 기업들이 정치적인 부담감을 가질 필요가 없다는 점 또한 장점으로 작용한다.

2. 라틴아메리카 도시화의 문제점들

라틴아메리카의 빠른 도시화가 가져온 문제점을 가장 잘 보여주는 예는 라틴아메리카 대부분의 거대도시에서 찾아볼 수 있는 빈민촌이다. 라틴아메리카의 도시들은 1950년대부터 일어난 집중적인 도시화를 견뎌낼 수 있는 충분한 기반을 갖고 있지 못했다. 특히 주택시장은 폭발적인 수요를 감당할 수 없었을 뿐 아니라 시 정부들은 새로이 유입되는 주민들을 위해 필요한 주택정책을 내놓지 못했다. 1950년부터 1960년대 사이 멕시코시티에만 백만 명이 넘는 인구가 유입되었다. 1980년대 이르러 멕시코시티의 인구는 350만 명이 더 늘어났고, 2000년에 멕시코시티의 인구는 600만 명이 더 늘어났다. 급작스런 인구유입을 감당할 수 있는 사회기반시설, 주택, 도시계획은 모두 부족했고, 그 결과 주민들은 스스로 주택문제를 해결하고 나섰는데, 이러한 노력의 결과물이 오늘날 멕시코, 칠레, 아르헨티나, 브라질 등 라틴아메리카의 모든 국가에서 만나는 빈민촌이다.

대부분의 라틴아메리카 국가들에서 인구의 1/3 정도가 빈민촌의 간이 건물에서 기초생활수준 이하의 삶을 영위하고 있는 것으로 조사되고 있다. 멕시코시티 인구의 약 60%가 빈민촌에 거주하는 것으로 알려져 있는데 50여 년 전 농촌에서 멕시코시티로 이주해온 이주민들이 세운 빈민촌이었던 네찰코아틀은 이제 인구 200만이 거주하는 도시가 되었다. 물론 빈민촌이 오로지 정부의 무능과 부패의 상징만은 아니다. 빈민촌의 주민들이 빈민촌의 삶을 극복하고 중산층으로 성장하거나 혹은 빈민촌의 판잣집을 점점 개조하여 어엿한 주택 촌으로 만들어가는 과정은 대도시 주변의 빈민촌이 보여주는 질긴 생명력과 창의성을 보여준다. 하지만 그럼에도 불구하고 앞에서 지적했듯이 빈민촌의 빈곤은 엄연히 존재하는 사회문제이다.

라틴아메리카 도시들이 빈곤의 문제에 직면해 있다는 것이, 즉 라틴아메리카 도시들의 빈곤이 농촌의 빈곤보다 심각하다는 뜻은 아니다. 사실 농촌의 빈곤이 도시의 빈곤보다 심각하며 그 때문에 많은 농촌 인구가 도시로 이주하고 있다. 하지만 도시 빈민의 숫자가 농촌 빈민의 숫자보다 크며, 도시의 빈곤문제는 농촌의 빈곤문제와는 다른 성격을 띤다.

무엇보다 도시 빈민들은 농촌의 빈민들에 비해 시장경제에 더 깊숙이 편입되어 있다. 즉 스스로 농사를 지어 식량과 그밖의 생필품들을 해결하는 자급자족의 경제를 유지하는 농촌의 빈민들에 비해 도시 빈민들은 자신들의 노동력을 팔아 대부분의 생필품을 구매한다는 뜻이다. 그 결과 도시빈민들은 농촌의 빈민들에 비해 각종 물가 인상에 민감하다. 뿐만 아니라 도시의 빈민층의 일자리는 거시경제의 부침에 직접적인 영향을 받는다. 결론적으로 도시 빈민들의 삶이 농촌 빈민들의 삶보다 더 불안정하고, 그 결과 도시 빈민들의 사회네트워크는 농촌 빈민들의 그것보다 더 취약하다. 취약한 사회네트워크는 종종 높은 범죄율의 원인으로 지목된다.

빈곤 외에도 라틴아메리카의 대도시들이 해결해야 할 또 다른 문제는 바로 환경오염이다. 빠른 도시화의 과정은 적절한 환경 보호 및 규제를 동반하지 않았다. 그 결과 많은 라틴아메리카의 대도시들은 대기오염, 물 부족, 토지 오염 등 각종 환경 문제에 봉착하였다. 뿐만 아니라 도시의 팽창으로 산림이 훼손되고 하천이 오염되고 있으며, 이러한 자연환경의 훼손은 다시 도시를 각종 재해에 취약하게 한다. 세계보건기구가 정한 기준치를 초과하는 대기 오염에 노출된 인구가 전체 라틴아메리카 도시 인구의 26.5%로 보고되고 있는데 이는 전체 라틴아메리카 인구의 19%에 해당하는 약 8천1백만 명에 달한다. 이들 중 14세 이하의 어린이가 3천만 명에 달하는 것으로 보고되고 있다. 1990년대 멕시코, 칠레를 비롯한 많은 라틴 아메리카 국가들이 환경문제를 해결하기 위하여 다양한 노력을 기울여왔다. 그 결과 도시의 환경문제가 다소나마 개선되고 있다는 평가를 받고 있으나 여전히 가야 할 길이 먼 것 또한 사실이다.

IV. 국외 이주: 미국으로의 이주를 중심으로

아메리카 대륙에서 일어나는 이주의 현황에 대한 정확한 자료를 구하기는 쉽지 않다. 하지만 비교적 정확한 자료들에 의하면 지난 30여 년 동안 수백만의 인구가 고국을 떠나 인접국으로 혹은 미국으로 이주를 떠났다는 사실이다. 이러한 이주의 물결은 전혀 새로운 현상은 아니다. 하지만 학자들은 1990년대 빠르게 진행된 세계화와 함께 라틴아메리카인들의 이주 특히 역외 이주가 증가하였다고 진단한다. 특히 눈에 띄는 점은 남성에 비해 여성의 이주가 더욱 늘어났다는 점이다. 또한 이주를 희망하는 인구들의 교육수준, 도시 경험, 기술, 이주희망국에 대한 정보 등등이 모두 이전보다 더 향상되었다. 즉 이주민들은 이주를 보내는 나라들이 보유한 수준 높은 노동력인 경우가 많고, 이러한 수준 높은 노동력의 유출은 이주민을 많이 배출하는 국가들의 발전에 장기적으로 악영향을 미친다. 이제 라틴아메리카 지역에서 일어나는 이주 중 가장 대표적인 라틴아메리카와 미국 간의 이주를 살펴보자.

1. 멕시코에서 미국으로: 이주현황

미국에 거주하는 미등록undocumented 노동자들의 전부가 멕시코 출신은 아니지만, 이들의 절대 다수가 멕시코 출신인 것은 사실이며, 이를 증명이라도

하듯이 현재 미국에 거주하는 히스패닉계 인구의 2/3가 멕시코계로 추정된다.

1960년대부터 1980년대까지 멕시코 인구 이동의 대부분을 차지하는 것은 농촌지역으로부터 도시지역으로의 국가 내 이주였다. 하지만 1990년대에 들어서면서 멕시코에서 미국으로의 이주는 급증하였다. 특히 1994년 북미자유무역협정NAFTA의 체결은 멕시코인들의 미국으로의 이주(등록 혹은 미등록 이주를 모두 포함하여)를 증가시켰다. 이는 NAFTA의 결과 개방된 멕시코의 농업부문과 무관하지 않다. 1990년대 경제 위기와 농수산물 시장의 개방이 맞물리면서 멕시코의 농업부문은 급속도로 붕괴되었고, 많은 농민들이 농촌을 떠나 일자리를 찾아 대도시로 혹은 미국으로 이주하였다. 그 결과 1990년 430만에 달하던 미국 내 멕시코계 이주민들이 2002년 980만에 달하며 2배 이상 증가하였고, 미등록 이주민의 숫자도 1990년 200만 명에서 2002년 530만 명으로 증가했다고 추정된다.

2. 멕시코에서 미국으로: 이주의 효과

급증하는 라틴아메리카로부터 미국으로의 이주는 미국 사회는 물론 라틴아메리카 사회까지 변화시키고 있다. 이미 히스패닉계는 미국 내에서 흑인들을 넘어 가장 큰 소수인종 그룹으로 성장하였고, 동시에 멕시코 및 라틴아메리카는 젊고 유능한 인재들의 미국행으로 인해 심각한 두뇌유출을 경험하고 있다.

멕시코에서 미국으로의 대규모 이주는 두뇌 유출뿐 아니라 다른 다양한 효과를 가져온다. 무엇보다도 미국으로 이주한 멕시코계 노동자들이 고국으로 보내는 송금 액수는 멕시코 경제를 활성화시키는 여러 요소 중 하나로 꼽히기도 한다. 멕시코계 노동자들이 멕시코로 송금한 액수는 2004년 166억 달러, 2005년 200억 달러로 같은 해 관광, 제조업, 농업에서 벌어들인 외화의 액수를 넘어섰다. 미국으로부터 유입된 송금이 멕시코의 농촌 및 소도시의 경제에 끼치는 영향은 이미 상당하며, 이 자금은 멕시코 경제의 생산적인 분야에 투자되는 것으로 나타나고 있다. 특히 주택 건설, 상·하수도 건설, 학교 건설 등에 이들 자금이 활용되는 것으로 조사되었다. 멕시코 이주노동자들이 고향의 발전에 기여하는 현상을 통해 그동안 이주노동자들에 대해 멕시코 사회가 갖고 있던 선입견도 사라지고 있다. 즉 조국과 조국의 문화 및 가족을 저버린 사람들이라는 인식에서 조국과 가족을 위해 해외에서 희생하는 사람들로 재평가 받고 있다.

멕시코에서 미국으로의 대규모 이민은 멕시코 경제를 변화시킬 뿐 아니라 정치적인 주요 이슈로 자리 잡는다. 2006년 대선에서 후보로 나선 로페스 오브라도르는 멕시코의 젊은이들이 고국에서 일자리를 얻지 못하고 해외로 떠나야 하는 모순을 극복하겠다고 주장하였다. 그는 나아가 NAFTA가 가져온 고용 없는 성장의 문제점을 지적하며 대규모 미등록 이주와 NAFTA를 연결시켰다. 로페스 오브라도르는 젊은이들이 멕시코를 떠나야 하는 절망적인 상황을 극복하기 위하여 NAFTA를 전면 재검토해야 한다고 주장하였다. 비록 2006년 대선에서 로페스 오브라도르가 승리하지는 못했지만 그의 주장은 멕시코 사회에 상당한 파장을 불러일으켰다. 특히 갈수록 심각해지는 국경지역에서의 미등록 이주자들의 사망 소식은 멕시코 정부 및 정치인들뿐 아니라 미국정부 및 정치계를 압박하는 이슈로 작용한다.

2009년 ACLU America Civil Liberty Union가 발표한 자료에 따르면 멕시코와 미국 국경 지역에서 국경을 넘으려는 멕시코인들의 총 사망자 수는 같은 해 5천 명을 넘어서며 이 숫자는 갈수록 늘어가고 있다. 특히 멕시코 외교부의 발표에 다르면 멕-미 국경에서 사망한 멕시코인들의 숫자는 1994년 28명에서 2008년 725명으로 가히 기하급수적으로 늘어나고 있다. 사망자의 숫자는 국경지역에서 허가 없이 국경을 건너는 멕시코인들의 수와 비례하여 증가한다. 하지만 ACLU는 사망자의 숫자가 기하급수적으로 늘어나는 원인을 단순히 멕시코에서 미국으로의 이주가 늘기 때문이라고 치부

해서는 안 된다고 주장한다. 이들의 주장에 따르면 1994년 이후 미국의 정책이 멕시코에서 미국으로 허가 없이 입국하는 이주자들을 더욱 외지고 위험한 국경지역으로 몰아가기 때문이라고 주장한다. 즉 대규모의 미등록 혹은 미허가 월경 행위가 일어나는 원인을 해결하기보다는 이들 이주민들이 건너올 수 있는 길목만을 차단하는 데에 급급한 미국의 정책은 이주민들이 국경수비대의 눈을 피해 더욱 험하고 외진 위험한 지형을 선택하도록 만들며, 그 결과 점점 더 많은 멕시코인들이 국경을 건너다 사망하게 되었다는 것이다. 따라서 ACLU는 미국 정부의 인도적인 국경정책을 요구할 뿐 아니라 멕시코 정부 또한 수많은 젊은이들이 국경을 건너게 만드는 사회문제들을 해결할 것을 촉구하고 나섰다.

V. 결 론

자본주의의 3대 요소는 자본, 상품, 노동이다. 이 장에서는 라틴아메리카의 노동이 이동하는 현상을 도시화와 해외이주라는 두 가지 테마로 살펴보았다. 도시화와 해외이주는 본질적으로 노동의 이동이라는 측면에서 그 배출요인과 흡입요인을 공유한다. 도시화와 해외이주의 차이라면 도시화는 한 국가의 국경 안에서 이루어지는 데 반해 해외이주는 노동의 이동이 국경을 허락을 받거나 혹은 허락 없이 이동하는 행위를 포함한다.

라틴아메리카는 앞에서 살펴본 바와 같이 지난 수십 년간 빠른 도시화를 경험하였고, 각 라틴아메리카의 도시들은 이렇듯 급속도로 전개된 도시화의 긍정적 혹은 부정적 영향들을 잘 소화해낼 만한 사회기반을 마련하지 못했었다. 그 결과 라틴아메리카의 대도시를 중심으로 빈곤, 실업, 환경오염과 같은 사회문제들이 나타나기도 하였다. 물론 1990년대 이후 라틴아메리카의 각국들은 이러한 도시화의 문제를 해결하기 위해 다양한 노력을 경주하였고, 그 결과 최근 도시문제들이 완화되는 모습을 보여주고 있다. 하지만 아직도 환경오염과 같은 문제들이 상존하고 있음은 물론이고 근본적으로 빈곤과 불평등의 문제를 해결하지 않는 한 도시의 문제도 잔존할 것이다.

도시화와 함께 해외이주 또한 최근 라틴아메리카의 주요 사회이슈이다. 특히 라틴아메리카 국가들로부터 미국으로의 대량 이주는 라틴아메리카뿐 아니라 미국사회까지 변화시키는 요인으로 작용하고 있다. 이 장에서는 대표적으로 미국에의 이주를 경험하는 멕시코의 사례를 통해 해외이주의 원인, 그리고 이주를 통해 생겨나는 여러 가지 결과들을 살펴보았다. 특히 최근 이슈가 되고 있는 불법 혹은 미등록 이주자들의 문제를 면밀히 고찰함으로써 우리 사회가 겪고 있는 이주민 현상도 고찰할 기회를 얻을 수 있을 것이다. 세계화와 함께 소멸되거나 희미해지는 국경현상으로서 이주의 문제를 고민하는 라틴아메리카의 사례는 한국이 직면하고 있는 현실과 그리 멀지 않기 때문이다.

참고문헌

Cerrutti, Marcela and Rodolfo Bertoncello(2003), *Urbanization and Internal Migration Patters in Latin America*. Paper prepared for Conference on African Migration in Comparative Perspective, Johannesburg, South Africa.

Gilbert, Alan(1998), *The Latin American City*. the Latin American Bureau: London.

Hellman, Judith Edler(2006), "Give or Take Ten Million" in *Latin American After Neoliberalism*. (ed.) Eric Hershberg and Fred Rosen. The New Press: New York. 213 – 231.

Roberts, Bryan(1995), *The Making of Citizens: Cities of Peasants Revisited*. Arnold: New York.

Smith, Betty E(2010), "Population and Urbanization in Latin American and Caribbean", Geographicshe Rundschau Internatinonal Edition Vol. 6(3): 30 – 34.

Part 9
라틴아메리카 정치의 전통

I. 외부에서 유입된 봉건적 전통

콜럼버스가 처음으로 신대륙에 발을 디딘 이후 수십 년에 걸쳐 라틴아메리카 지역이 스페인과 포르투갈에 의해 정복되었다. 이러한 정복은 이후 전 세계로 확대된 유럽팽창주의와 식민주의가 시작되는 것을 의미했다. 라틴아메리카는 스페인과 포르투갈의 정복으로 인해 전 세계 대륙 중에서 유럽을 제외하고 가장 먼저 서구화된 대륙이 되었다.

라틴아메리카가 정복된 시기는 유럽에서는 봉건시대의 말기에 해당된다. 라틴아메리카에 존재했던 마야, 잉카, 아즈텍 등의 대규모 고대사회들은 매우 강한 위계질서 속에서 귀족 중심의 엘리트가 지배하던 정치체제였다. 이 시기에 스페인에서는 그라나다를 정복하여 이베리아 반도 내에서 무어인들을 몰아냈고, 이를 통해 가톨릭교회의 지위가 더욱 더 공고해졌다. 또한 스페인은 이베리아 반도를 통일하여 정치적 통합을 이룩했고, 보다 철저한 가톨릭 국가가 되고자 노력했다. 이러한 노력은 종교재판을 통해 이교도들을 개종시키거나 아니면 철저히 추방해 내는 방식으로 나타났다.

마찬가지로 스페인이 라틴아메리카를 정복하고 식민지를 건설하는 과정에서도 이런 모습이 나타났다. 정복과 함께 원주민들을 개종시키든지 아니면 이들을 없애는 방법 두 가지 중 하나였으며 이교도에 대한 관용은 없었다. 콜럼버스가 새로운 항로를 개척하도록 한 실질적인 동기는 새로운 무역로를 개척하는 것이었지만, 신대륙 정복의 명분은 이교도들을 가톨릭으로 만드는 것이었기 때문이다.

라틴아메리카에 봉건제도가 가장 먼저 이식될 수밖에 없었던 배경에는 스페인의 정치적 상황이 있다. 스페인 왕실은 스페인의 통일 과정에 참여한 귀족과 기사들에게 공로를 세운 대가로 하사할 땅이 필요했고 이는 통일 후 스페인의 정치안정에 절대적으로 중요한 사안 중 하나였다. 아메리카 대륙을 정복하면서 스페인 왕실은 신대륙의 땅과 원주민 노동자를 스페인의 중·하위 귀족들에게 하사함으로써 그들로부터 충성을 받아내고 왕권에 도전하는 것을 방지할 수 있었다. 15세기 말 카스티야의 이사벨 여왕과 아라곤의 페르난도 국왕의 결혼과 이베리아 반도에서의 무어인 추방을 통해 새롭게 통일된 에스파냐는 유럽의 어느 국가보다도 권위주의적이고 절대주의적이며, 중앙집권적이고 가부장적인 특징을 지녔다. 이러한 특성들은 스페인 식민지 체제를 통해 신세계로 그대로 유입되었다.

16세기 라틴아메리카의 정치권력은 스페인 국왕에서 직접적으로 권력을 부여받은 부왕virrey과 총독capitán general을 거쳐 지방의 대지주들로 내려가는 방식이었다. 여기에서 부왕이나 총독 아래에 교회, 군대, 엘리트(귀족) 등 주요협력세력이자 기득권층이 뒤따랐다. 이들은 자신들만의 전통과 원칙들을 가지고 있었고, 각 세력이 스페인 국왕에게 직접 충성을 맹세하고 종교, 군사, 경제 등 서로 다른 영역을 담당하였다. 이러한 형태는 식민모국인 스페인과의 거리때문에 관리가 쉽지 않았지만 식민지 내에서 서로 견제하고 조화를 이루도록 함으로써 유지가 가능했다.

중앙집권주의centralismo는 라틴아메리카 원주민들의 전통 속에도 존재했지만 스페인 식민지시대를 통해 더욱 더 강화되었다. 스페인과 포르투갈은 식민지 내의 최고위직들을 모두 본국에서 임명하는 형태로 파견하고 식민지의 세세한 부분까지 통치하려고 하였다. 식민지시대 동안 라틴아메리카는 식민모국의 직접적인 영향을 끊임없이 받았으며, 식민지 말기에는 스페인 왕실의 개혁을 통해 스페인의 지배가 더욱 더 강화되기도 했다. 이러한 중앙집권주의 경향은 라틴아메리카 지역 역사발전의 틀을 형성하고, 그 결과 라틴아메리카 사람들은 정치나 경제적인 문제가 발생하면 이를 자율적으로 해결하기보다는 국가와 정부에 의존하는 경향이 크게 나타난다. 역사적 시기에 따라 중앙집권주의는 강화되기도 하고 약화되기도 하지만, 식민지 시대와 독립 직후 라틴아메리카에서 국가들이 새롭게 수립되던 시기, 그리고 권위주의적 군부정권기에 특히 강하게 나타났다. 또 라틴아메리카에서 볼 수 있는 강력한 대통령 중심주의도 이러한 중앙집권주의가 나타나는 한 형태이라고 할 수 있다.

권위주의authoritarianism 또한 스페인의 중세 정치이론, 성서와 중세 가톨릭교리 등에서 비롯된 것이다. 이것은 라틴아메리카처럼 광활하고 텅 빈 것 같지만, 때로는 혼란스러운 지역을 다스리기 위해서 필요한 것으로 인식되었다.

라틴아메리카 사회는 위계적이고 수직적인 모습뿐만 아니라 수평적인 형태로도 형성되었다. 군, 교회, 대학, 관료와 같은 그룹들이 수평적으로 형성되었고, 근현대에 와서는 기업가그룹, 노조, 농민, 여성, 원주민 등 다양한 그룹이 포함되었다. 코포라티즘corporatism은 라틴아메리카 국가들이 하나의 국민으로 완전히 통합되는 것을 방해하는 요소로 작용했다.

식민지 경험을 통해 라틴아메리카에 이식된 정치문화이자 분석관점이기도 한 '코포라티즘'은 경제적 이익들이 국가가 통제할 수 있는 위계적이고 기능적인 범주로 조직화되는 정치시스템을 말한다. 즉, 각 국가들 내에서 주요기관과 이익집단들은 배타적이고 독점적으로 자신들의 이익을 누리기 위해 집권정부의 승인을 필요로 한다. 따라서 이익집단은 집권정부를 지지하고 그 댓가로 집권정부의 승인을 통해 자신들의 이익을 보장받는 구조를 형성하는 것이다. 이렇게 집권정부는 모든 공식적인 세력과 조직들을 종속시키게 된다. 이러한 조합주의는 라틴아메리카에서 독특하게 나타나는데, 1960년대와 1970년대의 군사권위주의 정권기에서 더욱 더 강화되어 나타났다. 특히 브라질, 칠레, 페루와 아르헨티나의 정책들은 민족주의적, 국가주의적이고, 가부장적이고 조합주의적인 것이었다. 1980년대 말에 이 국가들이 민주화되었지만 조합주의적 정책과 사회경제적 제도는 여전히 존재한다.

라틴아메리카 사회는 상호 의무, 수혜, 보호의 원칙 속에서 작동되었다. 어느 한 사람이 좋은 직장이나 지위를 가지고 있다면 이러한 직장과 지위를 자신의 가족이나 친구들을 돌보는 데 사용하는 것이 당연하게 인식되어진다. 즉, 일자리나 특혜, 혹은 정부계약 등은 그런 사회 및 친인척관계에 대한 보호와 돌봄의 차원에서 이루어지는 것이었다. 초기의 가산제 patrimonialism13) 는 토지소유자가 자신의 농민들을 보호하는 하나의 의무로서 인식되었다. 대토지소유자들은 농민들에게 음식, 의류, 의약 그리고 도덕교육 등을 제공하고 농민들로 부터는 노동과 충성을 제공받았다. 현대에 와서 이러한 관계는 정부권력을 지지하는 대가로 전체 정부기관과 프로그램을 특정가문이나 단일그룹에게 넘겨주는 형태로 나타난다.

라틴아메리카에서 엘리트주의, 위계, 권위주의, 코포라티즘, 그리고 가산제와 같은 봉건적 정치문화들은 스페인과 포르투갈의 300여 년에 달하는 식민시대를 통해 깊게 뿌리내리게 된다. 새로운 민주주의와 공화주의가 라틴아메리카의 독립과 함께 라틴아메리카 정치문화에 유입되었지만, 위계적이고 권위적인 정치 문화는 여전히 지속되었다.

---

13) 가산제(家産制)의 의미는 가부장제도 속에서 아들과 종속자에게 일정한 토지와 가재도구를 할당하여 줌으로써 가(家)의 권력을 분산적으로 유지하려는 지배구조를 말한다. 그러나 라틴아메리카에서는 그 지배구조가 가족에게만 한정되는 것이 아니라 대농장이나 소규모 지역사회까지 확대된다.

Ⅱ. 식민시대의 유산

1820년대에 이루어진 라틴아메리카의 독립은 식민시대와 완전히 단절된 것은 아니었다. '크리오요criollo'라고 불리던 라틴아메리카에서 태어난 백인들이 독립의 중심세력이었고, 이들이 이후 독립 국가를 각 지역에서 수립하게 된다. 그러나 독립전쟁은 라틴아메리카 사회를 완전히 바꾸어 놓은 것이 아니라 스페인 왕실 권력만 부분적으로 제거되고 나머지 사회 구조는 엘리트 중심의 위계적 구조로 유지되기는 마찬가지였다.

라틴아메리카 독립의 배경은 매우 다양하다. 이 배경은 독립 이후 라틴아메리카 엘리트 사회에 영향을 주는 요소들이 상당부분 포함되어 있다. 라틴아메리카의 독립은 1789년 프랑스 혁명과 미국독립혁명의 연장선상에 있는 것으로도 볼 수 있다. 라틴아메리카의 독립을 전후한 시기에 유럽으로부터 벤담Jeremy Bentham:1748~1832의 공리주의와 낭만적 자유주의가 유입되었다. 유럽에서는 이 사상을 지지했던 사람들은 이미 양적으로 확대되고 있었던 중간계급이었지만, 라틴아메리카에서는 중간계급은 매우 소수였고, 이들의 지도력은 미약했다. 이들을 대신하여 라틴아메리카에서 독립을 이끈 주역은 라틴아메리카에서 태어난 유럽인으로 일정한 계급의 식을 공유하고 있었던 크리오요였다. 식민시대 동안 스페인 왕실은 식민지를 경영하기위한 행정제도를 수립했고, 이를 직접 관리하기 위해 스페인 왕실에서 직접 부왕이나 총독 등의 최고위직 관료들을 임명하였다. 그러나 크리오요들은 유럽인의 혈통을 유지하고 식민지에서 중요한 역할들을 수행했지만, 식민지 내 행정의 최고위직까지 오르지는 못했다. 따라서 이들은 정치권력을 갖지 못하는 현실에 대해 언제나 불만을 가지고 있었다.

1808년 나폴레옹이 스페인을 정복하고 그의 형을 스페인 황제로 등극시키자 식민지의 크리오요들은 그를 인정하지 않고 정통성 있는 왕권이 복위되기를 기다렸다. 이후 합법적으로 등장한 왕에게 자신들의 개혁안들을 제안하지만 거부당하면서 독립전쟁이 촉발되게 된다.

아르헨티나와 멕시코에서 일어난 최초의 폭동부터 시작하여 역사에 남을 만한 중요한 독립전쟁은 약 5년간 지속되었다. 독립 이후 라틴아메리카 신생공화국의 크리오요들은 새로운 국가건설과 독립을 유지하는 것이 최대관건이었다. 각 신생공화국들은 최고 권력을 둘러싸고 혼란과 무질서, 그리고 분열의 가능성을 가지고 있었다. 식민지에서 스페인 국왕세력이 제거되었다는 것은 유일한 통합과 권력의 중심이 사라졌다는 것을 의미하는 것이었다.

독립과 함께 라틴아메리카에서는 유럽으로 돌아가지 않은 백인과 크리오요들이 서로 권력을 차지하기 위해 겨루기 시작했지만, 여전히 원주민과 흑인들은 제외되었다. 독립 이후에도 식민시대의 권력구조는 거의 유사하게 남았다. 스페인과 포르투갈 식민지 시대에는 가톨릭교회, 백인과 크리오요 엘리트, 스페인 왕실세력이 가장 중심이었다. 독립 후 가톨릭교회 세력과 대토지를 소유한 크리오요를 포함한 백인들은 여전히 중요한 두 개의 중심축을 이루고 있었다. 페닌술라레스가 사라진 라틴아메리카에서는 토지와 농민, 그리고 경제력을 가지고 있었던 크리오요의 사회적 영향력이 크게 확대되었다. 따라서 권력구조에서의 변화는 상층부의 변화만 있었을 뿐 사회전반으로까지 확산되지는 않았다.

스페인과 포르투갈 왕실의 빈자리를 메운 것은 독립전쟁을 이끈 군대였다. 스페인의 군대는 일부 식민지 중심지역에만 소수로 주둔하고 있었으므로 실제 독립을 위한 전투는 제한적인 지역에서만 벌어졌다. 그럼에도 몇몇 중요한 독립운동을 이끈 인물들이 등장했다. 베네수엘라에서 스페인에 대항하여 오랜 투쟁을 수행했던 시몬 볼리바르Simon Bolivar는 콜롬비아와 에콰도르를 해방시켰다. 산마르틴은 부에노스아이레스에서 스페인군을 물리치고 안데스를 넘어 칠레에서도 스페인세력을 몰아냈다. 남아메리카에서는 아야쿠초Ayacucho전투가 남아메리카 독립전쟁을 위한 전투의 마지막을 장식했다. 멕시코에서도 수차례의 폭동이 있었지만, 결국 1821년에서야 독립을 쟁취할 수 있었다. 스페인의 식민체제와 행정은 카라카스, 부에노스아이레스, 산티아고, 보고타, 키토, 리마 그리고 멕시코시티 등에 고도로 집중되어 있었기 때문에 이들 도시가 해방되자 주로 행정적 인가를 통해 나머지 지역도 해방될 수 있었다.

브라질은 스페인 식민지와는 상당히 달랐다. 나폴레옹이 포르투갈을 점령했을 때, 포르투갈 왕실은 영국 왕실의 도움으로 수도를 리우데자네이루로 임시로 옮기게 된다. 프랑스가 포르투갈에서 철수한 이후 포르투갈 왕실은 다시 리스본으로 되돌아갔지만, 왕자 동페드루를 브라질에 잔류시켰다. 이후 왕위를 잇기 위해 포르투갈 왕실이 동페드루에게 귀환을 요청했지만, 동페드루는 브라질에 남아 독립을 선언한다. 따라서 브라질 첫 독립 국가는 공화국이 아니라 군주국으로 출범하게 된다.

Ⅲ. 라틴아메리카의 오래된 세력

스페인 식민지에서 벗어난 지역에서는 20여 년간에 걸친 간헐적이고도 지속적인 싸움을 통해 크리오요들과 그들의 소작농들은 군대경험을 가지게 되었으며 이들 중 상당수는 스스로 장군이라고 명명하기도 했다. 독립 전쟁 이후 군대는 교회, 대농장주와 함께 스페인 왕실을 대신하는 핵심세력 중 하나로 부상했고 나머지 사회의 위계는 그대로 유지되었다.

1. 가톨릭교회

라틴아메리카 정치에서 교회는 매우 오랜 세력이자 중요한 세력이다. 스페인이 라틴아메리카를 정복하겠다는 명분도 원주민을 가톨릭으로 개종시키겠다는 것이었다. 이러한 명분을 뒷받침하기 위해 식민 초기에 로마 교황청은 스페인과 포르투갈 왕실에 가톨릭을 보호하고 원주민을 개종시키는 조건으로 라틴아메리카 교회의 성직자들을 임명할 수 있는 권한을 부여했다. 이 권한에는 성직자 임명뿐만 아니라 교구의 설립, 십일조 징수에 대한 권한이 포함되었다. 라틴아메리카 교회는 식민 초기부터 로마교황청보다는 스페인과 포르투갈 왕실의 직접적인 영향력 아래 있었기 때문에 식민지 행정과 밀접한 관련이 있었고 상당히 정치적인 성향을 띠고 식민지 내에서 지대한 영향력을 행사했다. 가톨릭교회는 특유의 위계적 질서를 강조하여 식민지배가 매우 수직적이고 보수적으로 구축되는 데 많은 영향을 주었다. 교회는 언제나 식민지 확대의 선두에 있었기 때문에 식민지 영토와 경제적, 행정적 조직을 확대하는 스페인 왕실의 대리인과 같은 역할을 수행하기도 했다.

물론 식민시대 동안 라틴아메리카에서 가톨릭교회는 정치적으로 부여되었던 세속적인 역할뿐만 아니라 가톨릭교회 본연의 종교적 역할도 수행해야 했다. 가톨릭교회와 식민지 정부 사이에는 원주민 보호에 관한 견해차이가 존재하기는 했지만, 대체로 가톨릭 가치에 토대를 둔 식민지 건설이라는 큰 틀에서는 같은 입장이었기 때문에 서로 긴밀하게 협력하였다. 가톨릭교회는 원주민과 식민지사회에 대한 정신적 지배를 통해 식민지배체제의 구축과 유지에 중요한 역할을 수행하였다. 대신, 가톨릭교회는 대토지와 농장을 소유할 수 있었고, 일반적인 대농장과는 달리 세금 면제의 혜택을 누렸다. 또 대학을 설립하고 운영함으로써 식민지 내 엘리트 교육을 담당하였다. 1538년 교황 바오로 3세의 칙령을 통해 도미니카에 현재의 산토도밍고 대학Universidad Autónoma de Santo Domingo이 설립된 이래, 식민지 내 주요 도시들에 대학이 설립되었다. 이러한 대학교육은 가톨릭교회 내의 도미니크회와 예수회 같은 수도회가 담당하였는데, 가톨릭 전파를 위한 성직자를 양성하거나 식민지 통치를 위한 지도자들의 양성, 지배계층의 자녀들을 교육하는 것이 주된 목적이었다. 이와 같이 가톨릭교회의 역할이 세속사회와 깊게 연관되어 있었기 때문에 도덕적인 역할의 측면에서 많은 혼란이 초래되었고, 결국에는 정치적 영향력이 도덕적 정당성을 만들어 내게 되었다.

이러한 상황은 독립 초기에도 크게 변화가 없었다. 오히려 교회가 스페인 왕실의 영향력에서 자유로워지자, 새로운 정치체제 속에서 가톨릭교회가 가지고 있던 행정적 기능을 앞세워서 국가를 교회의 영향력 아래에 두고자 했다. 그러나 독립국가가 수립되면서 국가가 최고의 권력을 가져야 하고 교회가 누리는 특혜와 권한이 축소되어야 한다는 주장이 강하게 대두되면서 반교권운동으로까지 이어졌다.

교회-국가의 관계를 다시 설정하는 문제는 19세기 동안 라틴아메리카 대부분의 국가에서 주요 논쟁거리였다. 자유주의자들이 강력히 지지했던 반교권운동에는 성직제도의 개혁, 국가에 의한 교회재산의 정리, 교회 세속권의 국가인수, 국가와 교회의 분리, 교회의 정치참여금지 등이 포함되어 있었다. 19세기 말에는 교회가 수행해왔던 교육 역할도 국가가 기초교육을 담당하면서 큰 변화를 맞기도 했다. 교육 분야의 개혁으로 서민들도 기초교육에 대한 기회를 조금은 가질 수 있게 되었지만 다른 분야에서는 그렇지 못했다. 국가가 몰수한 교회의 재산과 권한은 권력을 가진 다른 소수집단들oligarquía이 다시 차지했기 때문이었다.

가톨릭교회의 역할은 20세기에 들어 크게 변화하게 된다. 독립 후 보수세력의 영향력이 지속적으로 감소되었고 새로운 산업가와 도시노동자 계층이 성장하고, 원주민의 저항이 증가하는 등의 변화는 전통적인 가톨릭교회의 영향력에 의문을 제기할 수 있는 상황이었다.

멕시코 혁명 이후 1917년 헌법은 강한 반성직적인 내용을 포함하고 있었다. 성직자 수를 제한하고, 교회가 운영하는 학교와 수도회를 폐쇄하는 것, 외국인 성직자와 일부 주교의 추방, 일상생활에서 사제의복 착용금지,

교회재산의 국유화 등 매우 강력한 내용을 포함하고 있었다. 이에 반발하여 교회는 3년 동안 세례, 고해성사, 결혼식, 장례식 등과 같은 종교의례를 실시하지 않는다고 선언했다. '크리스테로스cristeros'라고 불리는 가톨릭 성직자들은 농민게릴라들과 함께 1926년에서 1929년 사이에 무장봉기를 일으키기도 했지만 정부군에 의해 완전히 진압되었다. 이후 국가는 교회와의 관계에서 확실한 우위에 놓이게 되었고 가톨릭교회는 초·중등교육과 일반교육, 그리고 농민과 노동자에 대한 교육은 담당할 수 없게 되었다. 하지만 1940년대부터 1979년까지 사립학교가 급속도로 늘어났는데, 멕시코 전체 학생 수 1700만 명 중 150만 명 정도가 사립학교 학생들이었고 사립학교의 절반 이상이 가톨릭교회가 운영하는 학교였다. 법으로는 금지되어 있었지만, 멕시코의 가톨릭학교들은 융통성이 있으며 정부에 수용 가능한 형태를 유지하고자 노력했다. 또한 집권정당도 가능한 한 많은 이익그룹을 만족시켜야 했기 때문에 이를 용인할 수밖에 없었다.

가톨릭교회는 1950년대 이후에 들어 라틴아메리카 사회 내에서 상당히 모호한 상황임을 스스로 인식하게 된다. 모든 국가에서 교회와 국가의 관계와는 상관없이 표면적으로는 가톨릭이 지배적인 종교였다. 가톨릭이 교육기관 등을 지원하면서 겉으로 보기에는 상당한 네트워크를 형성하고 영향력도 큰 것으로 보였지만, 내면적으로는 심각한 위기를 겪고 있었다. 신도들의 공식적인 종교행사 참여율이 낮았고, 가톨릭 교리에 대한 이해도도 낮았으며, 사제가 되려는 젊은이도 매우 적어 한 성직자가 관리해야 하는 신도들의 수가 점차 많아지는 상황이었다.

이러한 상황에서 산업화가 가속화되면서 도시가 팽창했고, 농촌에서 새롭게 도시로 이주한 사람들의 사회적 종교적인 요구를 가톨릭교회가 충족시킬 수 없었다. 개신교는 도시에 새롭게 형성되는 빈민촌을 중심으로 해당지역 주민들의 문제를 적극적으로 도우면서 많은 신자들을 확보해 나갔다. 1950년대 동안 일부 신부와 수녀들이 중심이 되어 라틴아메리카 각국의 오지와 빈민촌 등에서 적극적인 사목활동을 실시했다. 이런 경험을 바탕으로 가톨릭 교회는 사회 불평등 문제에 대한 접근법과 이를 개선하고 시정하기 위한 역할들을 새롭게 제시하게 된다. 1962년 바티칸 공의회를 통해 라틴아메리카 교회가 가난, 불평등, 정치적 억압과 같은 사회문제에 더 많은 관심을 갖는 계기로 삼는다. 페루 리마 빈민촌에서 사역활동을 하던 구스타보 구티에레스Gustavo Gutierrez 신부는 교회의 역할이 가난한 자들의 처지와 상황을 이해하고 이들이 억압받는 삶을 극복할 수 있도록 적극 도움을 주는 것이라고 주장했다.

1968년 메데인에서 개최된 주교회의에서는 극심한 빈부격차와 불평등, 무자비한 수탈과 억압에 대항하는 수단으로 '기독교 기초공동체'라는 새로운 조직이 제안되었다. 이 회의 이후 이와 함께 당시 혼란했던 라틴아메리카 상황에서 가톨릭교회의 보다 적극적이고 실천적인 교회의 역할을 강조한 '해방신학'이 구체화되는 전기를 마련하게 된다. 가톨릭의 기초공동체는 중남미 전역에서 수천 개가 만들어졌는데, 기초공동체를 통해 가난한 사람들이 스스로 사회 부정의를 인식하고 삶을 개선하기 위해서는 보다 조직적이 되어야 함을 의식화시키는 중요한 조직이었다.

그러나 해방신학은 라틴아메리카 내 경제적 부정의에 대한 분석에서 마르크스주의를 이용함으로써 급진적인 사상, 위험한 사상이라는 비판을 받기도 했다. 또한 기독교 기초공동체 운동은 가난한 민중들을 의식화하고 조직화함으로써 기존의 시민사회와 권력구조에 도전하는 위협적인 존재로 간주하기도 했다. 1970년대와 1980년대 동안 해방신학Teología de la liberación의 등장으로 가톨릭교회는 기득권층과 안정적인 관계를 유지하려는 성직자들과 민중의 편에 서려는 성직자들 사이의 갈등이 각 국가 내 정치적 상황과 맞물려 상당한 갈등을 겪었다. 특히 중미국가들에서는 군사독재 정부로부터 진보적인 성향의 성직자들이 많은 박해를 받았으며, 테러의 희생자가 되기도 했다.

가톨릭교회는 라틴아메리카에서 인권지킴이의 역할을 할 뿐만 아니라 갖가지 사회 내 분쟁을 조정하는 역할을 하기도 한다. 1994년 멕시코 사파티스타 혁명 이후 멕시코 정부와 사파티스타 사이의 분쟁에 대한 중재, 1996년 페루의 후지모리 정부시절 일본대사관을 투팍 아마루^{Tupac Amaru} 게릴라 반군들과의 인질석방을 위한 중재, 2008년 콜롬비아무장혁명군 FARC로부터 콜롬비아 여성정치인 잉그리드 베탕쿠르의 석방을 중재한 일 등을 예로 들 수 있다.

현재 라틴아메리카의 가톨릭교회는 정기적으로 국내문제에 대한 분석자료를 발표하고, 문제의 해결방법을 일반적 관점에서 제시한다. 이러한 활동은 충분히 사회적 기능이지만, 정치적 상황에서 중립을 기하기 위한 교회의 도덕적 기능으로 정의하기도 한다.

2. 대농장주

라틴아메리카 사회에서 가톨릭교회만큼이나 오래된 세력은 대토지소유자들이다. 이들은 농업인구에서 매우 낮은 비율을 차지하지만, 상당한 재력과 사회적 특권, 그리고 정치적 영향력을 가지고 있는 그룹이다. 코스타리카와 파라과이를 제외한 모든 지역에서 식민시대 동안 대토지소유자들이 성장했다. 라틴아메리카의 대토지 소유제는 스페인 왕실이 라틴아메리카의 방대한 영토를 관리하기 위한 방편의 하나로 만들었던 '엔코미엔다^{encomienda}'제도에서 시작되었다. 엔코미엔다는 일정한 토지와 그 지역에 살고 있는 원주민 노동력을 위탁관리자인 '엔코멘데로^{encomendero}'에게 양도하는 제도였다. 엔코멘데로는 원주민 노동력을 이용하여 토지를 경작하고 해당지역을 관리하는 권한을 가진다. 대신 원주민들에게 의식주를 제공하고 보호하며, 교회를 통해 원주민을 개종시키고 수확의 일부를 스페인 왕실에 세금으로 낸다. 처음에는 엔코미엔다가 상속될 수 있는 것이 아니었지만, 점차 세습할 수 있는 봉건영지의 성격을 띠게 되었다.

토지는 스페인 왕실 소유였고 대농장주들이 이를 위탁 관리하는 것이었지만 독립과 함께 이 토지들의 소유권은 이를 관리하던 사람들에게로 자동으로 넘어갔다. 독립 이후 새 정부가 교회의 토지와 재산을 몰수하였고, 교회가 소유하던 토지는 다시 권력을 가지고 있던 대농장주들에게 넘어갔다. 이로써 대농장주는 보다 더 큰 세력과 특권들을 가지게 되었다. 19세기 동안 라틴아메리카의 대농장은 엔코미엔다와 유사한 형태를 이루고 있었다. 지역마다 아시엔다hacienda, 파젠다fazenda, 에스탄시아estancia 등 다양한 용어로 불리던 대농장은 대농장 소유주와 대농장에서 일을 하는 농민의 관계가 기초가 된다. 대농장주와 농민의 관계는 고용주와 노동자의 관계가 아니라 이 농민들은 빚을 갚기 위해 일을 하는 채무노동을 하는 노동자의 신분과 같았다. 즉, 토지가 없거나 소규모 토지를 가진 농민들이 대농장에서 살고 그곳에서 일을 하면서 일정한 수입을 제공받는 형태였다. 이런 관계는 경제적인 후견인과 수혜자의 관계에서 출발하지만, 대농장주가 정치적으로 세력을 필요로 할 때는 이들을 자신의 세력기반으로 삼았다. 또한 대농장주는 농민들과의 관계에서 대부-대자의 관계를 맺으면서 종교적, 정신적인 관계로도 연결되어 개인적으로 친밀한 관계를 형성하기도 했다. 이러한 관계는 라틴아메리카 정치문화에서 매우 특징적인 후견주의clientelismo의 토대가 된다.

독립초기에는 정치적 권력을 갖기 위해 대농장주들이 농민들을 사병조직으로 활용하면서 지방과 전국적 단위로 세력을 확대시켜나갔다. 이 과정에서 각 지역의 주민들은 생계를 유지하기 위해 지역 토호cacique를 추종할 수밖에 없었다. 각 지역의 토호들은 마을이나 공동체의 우두머리를 의미한다. 독립 이후에는 지역공동체를 통제하는 강력한 권력을 지닌 자를 뜻했다. 토호의 권력은 대농장을 소유하고 있으면서 이 농장에서 살아가는 농민이나 소작농과의 관계를 통해 갖는 전통적 권력과 개인적인 카리스마에서 비롯되었다. 이들은 독립 이후 자신들의 이익을 수호하기 위해 다른 대농장주들과 대립과 반목, 혹은 제휴하면서 세력을 규합하기 시작했다. 이는 19세기 동안 상당한 정치적 혼란을 야기했고 이들의 세력이 상당하여 중앙정부가 이를 통제하기 힘들었다. 각 지역에서는 이 혼란을 틈타 규합한 지역 세력과 사병조직을 거느린 강력한 까우디요caudillo가 등장했고, 이것은 라틴아메리카 까우디요체제caudillismo와 권위주의체제의 모체가 된다.

특히 독립 이후 19세기 동안 대농장주들이 권력을 장악하는 과정에서 나타난 다양한 양상들은 오늘날까지도 라틴아메리카 정치문화 속에 그 잔재가 남아 있다. 특히 특정인을 중심으로 정치세력이 규합하는 개인추종주의personalismo, 토호주의caciquismo, 까우디요체제caudillismo, 후견주의clientelismo, 후견-피후견관계patrón-cliente 등은 그 시작이 대토지소유에서 비롯된 것으로 볼 수 있다.

20세기 전후 라틴아메리카가 산업화 되고 도시가 성장했지만, 그 변화가 전통적인 농촌사회까지 미치지는 못했다. 전통적 토지소유구조의 개혁에 대한 사회적 요구가 강해지면서 라틴아메리카 여러 국가들에서 혁명이 발생했다. 멕시코나 볼리비아와 같은 국가들에서는 혁명 이후 토지개혁이 실시되어 대농장주들의 영향력을 어느 정도 감소시켰지만, 토지소유가 소수에게 집중되는 문제를 근원적으로 해결하지는 못했다. 페루에서는 1968년 군사혁명 이후 토지개혁이 이루어졌지만, 고산지역에서는 실패하여 정부가 이를 다시 사유화하는 과정을 겪었다. 또 칠레에서는 1960년대에서 70년대 초반까지 토지개혁이 진행되었지만 피노체트 군사정부가 들어서면서 다시 많은 토지가 전 소유자들에게 되돌아갔다. 20세기에 라틴아메리카에서 취해진 다양한 형태의 토지개혁들은 그다지 성공을 거두지 못했다. 그러나 대농장주들의 세력을 약화시키는 데는 상당한 영향을 주었다.

라틴아메리카에서 산업화가 진행되고 사회가 다변화됨에 따라 일부 대토지 소유자들은 새로운 기회를 모색하기도 했다. 아르헨티나의 20세기 경제발전은 새로운 변화를 적극적으로 수용하고자 했던 대농장주들의 부가 바탕이 된 것이었다. 이들은 스스로를 후퇴하는 귀족이 아니라 토지를 가진 엘리트라고 인식했다. 산업화의 과정에서 대농장주들은 자신들이 부를 증대시키고 기술과 경영을 개선하여 보다 현대화된 기업을 갖고자 했다. 따라서 다양한 분야에 투자를 하면서 새로운 경제 분야로 영역을 확대하려고 시도했던 대농장주들은 새로운 경제엘리트로 변모하기도 했다.

라틴아메리카에서 대농장주는 전통적으로 경제, 사회적으로 최고의 가치를 가진 집단으로 인식되었지만 사회의 다원화와 산업화가 증대되면서 점차 그 중요성은 감소되고 있다. 하지만 각 지역에서 그들은 여전히 무시할 수 없는 영향력을 지니고 있다.

3. 군

라틴아메리카에서는 독립전쟁기간 동안 부유한 크리오요뿐만 아니라 성직자나 낮은 신분출신 등 다양한 개인들이 이끄는 군대가 등장했다. 군대 내의 장교들은 군사학교 출신이 아니라 스스로 장교가 되었거나 다른 군사 지도자들이 임명하여 등장하게 된 것이다. 대부분의 장교들이 별도의 군사 훈련을 받지 못했기 때문에 오늘날 우리가 생각할 수 있는 전문적인 군사집단은 아니었다.

특히 독립전쟁 당시 크리오요 출신으로 군사력을 갖춘 까우디요caudillo들이 앞장선 이래 그들은 지속적으로 중요한 세력으로 자리 잡았다. 까우디요체제caudillismo는 스페인령 아메리카의 독립 직후 거의 모든 지역에서 등장한 독재적인 권력을 행사하는 강력한 지도자, 즉 까우디요Caudillo에 의한 권위주의적 통치체제를 뜻한다. 그 형태는 지역과 국가별로 다양하게 나타났다. 까우디요체제는 독립 이후 오늘날까지 이어지고 있는 라틴아메리카 정치 특징들(카리스마적인 개인에 의한 통치, 강압적인 통치, 권력의 장악과 유지를 위한 군사력의 이용, 그리고 권력의 중앙집중화 등)의 원형이 되었다.

독립 이후 각 국가들에서는 정부군 창설이 가장 우선적인 과제 중 하나였다. 아르헨티나와 멕시코에서는 1830년대와 1840년대에 국립군사학교를 창설했는데 이러한 군사학교의 목표는 장교의 자격을 갖추도록 훈련하여 군대에 전문성을 도입하는 것이었다. 이렇게 라틴아메리카에서 독립 국가들이 가장 먼저 군대를 창설하게 된 데는 여러 가지 이유가 있었다. 우선 라틴아메리카의 지리적인 특성상 산악과 사막 등이 많아 전 지역을 통치하기에 어려움을 겪었다. 특히 식민 시대부터 지속되어 온 반봉건체제는 지역주의regionalismo와 개인추종주의personalismo를 형성하여 각 지역에서 정치권력을 장악하기 위한 혼란이 거듭되었다. 이러한 상황은 라틴아메리카 각 국가들이 군대를 창설하고 강화시키도록 만들었다.

그러나 초창기의 정부군은 다른 사병조직으로부터 상당한 도전을 받았다. 19세기 초반, 갓 독립한 국가들의 통합이 제대로 이루어지지 않은 상황이었고, 지역 대농장주들이나 사병조직을 거느린 까우디요에 의해 지배되는 경우가 많았다. 사병화 된 군대는 까우디요들의 이익이나 권력을 유지하기 위해 정적들에게는 극도로 호전적인 성향을 보였다. 이렇게 19세기 라틴아메리카는 까우디요의 시대라고 할 정도로 사병화 된 군대가 정치에 미친 영향이 상당히 컸다. 지역마다 차이가 있기는 하지만 멕시코, 페루, 볼리비아와 같이 식민지의 중심이 되었던 지역에서는 쿠데타를 통해 군대가 정치에 자주 개입하였고, 이로 인해 민간정부의 통치가 지속되기 힘들었다. 그리고 과테말라, 파라과이, 베네수엘라 등에서는 특정 까우디요의 독재정권이 수립되어 20세기 초반까지 정권을 유지하는 경우도 있었다.

건국 초기에 설립된 군사학교는 정규 장교를 배출하는 데 비교적 성공을 거두었다. 1950년대에 들어서는 장군이 되려면 장교가 된 지 약 20여 년의 경력을 거쳐야 가능하게 되었다. 군사학교의 교육이 전문화 과정을 거치면서 군대 경력은 고도의 군사기술을 연마하는 데 집중되었다. 반면 군대가 정치적 문제에 대해 관심을 갖는 것을 배척하는 경향이 강했다. 또한 민간인이 군대에 대한 통제권을 갖는다는 인식이 일반적이었다. 이런 인식이 형성되는 데는 19세기 말부터 라틴아메리카 국가들의 군이 외국인 군사고문관으로부터 받은 교육의 영향이 컸다. 당시의 군사교육은 유럽 국가들로부터 영향을 받았다. 아르헨티나, 칠레에서는 영국인 고문관이, 페루에서는 프랑스인 고문관이 교육을 담당하고 해군의 경우는 영국이 담당하여 어느 정도의 전문화를 이루었다. 군사교육은 젊은 장교들에게 군인으로서의 직업적 도덕관을 고취시켰으며 군이 정치에 참여하지 않는다는 내용도 포함되었다. 또한 군대 관료조직이 점차 복잡해지면서 과거의 까우디요와 같이 강력한 카리스마를 가진 개인의 등장을 점차 어렵게 했다. 군대의 전문화 모델은 서구 유럽과 미국에서 수입된 것이지만 라틴아메리카에서는 뿌리내리지 못하고 군대의 정치적 영향력은 지속되었다.

1950년대 말에서 1960년대 초반, 라틴아메리카 군대의 역할은 변화되었다. 중국, 베트남, 알제리 그리고 쿠바에서 게릴라혁명이 성공함으로써 군대의 역할에 반란진압과 국내 질서유지도 포함된다고 인식하기 시작했다. 라틴아메리카 군대는 민간인들을 도와 학교, 도로를 비롯한 다양한 공공 프로젝트에 참여할 책임을 가지기 시작했으며 과거의 군과 비교할 때 정치에 더 많이 관여하기 시작했다. 군사적 기술은 민간인들이 수행하는 경영, 행정, 국가건설 등과 분리되거나 서로 별개의 것으로 인식되지 않았다. 또한 군대는 국가에 혼란을 일으킬 가능성이 있는 당면한 문제를 해결하는 데 도움을 줄 수 있는 정치적 역할의 수행까지 기대되기도 했다. 즉, 활동하는 게릴라들을 진압하는 것뿐만 아니라 소요를 방지하기 위해 필요한 사회경제개혁이 채택되도록 관여하기도 했다. 따라서 라틴아메리카의 군은 상당기간 동안 정치에 더 많이 개입하게 되었고, 이러한 과정의 결과가 '관료적 권위주의autoritarismo-burocrático' 체제로 나타났다. 아르헨티나, 브라질 그리고 칠레와 같이 군사정부의 새로운 형태는 군대가 민간인보다 더 잘 통치할 수 있다는 가정을 바탕으로 특정 인물에 의한 것이 아니라 군대라는 기관 전체에 의한 통치였다. 관료적 권위주의는 군부, 관료, 그리고 일부 비즈니스 공동체 간의 제휴를 바탕으로 하여 군이 반드시 필요하다고 생각하는 다양한 정치적, 기술 관료적(전문적) 목표를 달성하기 위한 체제다. 이러한 목표에는 특히 공산주의와 같은 급진주의를 척결하여 정치적 안정을 찾는 것과 빈곤을 퇴치하기 위해 경제를 정상적인 궤도에 올려놓는 것까지를 포함하였다. 이 시기는 상당히 억압적이고 인권침해가 심했던 시기다. 1970년대 말, 선거를 통해 일부 국가들에서 군사 정부 대신 민간인 정부가 들어서게 된 경우에도 실제로는 민간인 특정집단과 군사집단 일부가 서로 제휴를 맺은 경우가 많았다. 또 군장교가 사임을 하고 선거에 출마하여 대통령이 되면서 군부의 강력한 지지를 받고 집권하는 사례들도 있었다. 이렇게 군부가 집권하게 되는 것은 군의 지지뿐만 아니라 민간인들의 지원도 동반된 것이다.

라틴아메리카에서 군대의 역할은 크게 국가방어 역할과 정치적 역할로 나누어 볼 수 있다. 우선 방어역할의 측면에서 19세기에는 새로운 국가수립, 보호, 강화라는 측면이 강조되었다. 그러나 20세기에 들어서 국가 방어의 임무와 함께 군대의 직업화, 전문화도 점차 강조되었다. 특히 이 시기 군대의 방어역할이 중요했던 것은 식민시대의 부왕령이나 총독령 등의 경계선이 명확하지 않아 독립국가의 국경선이 명확하지 않았기 때문이다. 또한 앞서 언급한 자연적인 경계, 그리고 국경지역 인구의 희소성 등으로 인해 인접 국가와의 분쟁이 잦아 군대의 국경수호 역할이 매우 중요하게 인식됐다. 국경으로 인한 라틴아메리카 역내 국가 사이의 분쟁은 에콰도르와 페루의 경우처럼 현재까지도 간헐적으로 일어나고 있다.

정치적으로는 19세기 중반 이후 까우디요 정치는 점차 독립적인 정치적 역할을 수행하기 시작했다. 1940년대에 들어서면서 군의 정치적 역할은 보다 가시화되었는데, 중간계층의 편에서 개혁주의를 지지하거나 엘리트를 위한 정부의 현상유지를 지지했다. 1960년대에 군은 각국의 상황에 따라 개혁적인 정치행위자 혹은 반정부적 정치행위자로 변신하여 군사 쿠데타를 통해 정권을 장악하기도 했다. 이 시기에 군의 정치적 역할은 지속적으로 정치, 경제 불안을 거듭해 온 민간정부에 대한 대안으로 인식되기도 했다. 군대의 역할을 정리해 보면, 19세기와 20세기 초반 군대의 직업주의는 대외 방어라는 측면에 비중을 두었다. 그러나 제2차 대전 이후의 새로운 직업주의는 국내질서와 안보의 유지라는 측면에 더 비중을 두어왔다.

1980년대 동안 라틴아메리카 국가들에서 군사정부의 민정이양이 이루어졌음에도 불구하고 아직 군부의 정치적 영향력은 크다. 민정이양 이후 군대는 자치 기구화하는 경향이 나타나기 시작했다. 그리고 점차 쿠데타를 통한 정치 개입은 가급적 피하는 경향이 나타난다. 이는 과거 군부권위주의 정권의 정책오류들이 군대의 이미지와 정치적 입지에 직접적인 해를 가져다주는 것으로 인식되었기 때문이다. 이것은 과거 군사정권에 대한 평가가 군의 사기를 저하시켜 군의 단결성과 자신감을 상당히 저하시켰음을 의미한다. 또한 군의 인식의 변화와 함께 과거에 흔히 사용되었던 공산세력으로부터의 위협과 같은 이데올로기는 더 이상의 유용성을 지니지 않게 된 사실도 군의 정치개입 구실을 약화시키는 결과를 가져왔다.

참고문헌

임상래 외(2004), 『중남미사회와 문화』, 부산외국어대학교 출판부.

김우택 외(2003), 『라틴 아메리카의 역사와 문화』, 도서출판 소화.

민만식 – 권문술(1987), 『전환기의 라틴아메리카: 정치적 상황과 국제관계』, 탐구당.

Wiarda, Howard J. and Kline, Harvey f.(eds.)(1996), *Latin American Politics and Development*, Westview press.

Wiarda, Howard J.(1995), *Latin American Politics*, Belmont: Wadsworth Publishing.

Kingstone, Peter R.(2006), *Readings in Latin American Politics: Challenges to Democratization*, Houghton Mifflin Company.

Skidmore, Thomas E. and Smith, Peter E.(2005), *Modern Latin America*, 6th edition, Oxford Univ. press.

Hopkins, Jack W.(ed.)(1998), *Latin America: Perspectives on a Region*, Holmes & Meier.

Part 10
포퓰리즘에서 민주화까지

Ⅰ. 포퓰리즘

멕시코에서는 혁명을 통해 수립된 단일정당으로 사회 세력들을 통합하려 하였지만, 다수의 국가에서는 노동자 집단을 복수 정당 제도에 통합시키려고 했다. 1930년대는 라틴아메리카 발전에 있어서 결정적인 갈림길이었다. 선거, 쿠데타 혹은 반란 등에 의하여 기존의 정부는 무너지고 새 국가지도자들은 산업화를 중심으로 하는 새로운 경제발전 모델로 눈을 돌리기 시작하였다. 근대화의 속도는 각 국가들마다 달랐지만, 변화에 대한 압력을 증대시키는 새로운 세력이 등장하면서 사회구조에 상당한 변화를 가져왔다.

대공황이 가져다 준 충격은 1차 산품의 수출에만 의존하던 라틴아메리카 경제체제를 근원적으로 변화시킬 필요성을 인식하게 해주었다. '수입대체산업화'라는 새로운 발전방식으로 예전까지 수입되고 있었던 공산품을 국내에서 생산하도록 유도하는 것이었다. 라틴 아메리카 지도자들은 수입대체산업화가 일자리를 만들어 내고 외국에 대한 의존도를 낮출 수 있을 것으로 판단했다. 더 나아가 이를 라틴 아메리카의 무한한 잠재능력과 현대적 사회로 나아가기 위한 변화의 증거이자 진보의 상징으로 여겼다.

수입대체산업화는 급속한 경제적 근대화와 함께 라틴 아메리카의 사회구조, 생활수준의 향상, 그리고 대중들의 기대에도 변화를 가져왔다. 산업화는 이미 그 수가 상당히 증가하고 있던 중산층을 더욱 더 확대시켰고 그 지위를 향상시켰다. 또한 도시 노동자 계급을 출현시켰다. 이들이 노동조합을 결성하면서 정당과의 협상력을 높일 수 있었고, 이들의 지지가 정치가들의 집권을 위한 중요한 바탕을 이루게 되면서 라틴아메리카의 새로운 정치행위자로 등장했다.

아르헨티나와 브라질에서는 이러한 도시 노동자에게 친화적인 정책을 내세우면서 이들의 지지를 바탕으로 정치지도자의 권력을 강화했던 정권이 있다. 아르헨티나의 환 도밍고 페론Juan Domingo Perón과 브라질의 제툴리우 바르가스Getulio Vargas가 대표적인 사례다. 페론은 아르헨티나 역사상 가장 오랫동안 집권했고(1946~1955, 1973~1974), 아르헨티나 정치인 중 가장 유명하다. 그는 에바 두아르테와 결혼한 다음 해인 1946년 사회정의와 자립경제를 기치로 내걸고 대통령에 당선되었다. '아르헨티나 노동총연맹CGT, Confederación General del Trabajo de la República Argentina'이라는 거대 노동조합을 설립하고, 기업을 국유화하였으며, 사회보장제도를 확충하면서 도시노동자들의 강력한 지지를 얻었다. 페론은 노동자들로부터 인기를 얻는 대신, 가톨릭교회와 군과는 사이가 좋지 못했다. 그는 노동자세력의 지지로 대통령에 재임하지만, 1955년 군사쿠데타로 권력을 상실하고 파라과이로 망명하게 된다. 망명기간 동안 페론은 극좌세력뿐만 아니라 극우 및 보수 세력도 동시에 지원했다. 이러한 이중적인 태도는 이후 페론을 지지하는 세력들 중 좌익 페론주의자들과 환 페론, 그리고 우익페론주의자들 사이의 심각한 갈등을 야기하는 요인이 되었다. 페론은 좌·우파의 갈등과 정치폭력이 심각하던 1973년에 재집권했지만 다음해 사망했다. 부통령이었던 세 번째 부인인 이사벨 페론이 대통령직을 승계했으나 1976년 군사쿠데타로 실각하고, 강력한 군사권위주의 정권이 탄생하게 되었다.

'포퓰리즘populismo'이라고 불리는 '페론주의'는 매년 임금의 20%가량을 인상하고 과도한 사회보장정책을 폄으로써 아르헨티나의 경제를 파탄으로 빠뜨린 주범이라는 평가를 받기도 한다. 그렇지만 어떤 학자들은 페론

집권기였던 1949년에서 1974년까지의 시기가 아르헨티나 역사상 가장 눈부신 발전을 한 시기였다고 평가한다. 이 기간 동안 국민총생산은 127%가 성장했고, 개인소득은 232%가 증가했다. 또 모든 기간산업을 국유화하고, 많은 산업투자를 단행하여 아르헨티나가 농업국가에서 공업화를 이루는데 매우 중요한 시기였다. 또한 이 시기 동안 이루어졌던 재분배는 극빈층이었던 국민의 60%가 전체 국가소득의 33%를 분배받을 정도로 역사상 유례없는 대규모 부의 재분배였다. 이러한 과정들은 페론정부에 대한 지방토호들과 해외자본가들의 불만을 야기했고, 결과적으로 군부가 쿠데타를 일으키게 만들었다.

브라질의 제툴리우 바르가스Getúlio Dornelles Vargas는 1930년에서 1945년까지 15년간 집권한 후에도 1951년부터 1954년까지 다시 대통령에 집권하면서 전체주의적 독재 권력을 휘두른 것으로 유명하다. 1930년 대통령선거에서 낙선한 뒤, 같은 해 10월 히우그란지두술 주의 군인들이 일으킨 쿠데타에 힘입어 임시대통령에 올랐다. 1934년 대통령에 정식으로 선출된 후 1937년 선거전이 과열되면서 나타난 정국불안을 이유로 친정부 쿠데타를 일으켰다. 이후 '새로운 체제Estado Nobo'라는 전체주의적 헌법을 선포하고 의회를 해산하였으며 강력한 중앙집권적 독재정치를 실행했다. 1930년대 제툴리우 바르가스Getúlio Vargas 통치 시기에는 보수진영의 브라질 통합주의 운동과 진보진영의 민족해방동맹 사이의 대립이 계속되었다. 바르가스 정권은 1943년 신노동법을 통해 전국 단위의 노동조합이나 주 단위의 노동조합을 금지하고 대신 지방에서도 공장과 산업체별 노동조합의 구성을 허용했다. 바르가스 정부의 정책에 협조적인 노동조합에 대해서는 합법적으로 승인하였고, 그렇지 않은 노동조직에 대해서는 심한 탄압과 통제를 가했다.

브라질에서 강력한 권위주의체제는 당시 2차 세계대전 직전 국제적 불안이 가중되고 있던 상황에서 정당화되었다. 브라질은 바르가스 이전에는 느슨한 형태의 연방 국가였지만, 그가 집권한 이후 연방정부의 권한이 강화되었다. 바르가스 정부는 2차 대전에서 연합국 측의 승리가 확실시 되어가자 자국 내 외국인기업의 활동을 제한하기 위한 조치로 반독점법을 발표했다. 이 법은 외국자본의 유입이 경제발전을 위해 필요하다고 생각하고 있었던 자유 입법주의자들과 군 장교, 그리고 각 주의 정치지도자들의 반발을 샀다. 좌파 쪽으로 기울고 있었던 당시 바르가스는 노조, 인민주의자, 트로츠키주의자 등으로부터 강력한 지지를 받았다. 결국 양 세력의 대립이 첨예해지던 1945년 10월 군부에 의해 해임되었다. 1951년 바르가스는 온건한 정책을 제시하면서 대통령에 선출되었다. 재집권한 바르가스는 전임 대통령이 거의 중단시킨 것이나 다름없었던 경제발전계획을 지속하는 것을 최우선으로 두고 전문성을 지닌 젊은 관료들을 기용하였다. 그러나 바르가스가 실제로 추구한 경제정책은 외국인기업의 이윤을 경감시키고 브라질국영석유회사Petrobras를 설립하여 석유탐사와 생산을 국가가 독점하는 정책을 취해 상당히 민족주의적인 측면을 보였다. 그러나 재집권한 시기의 경제는 높은 인플레이션과 무역수지적자, 그리고 미국 차관 도입에 대한 불투명한 전망으로 인해 좌익과 우익 진영의 바르가스를 반대하는 세력으로부터 심각한 공격을 받았다. 결국 바르가스는 대통령 경호책임자가 바르가스를 신랄하게 비판하던 한 인기 작가의 암살을 시도하다가 그를 경호하던 공군장교를 사망케 하는 사건으로 퇴임을 요구받게 되었다. 그 사건에 휘말리게 된 바르가스는 자살을 선택함으로써 비극적으로 생을 마감했다.

페론과 바르가스 모두 노동조합조직을 창설하고 노동자들이 정부의 지침과 통제 아래 통합되는 후원제도와 같은 관례적인 방법을 적용하여 이들의 지지를 받았다. 멕시코의 정당이라는 제도적인 틀과는 달리, 아르헨티나와 브라질은 주로 개개인 지도자의 지도력에 의존했다. 페론과 바르가스의 중앙 집권적이고 권위주의적인 통치 체제에 의한 상황의 악화는, 지도자들이 권력을 내놓은 다음에도 더 복잡해져만 갔다.

칠레, 멕시코, 아르헨티나와 달리 산업화와 근대화의 진행 정도가 낮았던 나라들은 상대적으로 도시 노동자 계급을 동원하는 것이 어려웠다. 대신 이들 국가에서는 노동자들을 흡수하기보다는 노동운동을 강하게 탄압하는 정책을 더 많이 사용했다. 풀헨시오 바티스타Fulgencio Batista, 도미니카 공화국의 라파엘 트루히요Rafael Trujillo, 아이티의 프랑소와 뒤발리에François Duvalier, 니카라과의 아나스타시오 소모사Anastasio Somoza Garcia, 파라과이의 알프레도 스트로에스네르Alfredo Stroessner가 대표적인 사례다. 이 시기 동안 라틴 아메리카의 일부 지도자들은 절대적 권력과 권위를 집중시키면서 가장 폭력적이며 억압적인 방법으로 오랫동안 집권했다. 이런 억압 정책은 단기적으로는 효과적으로 집권하는 데 도움이 되었지만, 결국에는 경제발전과 근대화의 속도가 가속화되면서 억압에 대한 저항과 변화를 요구받게 되었다. 하지만 정부는 더 심한 압력과 협박으로 변화를 추구하는 세력을 밀어냄으로써 사회적 발전을 크게 저해하였다.

II. 관료적 권위주의

1950년대 말부터 1960년대 말까지 상당히 축소된 것으로 보이던 라틴 아메리카 여러 국가에서 군의 정치개입은 다시 증가하여 아르헨티나, 볼리비아, 브라질, 엘살바도르, 온두라스, 니카라과, 파나마, 파라과이 페루 등에서 다양한 형태의 군사정권이 등장했다.

1959년 성공한 쿠바 혁명은 라틴아메리카 역사에서 매우 중요한 의미를 갖는다. 미국의 대라틴아메리카 외교정책은 제2의 쿠바 탄생을 막는 데 집중되었다. 미국은 정치경제적 혼란을 겪고 있는 라틴아메리카에서 경제발전이 촉진되면 공산주의 운동과 혁명의 발생을 최대한 억제할 수 있을 것이라는 논리 속에 '진보를 위한 동맹'이라는 정책을 수립했다. 볼리비아와 과테말라의 혁명세력들은 장기간 집권을 하지 못했지만 쿠바의 혁명적 지도세력들은 혁명을 공고히 했으며 완전한 사회변화를 이뤘다. 쿠바혁명은 정치경제적 혼란을 거듭하고 미국의 대중남미 개입에 대해 반감을 가지고 있던 많은 라틴아메리카 국가에서 급진세력들이 선택할 수 있는 하나의 대안으로 인식되었다. 따라서 라틴아메리카 각 국가들에서 혁명운동은 더욱 더 대담해지기 시작하였고, 이를 저지하려는 우파와의 대립이 그 어느 때보다도 심화되었다.

민간 지도자들은 강력한 대립 세력 사이에 끼게 되었다. 좌파세력은 개혁의 느린 속도에 실망하여 급진적인 변화를 요구했고, 우파세력들은 계급을 옹호하고 변화를 막기를 원했다. 양측의 대립으로 폭력수위가 높아지고 군대도 민감한 반응을 보였다. 1960년대부터 1980년대 동안 민주적으로 선출된 민간 지도자가 권력을 유지하고 있었던 콜롬비아, 코스타리카, 베네수엘라를 제외한 대부분의 라틴아메리카 국가들에서는 다시 권위주의 정권이 등장했다.

심지어는 이 기간 동안 카리브 해 지역 국가들에서도 독립 이후 나름의 서구식 의회민주주의를 유지하고 있었던 민주정부들이 위태로워지거나 권위주의 정권으로 전락하게 되었다. 이러한 정치적 위협은 세인트루시아와 자메이카까지 번졌고, 덴마크의 식민지였던 수리남을 비롯하여, 가이아나 그레나다에서도 군사 체제와 일당 독재체제 형성으로 이어졌다.

이 시기에 중앙아메리카와 남아메리카에서 일어난 군사 쿠데타는 다양한 요인들이 복합적으로 작용하여 나타난 것이었다. 가장 직접적으로는 군사정권의 지도력이 높아지면서 그들 정치폭력의 수위를 감당하기에는 역부족이라고 인식하게 되었기 때문에 쿠데타를 일으켰다. 또 일부 국가들에서는 경제적 침체가 중요한 이유였다. 많은 군사지도자들은 미국과 유사한 관점에서 경제발전의 결핍이 게릴라를 통한 반란기도와 도시 내 폭동의 요인이 된다고 판단했기 때문이다.

많은 라틴아메리카의 장교들은 브라질의 고위군사대학, 페루의 고등군사연구센터, 그리고 미국 훈련센터 같은 전문 군사교육기관에서 강도 높은 학술 및 군사교육을 받았기 때문에 군 위계를 유지하고 국가발전을 도모할 수 있는 스스로의 능력에 대한 확신이 있었다.

대중을 동원하려는 민간 지도자들의 행동은 군사적 개입을 야기했다. 시기의 차이는 있지만, 새로운 군사권위주의 정부가 출현하게 되는 브라질과 칠레의 상황은 유사했다. 두 국가 모두 군부가 선거에 의해 등장한 사회주의자 대통령을 쿠데타를 통해 실각시키고 등장하여 강력한 권위주의정권을 수립시켰다. 브라질과 칠레에서 좌파 지도자들은 지지기반을 확보하기 위해 대중들에게 개혁을 약속하며 직접적으로 호소했다. 결국 이런 행동들은 중상위 계층들에게 "아래로부터의 위협"이라는 공포를 심어주었고, 군이 쿠데타를 일으키게 하는 상황이 전개되었다.

브라질의 주앙 굴라르João Belchior Marques Goulart, 1961~196414)의 개혁정책은 경제에 대한 국가개입을 강화하는 민족주의적인 것이었다. 교육에는 브라질 전체 소득의 15%를 사용할 정도로 많은 노력을 기울였고, 조세는 다국적기업의 이익을 제한하고 브라질에 재투자되도록 했으며, 소득세도 개인이윤의 비율에 따라 조정하는 정책을 폈다. 또한 문맹자들과 낮은 계급의 군인들에게도 투표권을 부여하는 선거개혁을 실시했다. 600헥타르가 넘는 개인소유의 토지는 국가가 몰수하여 농촌 인구에 재분배하도록 했고, 도시지역에서는 주택을 2채 이상 소유한 경우는 기부를 하거나 저렴한 가격에 매각하도록 했다.

칠레의 살바도르 아옌데Salvador Allende Gossens는 집권 직후 '사회주의를 향한 칠레의 길La Vía chilena al socialismo'라는 사회주의 정책을 실행하고자 했다. 이 정책은 이미 전임 대통령 에두아르도 프레이 몬탈바가 실시해오

---

14) 일명 '장고(Jango)'로 알려져 있는 주앙 굴라르 대통령 이후 룰라 다 시우바(Luiz Inácio Lula da Silva, 2003~2011) 대통령이 등장하기 전까지 브라질에서는 단 한 번도 좌파대통령이 집권하지 않았다.

던 토지개혁을 강화하고 재분배정책을 확대하여 경제적 불평등을 해소하는 데 초점을 두고 있었다. 기업을 국유화하고 공공근로사업을 통해 일자리를 제공하여 빈곤층의 생계유지에 도움을 주고자 하였다. 그러나 아옌데 정부는 집권 전부터 심각하게 높아지고 있었던 인플레이션을 통제하고 경제를 안정화하기에는 역부족이었다. 또한 아옌데 정부의 정부예산은 적자를 면치 못했으며 외환보유고 또한 낮았다. 국내 기득권세력과 민중들 사이의 대립은 심각하게 컸으며 특히 야당과 지주, 자본가들의 반발이 거셌다. 아옌데의 경제개혁 시행여부를 묻는 국민투표가 실시되던 날, 기득권층의 지지를 받던 아우구스토 피노체트Augusto Pinochet가 군사쿠데타를 주도하여 정권을 장악했다.

게다가 이런 민간 지도자들의 큰 인기와 수많은 다른 행동들은 그것이 실제이든 아니든 군의 공동 이익에 대한 위협이 될 수 있었다. 예산 절감, 승진과 전술, 임무에 대한 결정과 같은 군의 내부 문제에 대한 간섭, 그리고 대중으로 이루어진 시민군을 무장시키려는 계획들은 군의 이익에 불리한 것처럼 보였다. 결국 브라질에서는 1964년 경제정책 조절능력의 부족, 하층계급의 동원, 군사적 계급제도에 대한 위협으로 중도파 군 장교들이 브랑코Humberto Castello Branco의 쿠데타를 지지하게 만들었다.

1964년 브라질에서 일어난 쿠데타는 새로운 형태의 군사 정부를 등장시켰다. 과거의 군사정부가 강력한 지도자 한 사람을 중심으로 권력이 형성되었던 독재체제와는 달랐다. 이 시기부터 등장하는 '관료적 권위주의' 체제는 핵심 민간기술 관료의 전문성을 바탕으로 군대기구가 통치하는 형태다. 새로운 관료적 권위주의 체제는 지속적인 사회, 정치, 경제발전의 결핍이 좌파에 의한 사회전복을 야기한다고 판단했다. 따라서 보다 향상된 전문성과 민간기술 관료를 적극 영입하여 전문적인 지식을 바탕으로 정책을 결정하는 방식으로 보다 장기적이고 제도적이며 확대된 지배체제를 수립했다.

군부지도자들은 정치와 경제에 대한 전면적인 개혁이 사회적 불안의 근원을 효과적으로 제거하는 데 필수적인 것으로 판단했다. 즉, 라틴아메리카는 경제회복을 위해 자본과 기술을 가진 외국투자자들을 유치하는 것이 반드시 필요한 것이라고 판단했다. 이러한 외국투자자들을 유치하기위해서는 외국인 기업에게 유리한 환경을 유지하고 사회적 질서를 유지할수 있는 군지도자의 역량이 중요했다. 관료적 권위주의체제는 정당과 많은 이익집단의 활동을 금지시킴으로써 무질서를 해결하고자 했고, 학생연합과 다른 대중단체들이 주로 억압대상이 되었다. 또 노동운동도 저지하여 외국 투자자들이 낮은 임금을 유지함으로써 유리한 기업 활동을 할 수있도록 만들었다. 결과적으로 대부분의 관료적 권위주의 정부는 소수 기득권층의 이익을 옹호하고 이들에 대한 도전을 막고자 했다.

Ⅲ. 브라질, 아르헨티나, 칠레의 관료적 권위주의 정권

관료적 권위주의 체제의 가장 대표적인 사례는 브라질, 아르헨티나, 칠레다. 1964년 굴라르 정부를 무너뜨린 브랑코Humberto Castello Branco는 굴라르 정부의 개혁계획으로 위협을 느낀 소수 기득권층과 핵심 중류층의 지지를 받았다. 이들은 경제적 성장을 위한 안정된 환경을 유지하기 위해 일정부분의 자유를 희생하는데 만족했고, 군사체제는 일정기간 동안 질서와 성장을 가져다주었다. 1967년까지 재임한 브랑코 장군은 경제적 안정을 정부의 최우선 정책으로 두었다. 군사정부가 영입한 유명한 경제학자이며 외교관이었던 호베르투 캄푸스Roberto Campos는 기획부 장관으로서 경제정책결정에 매우 중요한 역할을 했다. 기대했던 만큼은 아니었지만, 인플레이션이 감소되었고 정부가 유발한 경기후퇴로 수입수요도 감소하여 무역수지도 흑자를 보였다. 이들은 브라질의 주요 경제제도를 재조직했고, 은행체제를 면밀히 검토하여 중앙은행을 만들었으며, 주식시장과 공채시장도 처음으로 제도화했다. 노동법도 단순화하여 노동자들의 해고가 쉽도록 개정했고, 무역법도 단순화했다. 그러나 이러한 경제정책은 단기간에 결과가 나타나지는 않았다.

브랑코에 이은 두 번째 군사정부는 코스타 이 시우바Arturo Costa e Silva, 1967~1969 대통령이었다. 자유화를 희망했던 코스타 대통령은 1960년대와 1970년대 다른 라틴아메리카 국가의 군사정부와는 달리 반대파에게 상당한 관용을 보였다. 그러나 이런 관용은 1967년과 1968년 리우데자네이루에서 대규모 대중시위가 발생하게 하는 여지를 주었다. 1968년 11월에는 미나스 제라이스 지역에서 발생한 산업동맹파업이 상파울루 산업중심지까지 확대되었다. 강경파 군부는 이에 대한 강력한 조치를 주장했고 코스타 이 시우바 정부는 동맹 파업자들을 강력하게 탄압하기 시작했다. 이로써 권위주의 정부가 급속한 경제성장계획을 이행하기 위해 독재적 방식에 의존하는 형태가 만들어졌다.

1969년부터 브라질에는 반대파들이 도시게릴라 망을 형성하여 활동하기 시작하면서 새로운 형태의 정치폭력이 나타나기 시작했는데, 이들의 활동은 거의 4년간 지속되었다. 군사정부는 도시 게릴라의 활동을 내란으로 규정하고 더욱 더 강경하게 대응했다. 이런 상황들로 정치적 개발에 반대하는 강경파의 주장이 정당성을 얻게 되었다.

1967년 이후부터 급격한 산업화와 수출의 증대에 힘입어 브라질 경제는 곧 놀라운 성장을 보였다. 경제규모는 1950년대의 두 배로 성장했고, 1968년과 1974년 사이 연평균성장은 10%를 넘었다. 이 기간을 '브라질의 기적'이라고 부르기도 하는데, 외국인 투자가 급격히 증대했고, 브라질 경제도 강대국으로 부상하는 것처럼 보였다. 하지만 브라질 경제 프로그램이 가진 태생적 약점 때문에 경제발전에 한계를 드러낼 수밖에 없었다. 브라질은 에너지 자원을 거의 대부분 수입에 의존했다. 1973년 석유수출국기구OPEC가 급격하게 석유가격을 인상한 1차 오일쇼크 당시, 브라질 지도자들은 경제발전계획을 축소하기보다는 대규모 산업화와 발전 계획을 충실히 이행해 나가고자 했다. 정부는 에너지 가격상승부담을 외채를 통해 해결하고자 했고, 이는 정부에 큰 부담이 될 수밖에 없었다. 1970년대 후반 2차 오일쇼크는 선진국들에도 심각한 경기 침체를 야기했고 수출 시장도 함께 위축되었다. 그러나 외채의 이자율은 국가의 채무를 급격히 증가시켰고 이렇게 브라질의 기적은 끝이 났다.

경제적 상황의 악화는 브라질 내 군사체제에 대한 전면적인 반대로 나타났다. 브라질의 기적이 상당한 경제적 발전을 이룩했지만, 새롭게 창출된 부의 분배는 제대로 이루어지지 못했기 때문이었다. 또 파업과 시위를 벌였던 노동조합에 대한 가혹한 탄압도 정부에 대한 반대를 증대시키는 요인이 되었다.

관료적 권위주의 정부가 직면한 최대 위기는 1970년대와 1980년대 초반의 경제 불황 속에서 경제성장을 지속시킬 수 없는 무능함에서 비롯된 것이었다. 치솟는 물가와 정부가 감당하기 어려운 국가부채로 인해 '안정과 성장'을 위해 군부를 지지했던 중산층과 상류층의 지지마저 하락하게 되었다. 군부에 대한 반대가 사회전반으로 확대되자, 군부는 단계적으로 정치개방abertura을 허용했다. 그 결과 1985년 군부의 감시 속에서 이루어진 대통령선거에서 결국 민간인 대통령이 당선되게 된다.

아르헨티나는 20세기 전반기에 세계적으로도 괄목할만한 사회경제적 발전을 달성했음에도 상당한 경제적, 사회적 불안정을 겪어왔다. 1930년대부터 정치에 대한 군부의 간섭이 지속되었다. 혼란의 상당부분은 페론정부가 만들어 낸 페론주의peronismo의 영향 때문이었다. 환 도밍고 페론이 1955년 퇴진당한 이후, 두 번의 민간정부가 페론주의를 일소하고 경제정책을 유지하고자 했지만, 결국 페론주의정책을 부분적으로 수용하지 않을 수 없는 상황에 이르게 된다. 이는 군부와 강경한 반페론주의자들의 강력한 반발을 야기했고, 다시 아르헨티나 사회는 혼란으로 빠져들었다.

1966년 쿠데타를 통해 다시 집권한 군부는 '아르헨티나 혁명'을 선언하고 브라질과 유사한 형태의 관료적 권위주의 정권을 수립시키고자 했다. 군부정권은 아르헨티나에서 나타나고 있는 문제점을 해결하는 것보다는 문제의 발생 원인을 해결하고자 했다. 군부는 페론주의의 열렬한 지지자들이었던 학생들과 노동자들을 무력화시키고자 했지만, 이들의 노력은 실패로 돌아갔고 폭력은 증대되기만 했다. 이에 군부는 1973년에 다시 민간에게 권력을 돌려줄 수밖에 없었고, 환 도밍고 페론이 오랜 망명을 마치고 재집권하는 기회를 제공하게 된다. 그러나 페론도 1차 오일쇼크로 더욱 어려워진 경제후퇴상황을 정상화하기에는 역부족이었다. 갑작스런 그의 죽음은 부통령이자 세 번째 부인인 이사벨 페론에게 정권을 넘겨주었다. 경제위기로 인한 사회불안과 폭력사태는 지속되었다. 좌파게릴라들은 경찰과 군대를 고의로 공격하고 요인에 대한 암살을 시도하기도 했으며, 우파는 반공산주의 동맹을 결성하여 게릴라에 대응했다. 혼란이 극심해지자, 1976년 쿠데타를 통해 군부가 다시 집권하게 된다.

군부는 강력한 탄압정책과 함께 페론이 재집권하기 전까지 시행했었던 관료적 권위주의 형태의 정책을 사용하고자 했다. 호르헤 라파엘 비델라 Jorge Rafael Videla는 자신들의 집권목적이 페론시대의 무질서를 종식시키고 아르헨티나 사회를 재구성하기 위한 것이라고 선언했다. 1976년에서 1983년까지 군사정권은 테러, 조직적인 고문, 강제 실종, 정보 조작 등을 통해 반정부인사들에 대한 극단적인 탄압을 실시했다. 학생·기자·페론주의 혹은 사회주의를 추종하는 게릴라 혹은 이에 동조하는 사람들이 주요 피해자였다. 이 기간을 군부는 <국가재건 과정>이라고 부르고, 일반 아르헨티나인들은 <더러운 전쟁guerra sucia>이라고 부른다. 이 기간 동안 약 1만 명 정도의 몬토네로스15)와 인민혁명군의 게릴라가 실종됐고, 최소 9천 명

---

15) 몬토네로스(Movimiento Peronista Montonero)는 1960년대와 1970년대 아르헨티나에서 환 도밍고 페론을 지지하는 도시 게릴라 단체이다. 몬토네로스의 초기 활동 목표는 군부에 의한 "아르헨티나 혁명"정부를 불안정하게 만들고, 1956년 군부 쿠데타 이후 망명간 후안 페론이 귀환할 수 있도록 압력을 가하는 것이었다. 설립

에서 최대 3만 명에 달하는 사람이 실종되거나 살해된 것으로 추정된다.

군사위원회는 공공부문을 축소시키고 기업, 노동자, 그리고 국가의 관계를 재조정하고자 했다. 또 서구 기독교권과의 관계를 강화하고, '도덕성, 청렴성 그리고 효율성'의 가치를 강조함으로서 국민을 '재교육'하겠다고 공언했다. 군부는 노동자총연맹을 폐지하고 스포츠나 자선단체도 해체시켰다.

군사정부의 가장 심각한 문제는 경제였다. 경제장관은 신자유주의 안정화프로그램을 수행하고자 했다. 이 정책을 통해 노동자들의 실질임금이 하락했고, 금융구조개혁으로 이자율이 상승하여 기업가들은 투자를 위한 대출이 점차 어려워졌다. 상당수의 국영기업을 민영화하고 공산품의 세금을 축소했다. 그 결과 1980년에는 인플레이션을 88%까지 끌어내리는 성과를 얻었고, 군부집권 4년(1976~1979) 동안 국제수지 흑자를 달성했다. 그러나 그 다음해에는 다시 인플레이션이 100%로 치솟았고, 회사들은 거의 절반만 운영되었으며 실질임금은 1970년보다도 낮아졌다.

경제가 어려움에도 불구하고 오히려 군대의 결속이 강화되었다. 비델라 장군은 1981년 로베르토 비올라 장군에게, 비올라는 다시 다음해 레오폴도 갈티에리 장군에게 권좌를 이양했다. 군부정권의 시민사회 억압에 대한 반대와 경제정책의 실패로 인해 아르헨티나 군사지도자들은 자신들의 지배를 합리화할 수 있는 다른 방법을 모색할 필요가 있었다. 국민들의 국내문제에 대한 관심을 다른 곳으로 돌리기 위해 1982년 군부는 아르헨티나가 영국과 영유권 논쟁을 벌이고 있던 말비나스 섬Islas Malvinas 혹은 Falkland Islands을 공격했다. 그러나 아르헨티나 군부는 섬을 수호하려는 의지가 강했던 영국으로부터 패배하여 결국 퇴진당하는 계기가 되었다.

칠레에서는 쿠데타를 통해 아옌데 정부를 무너뜨리고 등장한 군부정권

초기에는 후안 페론의 지원을 받아 활동했지만, 대통령 재선 이후 페론과 결별하고 1974년 1월 정의당에서 축출됐다. 다음해 정부에 의해 반정부단체로 규정됐으며 이후 지하조직으로 활동했다. 1976년 쿠데타로 집권한 비델라 정부에 의해 완전히 해체되었다.

이 신속히 관료적 권위주의 정권수립에 착수했다. '국가재건'을 내세우고 등장한 군부는 자신들의 쿠데타가 마르크스주의와 계급투쟁의 척결, 질서회복, 경제회복을 위해 불가피한 조치라고 주장했다. 군부는 인민연합을 비롯한 아옌데 추종자들을 숙청하고 의회를 폐쇄했다. 언론을 장악하고 대학 내 좌익분자를 색출하고자 했으며 좌익 이데올로기가 포함된 서적을 소각하기도 했을 뿐만 아니라, 마르크스주의를 표방하는 정당을 불법으로 규정하고 노조활동을 전면 금지시켰다. 군부는 이런 조치들을 통해 국가에 대한 군부의 확고한 통치체제를 수립시켰다.

군부는 이러한 정치적 권력을 획득하는 것과는 달리 쿠데타 이후 실시된 점진적 경제안정화정책은 별 성과를 보이지 못했다. 이러한 상황에서 '시카고 보이스'라고 불리는 경제전문가들을 통해 급진적 경제개혁정책을 도입했다. 이들은 군사정권 내에서 빠르게 권력기반을 확보해 나갔다. '충격요법'으로 알려진 새로운 경제정책은 공공부문의 지출감소를 통해 정부의 재정적자를 축소하고 인플레이션을 억제하는 것이었다. 또 시장에 대한 정부의 개입과 통제를 감소시키고, 수요와 공급의 법칙에 의해 시장의 기능을 회복시키고자 하는 것이었다. 최종 목표는 피노체트의 말대로 '칠레를 프롤레타리아의 국가가 아니라 기업가의 국가로 만드는 것'이었다.

이를 위해 군사정부는 국영기업을 민영화하고 정부의 규제를 완화하고 자본과 시장을 대외적으로 개방하고자 했다. 그 결과 1976년부터 인플레이션이 억제되기 시작했고, 1977년부터 1981년까지 칠레 경제가 활성화되면서 '칠레경제기적'이라는 평가를 받기도 했다.

1980년 군부의 통제 속에 실시된 국민투표를 통해 신헌법 제정이 제정되었다. 이 신헌법을 통해 피노체트는 1989년까지의 대통령 임기를 보장받고, 추후 재집권 여부는 1988년 국민투표를 통해 결정한다는 내용을 골자로 하는 헌법이 가결되었다. 이 헌법이 통과되면서 피노체트 정권은 쿠데타로 집권한 군부 독재정권에서 정치적으로 강력하고 경제적으로도 성공한 권위주의 정권으로 스스로 인식하게 되었다.

그러나 1981년 하반기부터 경제위기가 나타나기 시작하면서 피노체트 정권은 불안정해지기 시작했다. 이 시기부터 수많은 기업이 도산하고, 실업이 급증했다. 대외적으로는 구리에 대한 국제시장가격이 급격하게 하락하면서 외국은행들이 칠레 금융기관들에 대한 추가지원을 중단하게 되어 경제는 더욱 더 위기상황을 맞게 되었다. 이에 피노체트 정권은 보다 실용적 성격이 강화된 좀 더 본격적인 신자유주의 경제정책을 실시하지만 부의 편중현상과 기업의 경제력 집중은 한층 더 심해졌다. 1985년 경제는 다시 회복세를 나타내지만 1983년부터 지속적으로 하락해 온 최저임금과 빈부격차의 심화는 빈곤계층의 피노체트 정권에 대한 불만을 고조시켰다. 1988년 피노체트의 재임을 묻는 국민투표에서 부결로 결정이 나면서 피노체트 정권은 끝나고, 다음 해 대통령선거를 통해 기독교민주당의 아일윈 Patricio Aylwin이 당선되어 다시 급격한 정치변동의 상황을 맞게 되었다.

브라질, 아르헨티나, 칠레를 통해 보면, 라틴아메리카에서 등장했던 관료적 권위주의 정권의 몇 가지 특징을 볼 수 있다. 첫째, 높은 수준의 관료 경력을 가지고 있는 군부, 민간관료, 거대기업의 구성원들에게 공직을 허용하고 적극 영입하는 것, 둘째, 노동자계급을 정치·경제적으로 배제하고 시민사회를 통제하는 것, 셋째, 정권의 초기단계에서 정치활동을 쇠퇴시키거나 제거하여 여러 가지 문제들을 정치적인 것이 아니라 기술적인 것으로 규정하여 정상적인 정치적 해결보다는 행정적으로 처리하고자 했다. 또 대외적으로는 IBM, 필립스, 폭스바겐과 같은 다국적기업 그리고 세계은행과 미주개발은행 등의 국제금융기구와의 연계를 강화하여 경제성장을 부활시키고자 했다.

Ⅳ. 라틴아메리카의 민주화와 과거청산

1981년에서 1983년 사이의 세계경제불황과 그에 따른 재정위기로 관료적 권위주의 정권의 한계가 드러나기 시작했다. 국내 산업가는 다국적 기업의 위협을 두려워했고, 중간계층의 지지자들은 군부가 반대세력을 강력히 탄압하는 데 대해 반발하였다. 라틴아메리카 군부는 1980년대 초반부터 자유화되는 모습을 보이기 시작했다.

관료적 권위주의의 종말은 세 가지 요인으로 촉발되었다고 볼 수 있다. 첫째, 군부는 국내 반대 여론을 진압하는 데 있어서 무자비했으며, 반대자들에 대한 극심한 인권침해를 자행했다. 당시 국제적으로도 라틴아메리카 군부는 여론의 비난을 받았지만, 국내의 반대여론은 군부가 더 이상 집권하기 어렵도록 만들었다. 특히 아르헨티나의 '오월광장의 어머니들'과 같은 단체는 군사정부의 인권유린에 대한 국제적 여론을 환기시키는 데 매우 큰 역할을 했다.

두 번째 요인은 관료적 권위주의 정권의 경제운용 능력이 그다지 좋은 성과를 거두지 못했다는 것이다. 특히 아르헨티나에서는 군부정권 이전의 민간정부의 경제운용에 대해 강하게 비판하면서 등장했지만, 자신들도 별다른 성과를 내지 못했다. 브라질의 경우는 초기에는 비교적 괄목할만한 경제성장을 잠이 이루기는 했지만, 장기적으로는 민간정부와 비교해 볼 때 확연히 구별될 정도는 아니었다. 칠레에서는 군사정부의 경제정책의 성과가 아르헨티나, 브라질과는 상당히 다른 성공을 보였다. 그러나 눈부신 칠레의 경제정책 성과가 결국은 엄청난 외채와 사회정치적 비용을 바탕으로 달성된 것이라는 비판을 받기도 했다. 결국 아르헨티나와 브라질 군부의 무능함은 군사정부의 실각으로 이어졌고, 칠레에서의 경제적 성공도 피노체트의 집권을 보장시켜주지는 못했다.

셋째 요인은 이런 군부의 무능함과 인권침해 등은 군부의 이미지 손상으로 이어졌다. 거의 모든 라틴아메리카의 군부, 특히 아르헨티나 군부의 이미지는 최악이었다. 아르헨티나 군부는 경제회복에도 실패했을 뿐만 아니라 더러운 전쟁기간 동안 국민에 대한 탄압은 충격적일 정도로 가혹했다. 이에 말비나스 전쟁(포클랜드 전쟁)을 치르면서 군부는 스스로 무능을 인식하기 시작했고, 자신들의 재집권이 불가능하다고 판단하고 스스로 권력을 민간정부로 이양하게 된다.

극심한 경제후퇴와 함께 선거에 의한 민간정부로 복귀한 이후 나타난 정치적 결과는 상당히 복잡했다. 군부는 과거 부패와 경제실정에 대한 책임이 있었지만, 아무런 처벌을 받지 않았다. 군부정권을 경험한 라틴아메리카는 민간정부가 권력을 가지고 있었지만, 군부의 무력위협으로부터 자유롭지는 못했다. 이는 독일의 베를린 장벽이 붕괴되기 전까지는 미국의 지원에 의한 군부의 정치개입이 언제라도 가능했기 때문이다.

그러나 결과적으로 1980년대와 1990년대 동안 라틴아메리카에서는 민간정부의 통치 아래 전례 없는 정치적 안정을 누렸다. 아르헨티나의 라울 알폰신은 1989년 까를로스 메넴에게 권력을 이양했는데, 이는 20세기 들어 처음으로 야당에게 평화적으로 정권을 넘겨준 사례였다. 또 다른 결과는 까를로스 메넴과 페루의 알베르토 후지모리가 재임할 수 있도록 헌법 개정이 이루어지게 되었다. 1990년대까지는 대부분의 대통령들이 군부에 의해 강제로 축출되지 않도록 지속적으로 경계했다.

한편으로는 군사 정권시기에 이루어진 극심한 반정부인사 탄압과 인권침해에 대한 사실파악 및 책임자를 처벌하라는 요구가 강하게 제기되었다. 아르헨티나에서는 1983년 군부종식 이후 오월광장의 어머니회를 비롯한 많은 NGO들은 새 대통령 라울 알폰신에게 군사정권이 저지른 인권침해 상황을 조사하자고 주장했다. 이에 알폰신은 국내외 유명인사 10명으로 '실종자들에 관한 국가위원회'라는 명칭의 진실위원회를 구성하고 대통령 직속기구로 설치했다. 이 위원회는 1983년부터 2년 동안 1976년에서

1983년까지 군사정권기의 인권침해에 대한 조사를 펴고 그 결과물로 '눈까마스Nunca Más'라는 보고서를 출판했다. 이러한 과정을 통해 군사정권을 이끌었던 호르헤 비델라Jorge Videla는 법정에서 납치 고문 등의 혐의로 무기징역을 선고받았다. 그러나 90년 메넴 대통령의 사면령에 의해 비델라를 비롯해 형을 선고받은 370여 명의 군부 고위 관계자들은 모두 석방되고 이들 세력에 대한 단죄의지는 약화됐다. 이에 따라 '5월 광장 어머니회' 등 군부의 범죄를 규명하고 처벌할 것을 요구해온 시민단체의 투쟁은 계속돼왔다. 군정관련 피해자가족들과 인권단체들의 지속적인 노력으로 2003년 5월에 취임한 키르츠네르 대통령은 군사정권의 잔재 청산을 천명하고 사면된 군 장성들의 재수감을 단행했다. 대통령의 과거청산 의지와 국민여론을 의식한 아르헨 법원은 군부 집권 당시 고문과 납치, 유괴 등 반인륜적인 범죄를 저지른 군 고위 장성들을 사면한 대통령령이 위헌이라며 현재 생존해 있는 3명의 퇴역 장성들을 재수감하라고 판결하기에 이른 것이다.

칠레에서는 국민투표로 피노체트의 재집권이 거부된 후 아일윈Patricio Aylwin 정부가 탄생했지만 여전히 피노체트의 영향력에서 벗어나기 힘든 상태였다. 피노체트는 대통령에서 물러나는 대신, 1997년까지 군 총사령관직을 유지하고 동시에 전임 대통령 자격으로 종신상원의원직을 맡기로 했기 때문이었다. 군부는 정권을 민간에 넘기기 전에 이미 군 수뇌부의 해임권을 최고통치자인 대통령이 행사할 수 없도록 명문화하고 4년 임기를 보장했다. 피노체트 추종자들인 군 수뇌부는 개헌을 쉽게 할 수 없도록 종신 상원의원 제도를 신설, 정치권까지 장악하게 된 것이다.

그러나 군부정권 시기에 대한 진실규명과 과거청산을 외쳤던 아일윈, 프레이, 라고스 등 민간 출신 대통령들은 막강한 군부의 견제에 막혀 피해자들이 만족할 만한 수준의 과거청산에는 성공하지 못했다. 실질적인 군정피해자였던 여성대통령 이첼 바첼렛Michelle Bachelet이 취임하면서 막강한 군부 세력을 약화시키고 더 늦기 전에 누구도 이루지 못했던 진정한 과거청산을 이루겠다는 강한 의지를 보였다. 2006년 피노체트의 사망으로 과거청산 과정은 급속도로 진행되었다.

그 외에도 부패한 대통령에 대한 처벌도 이루어졌다.

1992년 브라질의 콜로르Fernando Collor de Mello 대통령과 1993년 베네수엘라의 페레스Carlos Andrés Pérez의 부패 스캔들은 의회에서 거론되면서 이들을 대통령직에서 물러나도록 하라는 압력을 거세게 받기도 했다. 그 결과 콜로르 대통령은 부정과 부패혐의로 국회 조사를 받다가 사임을 발표했으며, 페레스 대통령은 예산을 착복한 혐의로 대통령출신으로는 처음으로 기소되어 실형을 선고받았다. 콜롬비아의 에르네스토 삼페르Ernesto Samper Pizano 대통령은 선거운동 당시 마약카르텔로부터 지원을 받은 혐의로 기소되기도 했다. 이런 여러 사례들은 라틴아메리카가 권위주의 정권에서 벗어나 민주화되고 있는 모습으로 인식되었다.

민주적인 민간정부로 복귀되면서 가혹한 독재정부에 시달리고 있던 사회로부터 열렬한 환영을 받았고, 국민들의 기대 또한 컸다. 하지만 경제적 상황이 악화되고 있던 때와 함께 진행되었던 민주화는 상당히 불안정할 수밖에 없었다. 1980년대는 '잃어버린 10년'이라고 불릴 만큼 대공황 이후 최대의 사회경제적 위기상황이었고, 경제발전을 이룩하려는 노력은 수포로 돌아갔다. 새로 선출된 민간 지도자들이 국민들의 요구에 대응할 수 있는 역량 또한 충분히 발휘하지 못하게 되자, 이러한 새 민간정부의 '실패'는 다시 민주주의의 실효성에 의문이 제기되기도 했다.

참고문헌

강석영(1996), 『라틴아메리카사』, 대한교과서주식회사.

김영길(2009), 『남미를 말하다』, 프레시안 북.

민만식(1974), 『중남미정치론』, 일조각.

Atilio Borón(1977), "El fascismo como categoría histórica: en torno al problema de las dictaduras en América Latina," Revista Mexicana de Sociología 2.

Corradi, Juan(1992), *Fear at the edge: state terror and resistance in Latin America*, University of California Press.

Duncan, Green(2006), Faces of Latin America, 3rd edition, Monthly Review Press

Fowler, Will(1996), *Authoritarianism in Latin America since Independence*, Westport: Greenwood Press.

Hillman, Richard S.(2005), *Understanding Contemporary Latin America*, 3rd edition, Lynne Rienner

Hopkins, Jack W.(ed.)(1998), *Latin America: Perspectives on a Region*, Holmes & Meier.

Lois Hechet Oppenheim(1988), *Politics in Chile: Democracy, Authoritarianism, and the Search for Development*, Boulder: Westview Press.

Rouquié, Alain(1987), The military and the state in Latin America, University of California Press.

Skidmore, Thomas E. and Smith, Peter E.(2005), *Modern Latin America*, 6th edition, Oxford Univ. press.

Thomas E. Skidmore and Peter H. Smith(1992), *Modern Latin Ameica*, Third edition, Oxford: Oxford Univ. Press.

Wiarda, Howard J. and Kline, Harvey F.(2006), *Latin American Politics and Development*, 6th edition, Westview Press.

Part 11

오늘날의 정치

Ⅰ. 새로운 좌파정부의 등장과 미국과의 관계변화

1990년대 이후 라틴아메리카와 미국의 관계는 급속도로 변화하고 있다. 특히 미국의 영향력은 과거 냉전시대와는 확연히 구별될 만큼 약화되고 있으며, 미국과의 관계도 상당한 변화를 맞이하고 있다.

미국은 1960년대와 1970년대 동안 라틴아메리카 내에서 제2의 쿠바가 탄생할 것에 대해 우려하고 있었다. 남미 남부지역의 칠레, 아르헨티나, 우루과이, 볼리비아의 좌익 반정부세력들은 가장 우려되는 세력들이었고, 이들에 대응하기 위해 미국은 우익 군사쿠데타를 지지하고 좌파정부를 전복시키고 공포정치를 조성하기 위한 국가테러를 지원했다. 1980년대는 니카라과에서 혁명이 발생하고 엘살바도르와 과테말라에서 게릴라활동이 활발해지면서 미국에 종속되어 있는 우익정권과 지역 내 정치 경제적 기득권층에 대한 심각한 도전이 있었다. 미국은 중미지역에서도 수십억 달러를 지원해가면서 우익정부와 우익게릴라들을 지원했다. 니카라과, 엘살바도르, 과테말라 내전에서 오랜 소모전을 벌인 끝에 결국 평화협정을 이끌어내긴 했지만, 이는 과테말라 20만 명, 엘살바도르 7만 5천명, 니카라과 5만여 명의 희생을 바탕으로 한 것이었다.

1990년대 동안 이러한 미국에 대한 저항의 근원지는 남아메리카 북부지역인 콜롬비아, 에콰도르의 동부고지대, 베네수엘라로 옮겨졌다. 콜롬비아에서는 게릴라 운동과 함께 대규모 농민시위와 노동조합의 총파업 등으로 파스트라나 정부를 계속 위태롭게 했다. 베네수엘라의 좌파대통령 차베스는 선거에서 몇 차례 승리했고, 의회, 헌법, 그리고 사법부를 개혁하고 대외정책에서 자주적인 태도를 취해왔다. 예를 들면, OPEC의 석유가격 인상을 주도하고, 미국과 적대관계에 있던 이라크와의 관계를 개선했을 뿐만 아니라 쿠바와의 외교적 상업적 관계를 확대하기도 했다. 또 에콰도르에서는 강력한 원주민－농민운동이 하급 장교 및 노조활동가와 결합하여 1999년 하밀 마우아드 정권을 무너뜨리기도 했다. 에콰도르 군부가 개입했지만, CONAIE와 동맹세력은 이후 입법부 구성을 위한 선거에서 에콰도르 산맥지역을 장악했다. 그 결과 에콰도르 만타지역에 군사기지를 건설하고 콜롬비아 게릴라를 포위하려는 미국의 군사계획은 심각한 차질을 빚게 되었다. 콜롬비아, 에콰도르, 베네수엘라에서 나타나고 있는 무장세력, 민간인의 운동 그리고 차베스Hugo Chávez 정부의 정책 등은 미국의 라틴아메리카에 대한 간섭과 신자유주의 경제정책에 문제를 제기하고 있다.

미국이 라틴아메리카에서 세력이 약화되고 있는 것은 명백하다. 멕시코를 제외하면, 라틴아메리카에서 비교적 큰 경제규모를 가진 브라질, 칠레, 페루 그리고 아르헨티나와의 교역에서 주도적 역할을 하지 못하고 있다. 또한 과거 미국의 '뒷마당'으로 인식되었던 중미지역과 카리브 해 지역에서도 영향력은 상실되고 있다. 대신 베네수엘라의 석유원조프로그램인 페트로카리베Petro Caribe에 가입했다. 이러한 추세는 북미자유무역지대North American Free Trade Agreement를 라틴아메리카로 확대시키기 위해 구상했던 미주자유무역지대Free Trade Area for the Americas가 거부되면서 더욱 더 명확해졌다.

그럼에도 미국에게 라틴아메리카는 여전히 중요한 지역이다. 그 이유는 첫째, 미국과 가장 인접한 지역인 서반구에서의 안정은 미국이 다른 지역에서 정치력, 군사력, 경제력을 유지, 확장시키는 데 집중할 수 있도록 하는 바탕이 된다. 둘째, 에너지안보, 지구온난화, 오염 등의 환경문제, 범죄, 마약, 공공보건 등의 문제에 대한 미주차원의 해결을 위해서는 라틴아메리카의 협력이 반드시 필요하다. 특히 라틴아메리카 지역은 중동의 석유에 대한 의존도를 줄일 수 있는 에너지의 보고이다. 베네수엘라와 브라질의 석유자원뿐만 아니라 농산물 연료agro-fuel의 공급지, 그리고 아마존과 같은 생물다양성의 보고는 미국의 전략적 관심대상이다. 셋째, 미주 대륙 내 이주와 경제적 상호의존성 증대는 국경의 구분을 점차 희미하게 하고 있다. 이미 이 지역의 국내문제와 국제문제, 그리고 대내정치와 대외정책의 구분은 모호할 정도로 긴밀하게 연결되어 있다. 마약과 국제범죄조직, 이민과 송금문제, 이민법 개정 등은 미국의 국내정치와 대외정책에서 공통으로 대두되는 쟁점이다. 이 쟁점들은 이민을 보내는 국가에서도 치안, 발전, 사회복지와 연결되어 있다. 넷째, 라틴아메리카 전역에서 나타나고 있는 중도좌파 정부의 등장도 미국에게는 상당한 부담이 되고 있다. 베네수엘라, 볼리비아, 에콰도르, 니카라과가 중심이 된 반미연대는 라틴아메리카 공동체에서도 목소리를 높이고 있다. 메르코수르가 출범한 지 20주년이 되었고, 남미국가연합이 2008년에 발족했다. 베네수엘라가 중심이 된 보다 급진적인 공동체인 '미주를 위한 볼리바르 대안ALBA, Alternativa Bolivariana para las Americas'도 출범한 지 5년이 되었다. 미국과 캐나다를 제외한 '라틴아메리카-카리브국가공동체Comunidad de Estados Latinoamericanos y Caribeños'도 발족되었다. 라틴아메리카 국가들은 미국과 캐나다가 없는 자립을 지속적으로 시도하고 있으며, 미국은 이러한 움직임을 최소화하고 자신들의 패권을 강화하고자 한다. 다섯째, 브라질의 영향력 강화에 대해 견제하는 것도 미국으로서는 매우 중요하다. 브라질은 WTO의 도하라운드, 코펜하겐 기후회의, 온두라스 사태, 이란 핵문제 등에서 미국과 다른 입장을 표명해 왔으며, 차베스 정부에 대해서도 적극적으로 지지하고 있다(이성형 2010:7-8).

최근 미국은 라틴아메리카에서 헤게모니를 유지하기 위해 다양한 정책을 취해 왔다. 우선 대미국은 쿠바무역과 여행제한조치를 해제했으며, 미주기구^{OAS}는 쿠바가 회원국으로 재가입하는 것을 승인했다.

중미지역의 온두라스에서는 2009년 보수적인 기득권자들의 이익을 무시하고 체제를 변경시키려던 좌파적 성향의 마누엘 셀라야^{José Manuel Zelaya Rosales} 정부를 무너뜨린 군부쿠데타가 발생했다. 셀라야는 임기 초 미국과 자유무역협정을 체결했지만 2년 후에는 우고 차베스 베네수엘라 대통령이 중남미 좌파정부끼리 연대하기 위해 만들었던 '미주를 위한 볼리바르 동맹'에 가입하면서 미국으로부터 부정적 시선을 받았다. 본래 셀라야는 온두라스의 과두 지배세력이 내세운 대통령이었지만 이전 대통령과는 달리 학교와 진료소를 짓고 최저임금을 인상하는 등 좌파적인 정책을 펴 나가면서 지배세력의 기득권 구조를 위협하기도 했다. 오랫동안 친미정부였던 온두라스까지 쿠바-베네수엘라-니카라과와 연결되는 반미연대에 포함되는 것을 방지하기 위해 미국은 쿠데타세력과 보수 세력을 지원하여 결국 다시 우파가 집권하도록 개입하였다.

미국 정부는 1999년부터 2009년까지 중남미에서 생산되는 마약의 단속을 위해 이용해 온 에콰도르 만타 기지에 대한 사용 기간이 종료됨에 따라 그 대안으로 콜롬비아 기지를 사용하는 방안을 모색해 왔다. 미국과 콜롬비아 정부는 2000년 말 미국의회의 승인을 얻어 대마약전쟁을 명분으로 한 '플랜 콜롬비아'라고 불리는 광범위한 군사프로젝트를 시작했다. 1998년 당시 콜롬비아의 파스트라나 대통령이 공개했던 마약과 관련한 새로운 계획은 불법적인 작물을 일일이 뽑아내는 방법으로 제거하는 것이었다. 이 계획은 사회적 측면을 강조하고 경제 인프라의 구축 그리고 인권의 신장에 초점을 두었다. 그러나 마약과의 전쟁을 미국이 지원하게 되면서 군대에 의해 억압적으로 해결되는 형태를 취하게 되었다. 미국의 국가적 안전을 보장한다는 취지에 따라 주도되었을 뿐, 콜롬비아 자체의 필요성이나 유엔에 의한 외교적 노력에 대해서는 거의 관심을 기울이지 않았다. 플랜 콜롬비아예산의 70%가 전투용 헬기를 사고 복잡한 정보 장비를 구입하거나 군대를 훈련하고 무장하는 데 지출되었다. 코카재배뿐만 아니라 제초제를 뿌리고 코카 작물의 성장을 공격하는 생물학적인 방법도 동원되었다. 미국과 콜롬비아가 추진한 이 계획은 주변 국가들로부터 남미지역의 군사화와 주권침해에 대한 논란을 야기하면서 강력한 반대에 부딪히고 있다. 따라서 반대편인 중도－좌파의 세력을 약화시키고 안정화하기 위해 지역민병대를 지원하는 방법을 사용해오고 있다.

아시아와 같은 세계시장의 성장은 라틴아메리카 체제가 그들의 시장과 투자파트너를 다양화할 수 있는 환경을 조성했다. 그래서 미국의 다국적기업의 역할들을 제한하고 미 국무부 정책의 전달자로서의 역할을 제한할 수 있었다. 라틴아메리카는 경제위기로 인해 자본의 이동에 대한 규제를 설정했다. 이는 미국투자은행들의 활동을 제한하는 결과를 가지고 왔다. 미국이 외국에 대한 보호주의 정책들과 에탄올이나 설탕에 대한 농업보조금에 대해 '자유 시장' 개념을 적용하는 것은 브라질과 같은 주요 라틴아메리카 국가로부터 반발을 사기도 했다. 2007년에서 2010년 사이에 세계경제가 침체되면서 라틴아메리카 지역에서 미국 신자유주의 원칙의 영향은 점차 줄어들었다.

이런 이유로 주요행위자 중 하나인 미국의 정책은 라틴아메리카에서 좌파체제의 등장과 퇴장의 배경이 되어왔으며 구조적으로 취약해지고 있다. 그러나 미국은 여전히 라틴아메리카 내의 주요 우익 군대와 경제세력과 긴밀한 연대에 바탕을 둔 강력한 자원을 움직이는 주요세력으로 남아 있다. 라틴아메리카의 중도좌파 정부들이 선택한 발전전략의 특성상, 농산물－광물 수출을 외국이나 국내 경제 엘리트들에 의존하고 있고 세계수요의 변동에 따라 영향을 크게 받는다. 또 중도좌파체제는 이 지역의 기본적인 불균형을 해결하는 데 실패했으며, 전략적인 경제 부문에 대한 통제와 소유권을 획득하지도 못했을 뿐만 아니라 사회적 불균형을 감소시키는 데도 그다지 성공하지 못했기 때문이다. 이러한 상황들을 해결하는 것은 라틴아메리카에서 중도좌파체제가 지속성을 가지기 위해 필요한 것이며,

장기적인 라틴아메리카의 안정을 위해서도 필요하다.

신자유주의 정책으로의 복귀를 방지할 수 있는 국가기구와 계급구조 특성의 변화는 적다. 현 21세기 체제가 더 심화된 사회화로 가는 디딤돌인지 아니면 친미 신자유주의로 복귀할 수 있는 과도기 체제로 가는 디딤돌인지에 대한 기본적인 의문은 여전히 논쟁거리다.

Ⅱ. 여성의 정치력 확대

라틴아메리카의 여성은 최근 공적영역에서 활발하게 활동하고 공헌하면서 세계적 이목을 끌고 있다. 라틴아메리카 여성들이 공적인 영역에서 수행하는 활동의 중요성은 20세기 중반까지 그다지 중요하다는 인정을 받지 못했다.

19세기 중반, 아르헨티나, 브라질, 칠레 그리고 멕시코에 교사양성을 위한 학교가 도입되면서 중등학교와 대학에 여성들이 입학할 수 있게 되었다. 이러한 변화로 여성들은 중간계층의 직업을 가질 수 있는 기회와 보건과 교육 분야에서 직업을 가질 수 있는 기회를 갖게 되었다. 그러나 여전히 여성들의 가족과 사회를 위한 생산 활동 참여는 재생산역할과 연관되면서 중요하지 않은 것으로 인식되었다.

20세기에 들어서 멕시코, 아르헨티나, 브라질에서 노동집약적인 형태의 기초적인 소비재를 생산하는 제조업이 등장하면서 여성들은 섬유, 담배 그리고 식품제조업 분야에서 중요한 노동력을 제공했다. 1930년대와 1940년대에 수입대체산업화를 통해 자본집약적인 산업으로 변화되면서 남성노동력이 선호되었고, 산업노동력으로서 여성의 비중은 낮아졌다. 섬유와 담배생산이 주 생산품이었던 19세기말에서 20세기 초반, 약 7만 6천여 명에 이르는 여성들이 이 분야에서 일을 했다. 그러나 이후 약 40여 년간 산업이 다변화되면서 산업 현장에서 여성들의 수는 오히려 절반으로 줄어들었다. 브라질에서도 1900년대는 산업노동력의 90% 이상이 여성이었지만 1940년대에는 겨우 25%에 불과했다.

여성들은 독립전쟁에서도 중요한 역할을 수행했을 뿐만 아니라 19세기와 20세기 동안 라틴아메리카 사회를 변화시킨 멕시코 혁명, 볼리비아 혁명, 쿠바혁명 등에도 적극적으로 참여했다.

1929년 에콰도르에서 가장 먼저 여성에게 참정권이 부여되었고, 다른 대부분의 국가들에서 1930년대와 40년대에 선거권이 부여되었다. 19세기 후반부터 아르헨티나, 우루과이, 칠레, 브라질, 멕시코, 쿠바 등 여러 국가에서 정치, 교육 등의 영역에서 여성의 평등한 권리를 획득하기 위한 운동을 전개했다. 다양한 여성권리를 홍보하기 위한 저널들이 발간되었고, 1910년 아르헨티나 부에노스아이레스에서 국제여성회의Congreso Femenino Internacional 와 1916년 멕시코 메리다에서 2개의 회의를 개최하기도 했다. 급진적인 여성들은 교육과 고용뿐만 아니라 법적인 평등까지 논했다. 이러한 라틴아메리카내 국제여성회의를 통해서 미국이나 유럽의 여성주의와는 다른 라틴아메리카의 특성이 반영된 여성주의를 표방했다. 라틴아메리카 여성들은 아내와 어머니로서의 전통적인 역할을 거부하기보다는 이러한 역할들을 성공적으로 수행하고 이를 바탕으로 사회를 비판하고 개선하는 데 적합한 환경을 만들고자 했다.

이러한 활동들과 함께 1930년대와 40년대 동안 라틴아메리카 전역에서 포퓰리스트 정부가 등장하고 근대화 과정이 진행되면서 시민들의 정치참여가 확대되었다. 포퓰리즘 정부는 20세기 초부터 선거권 쟁취를 위한 운동을 활발하게 펼쳐왔던 여성들에게 선거권을 부여하고 시민으로 인정함으로써 여성과의 관계를 보다 유기적으로 만들었다.

아르헨티나에서는 에바 페론Eva Duarte de Perón이 등장하면서 자신을 노동자들의 국모로서의 이미지로 부각시켰다. 이는 포퓰리스트적인 모성이데올로기의 전형으로 여성의 정치사회적 역할이 전통적 이미지에서 벗어나지 못한 것이었다.

라틴아메리카 여성의 본격적인 활동영역이 빠르게 확대된 시기는 1970년대와 1980년대 동안이다. 정치적으로는 권위주의 정권기와 민주화를 경험한 시기일 뿐만 아니라 경제적으로도 상당한 격변기였다. 이 시기를 거치면서 '모성'을 통한 여성 사회적 역할은 더욱 더 강조되었다. 여성들이 공동체 발전과 가정경제에 도움이 될 수 있도록 사회경제적 재생산 기능을 수행하는 것을 중요하다고 인식했다. 따라서 여성들은 경제위기상황에서도 가족의 생존을 책임지는 역할을 수행하도록 강요받았으며, 이를 위해 책임 있는 어머니로서의 역할을 수행하기 위한 공동체조직을 만들어내기 시작했다. 1980년대 외채위기와 이후 구조조정프로그램을 적용하면서 여성들의 조직화는 더욱 더 활성화되었다. 높은 실직과 압박에 대응하여 가족들이 생존을 책임지기 위해서는 노조활동이나 정당 활동보다는 도시민중운동에 참여하는 것이 훨씬 더 유리했기 때문이다.

이런 배경으로 생겨난 공동체의 대표적인 사례는 칠레와 페루의 '공동부엌ollas comunes'이다. 신자유주의 도입과 구조조정은 실직을 유발하고 가구소득을 감소시켰으며, 정부지출을 축소시키면서 의료와 교육 등의 사회서비스를 감소시켰다. 여성들은 이러한 상황을 해결하기 위해 직물 짜기, 수공예품 제작 등 경제적 도움이 될 수 있는 다양한 경제활동을 시도했다.

권위주의와 독재에 대한 저항도 '모성'의 역할 중 하나였다. 권위주의 정권의 인권남용 및 정치적 억압에 대한 여성들의 대응은 실종된 가족들을 찾기 위한 어머니들의 저항으로 나타났다. 가장 많이 알려진 사례는 아르헨티나의 오월광장의 어머니들Madres de la Plaza de Mayo이다. 아르헨티나 여성들은 군사정권에 의해 체포되어 구금되거나 실종된 자녀와 손자들을 찾고 군사권위주의 정권을 몰아내기 위해 대통령궁 앞 오월광장에서 매주 시위를 벌였다. 이들은 민주화 이후에도 2006년까지 매주 목요일 오후에

30분간 오월광장에서 실종된 가족을 찾고, 책임자 처벌을 요구하는 시위를 벌여왔다.

민주화 과정에서 라틴아메리카 여성들이 수행했던 실질적인 역할은 1980년대 동안 라틴아메리카 여러 국가들의 민간정부수립 과정에서도 상당부분 반영될 수 있었다. 니카라과에서는 혁명과 내전, 경제위기 등을 겪으면서 게릴라 활동에도 참여하는 등 적극적인 정치사회적 활동을 수행했다.

지난 수십 년간 라틴아메리카에서는 많은 여성정치리더가 등장했다. 라틴아메리카에서 첫 여성대통령은 아르헨티나의 마리아 에스텔라 이사벨 페론María Estela Isabél de Perón이었다. 1974년 7월 1일 부통령에 올랐다가 남편인 환 도밍고 페론의 사망으로 대통령직을 승계하여 1976년까지 집권했다. 그러나 남편의 정치적 노선을 유지하려다가 반대파의 쿠데타로 물러났다. 볼리비아에서도 리디아 게일레르Lydia Gueiler Tejada가 1979년 유사한 상황에서 임시대통령이기는 하지만 첫 여성대통령으로 등장했다. 이후 니카라과의 비올레타 차모로Violeta Barrios de Chamorro, 1990~1997는 1990년 실시된 선거에서 소모사 독재정권에 의해 암살당한 야당 정치인이자 신문 <라 프렌사> 사장 차모로의 부인으로, 다니엘 오르테가 대표를 압도적으로 누르고 대통령에 당선됐다. 당시 비올레타 차모로는 20년간이나 지속되던 전쟁의 종식을 선거공약으로 내세우고 등장했다. 다니엘 오르테가는 산디니스타 혁명 이후 공식선거(1984)를 통해 산디니스타 정권의 첫 대통령이었다. 파나마의 미레야 모스꼬소Mireya Elisa Moscoso Rodríguez de Arias, 1999~2004는 남편 아르눌포 아리아스 대통령이 사망한 후 대통령직을 승계했지만 임기 동안 수많은 부패스캔들에 휩싸였었다. 이 시기까지 여성대통령의 등장배경에는 대부분 남편의 후광이 중요하게 작용했다. 그러나 칠레의 미첼 바첼렛Michelle Bachelet Jeria, 2006~2009 대통령부터 이후에 등장한 대부분의 여성대통령들은 남편의 후광이 아니라 자신들의 역량을 통해 대통령에 당선되었다. 칠레의 여성대통령 미첼 바첼렛은 인민연합Unión Popular의 대표로 2006년 당선되었다. 바첼렛은 피노체트 정권에 살해당한 장군의 딸로서 사회주의 성향의 이혼한 여성이었다. 보건부 장관으로 재직 중 성폭행을 당한 경우 무료로 사후피임약을 지급하는 것을 합법화시키면서 칠레 정치무대에서 강한 인상을 심어주었다. 또 라틴아메리카 역사상 처음으로 국방부장관직을 역임하기도 했으며 대통령 임기 마지막해인 2010년의 지지도는 80%에 달했다. 아르헨티나의 크리스티나 페르난데스 데 키르치네르Cristina Fernández de Kirchner는 2007년 선거에서 대통령에 당선되었다. 남편 네스토르 키르치네르Nestor Kirchner, 2003~2007에 이어 대통령에 오르기는 했지만, 그 후광에 따른 것이라고 보기는 어렵다. 크리스티나 페르난데스는 1980년대 민주화 이후 활발한 정치활동을 통해 명성을 쌓았고, 남편이 대통령직을 수행할 당시 상원의원직을 수행하면서 뛰어난 정치력을 인정받았다. 바첼렛과 키르치네르 대통령은 세계여성지도자 위원회의 회원으로서 활동해 오기도 했다. 코스타리카의 라우라 친치야Laura Chinchilla 대통령도 정치에 입문하기 전, 라틴 아메리카와 아프리카에서 NGO 컨설턴트로 일했으며, 사법개혁과 공공 안전 문제들에 관심을 기울였다. 공공안전부 차관과 장관, 산호세주 하원의원, 그리고 부통령을 역임했다. 브라질의 지우마 호세피Dilma Rousseff는 전임 대통령 룰라 다 시우바Lula da Silva의 정책을 이어받았다. 룰라 다 시우바 대통령은 임기동안 라틴아메리카에서 가장 인기 있는 대통령이기도 했다. 그는 대통령선거운동 당시에는 급진적 성향을 보였지만 당선 이후에는 국가의 전반적인 상황을 개선하기 위해 보다 실용적인 방식으로 변화했다. 그의 임기 동안 평균 5.5%의 경제성장률로 세계에서 가장 빠른 성장을 보였으며, 남미공동시장MERCOSUR과 G20의 주요회원국이 되었다. 국내적으로도 임금과 사회복지수준을 상당부분 향상시켰는데, 이러한 노동당의 경제정책 성공과 그 정책노선을 지속하겠다는 의지가 지우마 호세피 대통령의 당선에 중요한 역할을 했다. 지우마 호세피는 경제와 외교에서의 역량뿐만 아니라 에너지 장관직을 수행하면서 강한 전략적 능력을 보유한 남미의 '철의 여인'으로 평가받기도 했다.

라틴아메리카에서 여성대통령이 지속적으로 더 많이 등장하고 있는 것은 과거보다 여성들도 전문성과 역량을 갖추고 있으며, 이러한 여성에 대한 사회적 요구가 증대하고 있기 때문이다. 국가를 이끄는 리더로서의 여성뿐만 아니라 정부내각과 각 지방에서, 그리고 지역공동체에서도 새로운 여성상에 대한 기대가 나타나고 있다. 최소한 정치영역에서는 여성의 역할에 대한 기대가 충분히 변화하고 있다고 볼 수 있다. 여성들은 내각과 의회에서도 적극적으로 참여하고 있다. 내각에서 여성참여는 라틴아메리카 전체 평균 20%(2010)를 넘어섰으며, 의회에서도 마찬가지의 비율을 보이고 있다. 아르헨티나와 코스타리카에서는 35%에서 40% 내외의 높은 여성비율을 보이고 있는데, 여성할당제가 실시되면서 여성참여의 비율은 급격히 증가되었다. 현재(2009) 의회선거에서 칠레, 엘살바도르, 콜롬비아, 과테말라를 제외한 대부분의 국가들에서 여성할당제가 시행되고 있다.

Ⅲ. 새로운 정치세력으로 등장한 원주민

역사적으로 원주민의 존재는 그다지 중요성을 띠지 않았다. 인종적 사회적 편견들은 여전히 강하게 남아 있었으며 식민초기에는 심지어 원주민들과 아프리카인들이 영혼이 있는지에 대한 논란이 있었을 정도였다.

원주민들은 500여 년 전 자신들의 삶과 역사를 빼앗긴 뒤 오랜 세월동안 역사에서 기억되지 못하고 있었다. 라틴아메리카의 원주민들은 북미의 원주민들과는 달랐다. 미국의 원주민들은 대부분 수백 명 정도의 인구수를 가진 소규모의 유목민 그룹과 같은 성격을 가지고 있었지만, 라틴아메리카의 원주민들은 4백만에서 7백만에 이르는 인구규모를 가지고 있었다.

이들은 마야, 아즈텍, 잉카제국을 건설했었고, 매우 정교한 사회, 종교, 관료조직 등을 갖추고 있었다. 정치 제도적 측면에서도 군사, 노동 분업, 계급구조, 그리고 전사, 성직자, 그리고 정부행정가 등을 구별할 정도로 상당히 세련되어 있었다. 미국에서는 원주민의 수가 적었기 때문에 이들을 제거하거나 서부로 몰아냄으로써 원주민 문제를 해결할 수 있었다. 하지만 라틴아메리카에서는 원주민의 수가 많고 높은 수준의 문명을 영위하고 있었기 때문에 사정이 달랐다. 스페인인들은 거대한 문명의 우두머리를 체포하거나 죽이고 기존의 원주민 사회구조는 그대로 둔 채 통치 권력을 자신들로 대체함으로써 원주민 사회를 지배했다. 정복자들에게 자신들의 땅을 빼앗기고, 그 빼앗긴 땅을 경작해 온 원주민들의 상황은 독립 이후에도 아무런 변화가 없었다.

또 북미에서 원주민을 고립시키거나 흑인을 분리하는 정책을 폈던 것과 라틴아메리카의 상황은 상당히 다르다. 라틴아메리카에서는 분리보다는 동화정책이 중심을 이루었다. 동화는 원주민이나 흑인이 스페인어나 포르투갈어 등 해당 국가의 언어를 학습하고, 가톨릭으로 개종하도록 하고, 화폐시장경제에 편입하는 방법으로 이루어졌다. 또한 원주민과 흑인들은 스페인인들의 사회에 들어가기 위해 그들과 결혼을 하고자 했으며, 가능한 한 자신들의 오래된 문화적 관습을 포기하는 경우도 많았다.

아마존 밀림에 살던 일부 원시적인 원주민 그룹을 제외한 대부분의 라틴아메리카 원주민 사회에서는 인디오의 전통과 식민시대의 영향이 혼재되어왔다. 이들은 공식적으로는 가톨릭 신자로 바뀌었지만, 사적으로는 고유의 다신숭배를 유지해 왔다. 일부는 물물교환경제와 화폐경제 모두에 참여했고, 언어도 바깥에서는 스페인어를 사용하고 자신들의 공동체 내에서는 원주민어를 사용했다.

혼혈도 북미와는 다르게 이루어졌다. 북미에는 백인의 이주가 정착을 위해 가족단위로 이루어졌지만, 라틴아메리카는 군사적 정복이었기 때문에 가족이 동반되지 않았고, 이에 따라 정복 초기부터 유럽인과 원주민 간의 혼혈이 진행되었다. 하지만 여전히 20세기 초반에도 멕시코, 과테말라, 페루, 볼리비아, 파라과이와 같은 국가들에서는 전체인구의 80~90%를 차지할 정도로 원주민의 수가 절대적으로 많았다. 이들이 대다수이기는 하지만, 공식국어인 스페인어를 사용하거나, 화폐시장경제에도 참여하거나, 심지어는 자신들이 '멕시코' 혹은 '과테말라'라고 하는 국가에 살고 있다는 사실조차도 알지 못했다. 사실상 스페인이 라틴아메리카를 정복한 이후 500여 년의 역사동안 존재했었던 어떤 정부도 원주민들을 국가로 완전히 통합시키는 데 성공한 사례는 없다.

볼리비아, 에콰도르, 과테말라, 파라과이, 페루와 간혹 멕시코까지 라틴아메리카의 '원주민 국가'로 불린다. 이들 국가에서는 인구의 40~70%가 원주민이다. 그만큼 국가로 통합이 이루어져야 할 인구가 많다는 의미다. 군사정권이나 민간정부, 좌익정부나 우익정부도 라틴아메리카 사회로 원주민들을 통합시키는 커다란 문제를 해결하지 못했다. 멕시코에서는 1910년 혁명 이후 호세 바스콘셀로스의 '우주적 인종raza cósmica'을 통해 혼혈을 권장하는 방식으로 원주민들을 국가로 통합시키고자 했다. 그러나 멕시코 혁명 당시 국가로 통합되지 않았던 원주민인구는 70%에 달했다. 80여 년이 지난 20세기 말 여전히 40%가 통합되지 않은 상태로 있다. 이런 장기적 과정으로 통합이 이루어진 멕시코의 사례는 원주민을 통합하는 데는 빠르고 쉬운 해답이 없다는 것을 의미한다. 인종에 대한 편견이 사회계급에 대한 편견과 함께 나타나게 되면 문제는 더욱 더 극복하기 어려워진다. 통합되어야 할 대상이 인구의 소수가 아니라 다수를 차지할 때는 비록 이 문제에 직면하고 있는 국가의 수는 적다하더라도 과제는 더욱 더 복잡해진다.

원주민 사회와 백인 혹은 정복자 사회의 이중적 구조는 지리적으로도 명백하게 드러난다. 예를 들어 페루의 수도인 리마는 식민 시대부터 스페인 정복자들이 집중적으로 거주해왔고, 국가의 부, 권력, 정부, 사회, 군사 등이 이 지역에 집중되어 있다. 그러나 리마에 거주하는 인구는 페루 전체 인구의 5%에 불과하고, 나머지 인구는 안데스 고산지대에 거주하는 원주민이다. 도시는 백인과 서구적인 사회로, 농촌지역은 원주민과 비서구적인 사회로서 이중적인 모습이 형성되어 온 것이다.

특히 도시와 농촌의 차이는 20세기 전반기부터 가속화된 라틴아메리카의 산업화 과정에서 더욱 더 심화되었다. 제2차 세계대전 이후 진행된 수입대체산업화 과정은 최종 소비재 생산을 위한 자본재 수입이 필수적이었다. 이 과정에서 농민들이 생산한 농산물은 자본재 수입을 위한 외화획득의 원천이었고, 산업화를 위한 원자재와 농산물을 도시지역에 저렴하게 제공하기도 했다. 그럼에도 수입대체산업화는 농업부문을 도외시한 채 진행되었고, 이러한 과정은 대부분이 농민이었던 원주민들의 삶을 더욱 더 피폐하게 만들었다.

산업화와 도시화의 결과로 농민의 수가 지속적으로 감소해 왔지만, 아직 라틴아메리카에서의 농업인구는 많은 경우 전체인구의 60% 이상을 차지하기도 한다. 그럼에도 이들은 일반적으로 정치, 경제, 사회문화 전반에 걸쳐 성장의 혜택에서 소외되어 온 것이 현실이다.

어느 계층보다 원주민이 가장 소외받고 있는 것은 사실이다. 하지만 사회진보나 교육, 시민권의 혜택을 누리지 못하는 원주민 외 계층이 수천만 명에 이른다. 더욱이 오랜 시간에 걸쳐 혼혈에 혼혈이 거듭되면서 인종 간 구분이 모호하다. 이미 원주민들은 농촌, 도시 그 어디를 근거지로 하든 개방된 사회에 편입해 다양한 계층과 접촉하며 국가와 사회를 변화시키는 데 중요한 역할을 하고 있다.

라틴아메리카에서 원주민의 인구는 수적으로 우세했지만 유럽인들에게 정복당한 이후로 역사 속에서 주요 행위자가 되지 못했고, 소수자 취급을 받아왔다. 그래서 이러한 처지를 인식한 원주민들은 응집된 저항의 힘을 만들어내기 위해 자신들이 공유하고 있던 문화적 특성, 소속된 공동체나 소속영토 등의 객관적 조건들뿐만 아니라 소속감과 같은 주관적 조건을 모두 끌어들여야 했다. 원주민들은 자신들의 정체성을 확고히 함으로써 응집된 힘을 만드는 바탕으로 삼았지만 늘 원주민이라는 인종적인 틀만 주장하는 것이 아니라 보다 광범위한 연대를 형성하고자 했다.

1992년 아메리카 대륙 발견 500주년 기념행사가 개최되었을 때, 원주민들은 '500년 동안의 흑인, 서민, 원주민의 저항'이라는 제목의 범대륙 캠페인을 벌였다. 이 캠페인에서 칠레 마푸체족 여성인 아나 야보는 "우리 원주민은 서민이나 학생, 노조운동과 연합해야한다."고 말하면서 원주민의 저항이 다른 민중저항과 함께해야 함을 강조했다.

북미자유무역협정NAFTA이 발효하던 1994년 1월 1일 멕시코 치아파스 지역에서 '민주주의, 자유, 정의'를 기치로 봉기를 일으켰던 사파티스타는 물론 그간 개헌을 이끌어 내거나 제도의 식민성을 제거하거나 나라를 민주화하는 데 성공하지는 못했다. 하지만 정치적으로 경색되고 글로벌 경제에 그대로 노출된 멕시코에서 사회적 선택에 목소리를 내려는 이들의 의지는 여전히 굳건하다. 사파티스타를 이끌고 있는 부사령관 마르코스는 1994년 10월 사파티스타 민족해방군 성명에서 "우리 희망 행진의 표적은 메스티소가 아니다. 자본에 물든 인종이다. 우리가 반대하는 것은 피부색이 아니다. 돈의 색이다. (중략) 우리는 원주민을 위해 투쟁한다. 하지만 오로지 원주민만을 위해 투쟁하는 것은 아니다. 현재는 가난하지만 미래를 위한 존엄성을 가진 모든 이를 위해서 우리는 투쟁 한다."고 밝혔다. 원주민뿐만 아니라 노동자, 농민, 여성, 학생 등 전 세계 모든 사회적 약자들을 포함한 동맹의 의지를 체계적으로 밝히기도 했다. 이러한 멕시코 사파티스타의 움직임은 문화적 다양성을 인정하는 것이 반드시 국가 정체성의 문제나 단일 국가 안에서 문화 충돌을 야기하는 것이 아니라, 오히려 원주민 운동이 사회정의에 대한 문제를 제기하고 법치국가를 만들어가기 위한 투쟁과 함께 할 수 있음을 보여주었다.

그렇지만 원주민과 다른 시민세력이 연합하는 것은 쉬운 일이 아니다. 한편에서는 문화적 차이를 존중한 사회동화를 주장하고, 다른 편에서는 인종성에 바탕을 둔 자주적인 발전이 필요하다고 주장하기 때문이다. 1960년대에서 1980년대까지는 전자의 주장이 더 우세하여 원주민 운동은 대부분 농민운동으로 나타났고, 콜롬비아와 과테말라에서는 게릴라 운동에도 참여하는 등 더 광범위한 사회운동의 한 부분으로 나타났다. 하지만 이런 형태의 사회운동은 원주민들이 원하는 본질적 문제들을 해결하는데 그다지 도움이 되지 않았다. 이후 원주민들은 다시 종족성과 인종성에 초점을 두게 되었다.

라틴아메리카에서 세계화가 가속화되면서 민주화 과정에서 높은 응집력을 보였던 주요 시민사회 세력들이 분열되면서 다른 형태의 판도가 만들어졌다. 세계화를 적극적으로 받아들이던 국가들에서 정당은 신뢰를 잃고, 좌파는 힘이 약화되었으며, 대안이 될 수 있는 사회정책은 많지 않았다. 따라서 지방과 지역의 중심세력이 다시 등장하게 되었다. 원주민들은 그들이 유지해 오던 전통적인 공동체 조직 덕분에 다른 시민세력과 비교하여 상대적으로 응집력을 가지고 있었으며 지금까지와는 다른 결집을 보여주게 된다. 이러한 원주민들은 거센 억압에 대한 저항을 거듭하면서 시장중심의 세계화로부터 국가를 지켜내고 사회전체가 진보하는 데 기여하는 모습을 보여준다.

에콰도르에서는 1990년 원주민의 문화적 권리와 교육, 그리고 사회경제적 요구를 충족시키기 위해 '에콰도르 원주민 연대CONAIE · Confederación de Nacionalidades Indígenas del Ecuador'가 대규모 봉기를 시작했다. 이는 정부가 여러 가지 토지갈등을 해결하는 데 지지부진한 것이 발단이 되었다. 원주민들은 '정부에 대한 CONAIE의 요구'를 통해 에콰도르를 다민족국가로 선언할 것과 토지의 반환, 원주민 영역의 합법화, 원주민공동체의 부채탕감,

이중 언어 교육에 대한 장기적 재정지원 등 16가지에 달하는 구체적인 요구사항들을 제시했다. CONAIE는 새로운 시도로서 기존의 권력구조를 거부하고 원주민을 포함한 다양한 민중들이 의사결정 과정에 직접 참여할 수 있는 '민중의회'를 시도하였다. 이를 통해 완전히 배제되어왔던 소수자인 원주민들이 정책결정 과정에 참여하고 대표성을 가지고 영향력을 행사할 뿐만 아니라 더 나아가 새로운 에콰도르를 건설하고자 했다. 이러한 원주민들의 시도는 기존 사회에는 매우 중요한 위협으로 인지될 수 있다. 왜냐하면 원주민들이 정책결정 과정에서 자신들의 권리를 찾고 영향을 미치는 것은 기존 사회의 인종주의적이고 배타적인 질서를 흔드는 일이 될 수 있기 때문이다. 이러한 CONAIE의 부단한 활동의 결과 1998년 새로운 헌법이 승인되었고, 이들의 영향력은 압달라 부카람(1997), 하밀 마우아드(1999)를 대통령에서 물러나게 했고, 2002년에는 자신들이 지지하던 루시오 구티에레스를 대통령으로 당선되게 했다가, 다시 2005년에는 봉기를 일으켜 자신들을 배신한 대통령을 권좌에서 끌어내렸다.

1990년대 초반부터 라틴아메리카 전역에서 '물 사유화' 움직임이 일대 광풍으로 불어 닥친 적이 있다. 볼리비아에서는 물 사유화에 대한 원주민의 불만과 일반 시민의 요구가 결합해 처음에는 '물 전쟁', 그 다음은 '가스 전쟁'으로 이어졌다. 이러한 정국은 반정부 시위가 시작된 지 한 달 만에 신자유주의자였던 곤살로 산체스 데 로사다 대통령(2003)과 후임 카를로스 메사 대통령(2005)까지 퇴진하도록 만들었다. 결국 라틴아메리카에서는 처음으로 원주민 출신 정치인 에보 모랄레스가 대통령에 선출되었다. 모랄레스는 원주민을 지지 기반으로 하지만 노동자, 도시민 등이 포함된 메스티소 그룹을 비롯한 다양한 지지층을 가지고 있었다.

2006년 대선에 승리한 모랄레스 정부는 바로 볼리비아의 탄화수소산업에 대한 국가통제를 강화했다. 이후 볼리비아는 특히 천연가스 수출 부문에 대한 로열티와 세금 인상을 통해 재정을 확대해 갔다. 이러한 재정 수입은 물론 볼리비아 정부가 추진 중인 사회 경제적 프로그램에 사용되고 있다. 그러나 2010년 갑작스런 에너지 가격 인상은 물가상승으로 이어져 다시 원주민들을 포함한 서민들로부터 강력한 사회저항에 부딪혔다. 2010년 12월 30일 대규모의 사회저항운동 세력들이 거리 행진 등을 통해 볼리비아 주요 도시로 통하는 도로를 봉쇄하는 시위에 나섰다. 이들은 대부분 여당인 MAS^{Movimiento al Socialismo}를 지지하는 세력과 비정규직 노동자, 광부, 농부 들이 포함되어 있었다. 여기에 야당과 보수시민그룹이 동참하여 에보 모랄레스의 사임을 요구하기에 이른다. 결국 모랄레스는 에너지 가격인상에 대한 대통령령을 철회하였다.

볼리비아에서 원주민들이 스스로의 목소리를 찾아가고 있지만, 라틴아메리카의 여러 국가들에서는 원주민들에 대한 차별이 여전하다. 과테말라에서는 키체족 출신의 리고베르타 멘추는 1992년 노벨평화상을 받고 이후 유네스코의 평화문화를 위한 친선대사로 활동하고 오스카르 베르헤르 대통령 시기에 친선대사로서 활동했다. 그러나 원주민들의 권익은 그다지 변화되지 않았다. 또 칠레 정부는 마푸체족을 여전히 피노체트 시대에 제정된 반테러법으로 다스리는 실정이다. 마푸체족들은 1990년 무렵부터 조상 소유 토지의 반환을 지속적으로 요구해왔으며 이 과정에서 백인 지주들을 상대로 한 방화와 습격 등 폭력 시위로 많은 마푸체족들이 검거돼 현재 106명이 수감된 상태에 있다. 이들은 군사독재의 잔재이며 비인권적인 반테러법을 자신들에게 적용시키는 것은 부당하다고 반발하며 지난 7월 11일 이후 단식을 이어가며 자해 등 강경한 투쟁도 서슴지 않고 있는 상황이다.

참고문헌

"아직 끝나지 않은 칠레 원주민 갈등" http://news.mk.co.kr/newsRead.php?rss=-
Y&sc=30200004&year=2010&no=494187
김달관(2010), "에콰도르 원주민 운동의 등장배경과 변천과정: 국민국가형성부터
현재까지", 『이베로아메리카 연구』, 제21권 2호
김윤경, "에콰도르 원주민 운동의 성격: 1980–90년대 CONAIE(Confederación de
Nacionalidad Indígenas del Ecuador)의 활동을 중심으로", http://coreal.kr/kor/-
attachments/475_PR20104TH.pdf
르무안 모리스(2010), "한 손엔 전지, 한 손엔 '대지의 어머니' 볼리비아 인디오의
모순 혹은 절충", 『르몽드 디플로마티크』, 한국판 제20호, 2010년 5월호.
이성형(2010), "오바마 정부와 라틴아메리카: 선린외교에서 힘의 외교로?", 『오늘
의 라틴아메리카』, 서울대학교 라틴아메리카연구소.
주종택(2007), "멕시코 농촌지역에서 마치스모의 사회적 의미와 변화," 『비교문화
연구』, Vol. 13. No. 1.

Anderson, Benedict(1983), *Imagined Communities,* London: Verso.
Bethell, Leslie, (Ed)(1984), *The Cambridge History of Latin America.* Cambridge/New
York: Cambridge University Press.
Georgia Waylen(1994), "Women and Democratization: Conceptualizing Gender
Relations in Transition Politics", *World Politics,* Vol. 46, No. 3.
Hersberg, Eric. Rosen, Fred(2006), *Latin America After neoliberalism.* Turning the
Tide in the 21st century. New York: The New Press.
Lavrin Asunción(1995), *Women, Feminism & Social Change in Argentina, Chile, &
Uruguay 1890–1940,* (Univ. of Nevraska Press)
Petras, James and Veltmeyer, Henry(2005), *Social movements and state power:
Argentina, Brazil, Bolivia, Ecuador.* London: Pluto.
Petras, James(2009), "Latin America's Twenty-First Century Socialism in Historical
Perspective", http://www.globalresearch.ca/index.php?context=va&aid=15634
Pizarro, Eduardo, et,al.(2006), *The Crisis of Democratic Representation in Andes.*
Stanford: Stanford University Press.
Richani, Nazih(1997), "The political economy of violence. The war system in
Colombia". *Journal of Interamerican Studies and World Affaires,* Vol. 39,
No. 2.
Salazar, Luis and Fierro, Luis(1993), "Drug trafficking and social and political conflicts

in Latin America: some Hypothesis". In: *Latin American Perspectives*, Vol. 20, No. 1.

Taylor, Lance. (Ed.)(1998), *After neoliberalism: What is next for America Latina.* Ann Arbor: University of Michigan Press.

Wickham-Crowley, Timothy(1993), *Guerrillas and Revolution in Latin America.* Princeton: Princeton University Press.

Zarate-Laun, Cecilia(2001), "Introduction To Putumayo: The U.S.-assisted war in Colombiahttp://www.zcommunications.org/introduction-to-putumayo-by-cecilia-zarate-laun

Part 12
경제사: 도전, 위기
그리고 성장

I. 식민시대

이베리아인들의 라틴아메리카 정복과 식민화는 이 지역에 많은 변화를 가져왔다. 우선 정복과 식민화로 인해 아메리카 대륙에서 살고 있던 원주민의 인구는 급격히 감소하였다. 통계에 따라 차이가 있지만, 식민 초기 원주민 인구는 무려 50~90%가 감소하였다. 이러한 재앙에 가까운 원주민 인구의 감소는 유럽 정복자들과 함께 유입된 전염병과 가혹한 식민 착취를 원인으로 들 수 있다. 한편 경제적인 측면에서 볼 때, 이베리아인들의 정복과 식민화는 아메리카 대륙에 새로운 문물과 기술이 유입되는 계기가 되기도 하였다. 스페인 정복자들은 신대륙에 소, 양, 말, 돼지, 밀, 설탕, 올리브 나무, 포도나무, 낫과 쟁기, 소달구지, 그리고 수은을 이용한 은 추출법 등 새로운 동식물과 기술을 도입하였다. 대부분이 하류층 출신으로 신대륙 정복을 통해 금은보화와 토지를 얻고 사회적 지위를 상승시키고자 했던 스페인 정복자들은 귀금속이 많지 않고 유목민 중심의 원주민들의 저항이 극심하여 식민화가 용이하지 않았던 남아메리카 내륙과 같은 지역보다 멕시코와 페루와 같이 원주민 인구집중지역을 선호하였다. 한편 브라질을 식민화한 포르투갈 정복자들은 주로 대서양 연안을 따라 정착하였다. 이후 포르투갈인들은 노예획득을 위한 원주민 사냥과 1700년 이후 내륙에서 발견된 금광 때문에 아마존 지역으로 들어갔고, 그 결과 브라질과 스페인 식민지와의 국경선이 서쪽으로 점점 이동하였다.

스페인 국왕은 식민초기에 정복자들에게 토지와 원주민 노동력을 보상으로 나누어주었는데 이를 엔꼬미엔다^{encomiendas}라고 불렀다. 각자 자신들의 공동체에 속박된 원주민들은 아즈텍과 잉카 시절처럼 식민정복자들에게도 강제노역을 포함한 공물을 바쳐야했다. 미따^{mita}라고 불리었던 노동력 공급의 책임은 원주민 부족장의 몫이었다. 스페인 식민치하에서도 공물에 대한 권리를 유지하였던 원주민 귀족의 후손들은 부를 유지하였으며 다수를 차지하던 원주민 대중들은 사회경제적 계층구조에서 하류층을 형성하였다. 한편 미따제도에 따라 의무적으로 노동을 제공해야만 하는 공동체에 머물고 싶지 않았던 많은 원주민들은 결국 공동체를 떠났다. 하지만 공동체를 떠난 원주민들은 스페인인의 대농장에 고용되어 농장노동자가 되거나 도시지역의 공장노동자 또는 가사노동자가 되었으며, 다수는 부채노예$^{debt\ peonage}$로 전락하였다.

식민시대 아메리카의 대표적인 수출품은 은, 금, 염료, 가죽 물품, 설탕, 면화, 담배 그리고 카카오 등이 있었다. 특히 멕시코 시와 리마를 중심으로 이루어진 은 수출은 스페인인들과 크리오요들의 구매력을 높여주었으며 이는 유럽산 물건들과 라틴아메리카 각 지역의 식료품과 공산품에 대한 수요의 증대로 이어졌다. 한편 식민지의 은은 태평양 건너 필리핀을 통로로 하여 비단, 향신료를 포함한 동양의 사치품과 교환되었다. 이러한 교역은 대양무역을 담당하던 상인들을 중심으로 이루어졌는데, 당시 대양무역을 주도하였던 상인들은 막대한 유동자산을 바탕으로 실질적으로 금융가의 역할을 병행하였다. 한편 식민시대에 부를 보유한 대표적 세력의 하나로 가톨릭교회를 들 수 있다. 식민시대 가톨릭교회는 대농장^{hacienda}과 광산을 포함한 방대한 부동산을 보유하고 있었다. 교회는 이러한 자산을 직접 관리하거나 임대함으로써 주요 투자자의 역할을 하기도 하였다. 결국 식민시대 가톨릭교회는 경제활동과 헌금 수입을 통하여 종교행위뿐만 아니라 교육, 의료, 고아원 등의 사회서비스 활동에도 기여하였다. 한편 경제영역에서 교회의 이러한 영향력 확대는 스페인과 포르투갈 왕실로 하여금 교회의 경제적 영향력 제한을 모색하는 빌미가 되기도 하였다. 이러한 조치의 일환으로 1767년 예수회^{Jesuit}의 자산이 몰수되고 추방되기도 하였다.

식민시대 스페인 왕실은 세비야와 카디스를 중심으로 이루어진 대서양 횡단 무역의 독점을 통하여 식민지배의 이득을 얻으려 하였다. 그러나 스페인의 이러한 시도는 영국, 프랑스 그리고 네덜란드 선적들에 의한 밀수 행위로 끊임없이 방해를 받았으며, 산업생산능력마저 뒤떨어진 스페인과 포르투갈은 아메리카 식민지와 다른 유럽 국가들 간의 무역을 중계하는 처지로 전락하고 말았다. 이러한 상황에서 18세기 후반에 들어 스페인과 포르투갈 왕실은 아메리카 대륙 식민지에 대한 독점무역권의 회복을 모색하였다. 스페인과 포르투갈은 지정된 항구만을 이용해야 하는 것과 같은 무역독점에 대한 규제를 완화하는 대신 식민지가 본국의 상품들과 경쟁하는 것을 금지시켰다. 예를 들어, 스페인은 식민지에서 와인과 올리브기름의 생산을 금지시켰으며 카탈루냐와 경쟁관계에 놓였던 섬유공장들을 폐쇄하는 칙령을 발표하기도 하였다. 한편 이베리아 반도에서 수요가 있었던 상품에 대해서는 세금 및 인센티브를 부여하며 생산을 장려하였다. 포르투갈은 브라질에서 쌀과 카카오 플랜테이션의 설립을 권장하였으며 커피에 대한 수출세를 면제해 주기도 하였다. 한편 스페인과 포르투갈의 이러한 중상주의적 정책 기조는 식민지의 반발을 불러일으켜 독립을 부추기는 원인이 되기도 하였다.

II. 독립부터 대공황까지

독립 이후 수십 년간 대부분의 라틴아메리카 신생국들은 자유주의자 Liberals와 보수주의자Conservatives 간의 극심한 대립으로 분열을 경험하였는데, 갈등의 핵심에는 경제정책이 있었다. 즉 보수주의자들과 달리 시장경제의 확대를 옹호하였던 자유주의자들은 국제무역, 유럽인의 이민 그리고 외국인의 직접투자에 대해서 우호적이었다. 한편 자유주의자들의 이러한 시장경제에 대한 신념은 원주민 공동체와 교회자산에 대해서도 예외가 아니었다. 따라서 자유주의자들이 집권한 시기에 교회자산을 몰수하거나 원주민 공동토지를 분할매각하는 등의 조치가 취해졌다. 독립 후의 혼란은 19세기 후반이 되며 차차 안정을 찾기 시작하였는데, 이러한 정치적 안정은 경제적 부활로 이어졌다. 특히 계몽적 독재자가 집권한 멕시코와 상업적 과두체제가 들어선 아르헨티나와 페루는 자유방임적 자유주의를 경제기조로 하여 자유무역과 유럽으로부터의 이민을 적극 권장하였다. 또한 외국인 직접투자의 증가는 경제성장의 촉매제가 되었는데, 주요 투자자는 남미지역에서의 영국과 북중미지역에서의 미국이었다. 식민시대처럼 19세기 후반의 경제 부흥은 일차산품의 대규모 수출에 기반을 두었다. 다만 식민시대 수출품의 주를 이루었던 금과 은이 구리, 납, 초석, 석유, 주석, 아연과 같은 산업광물과 바나나, 커피, 냉동쇠고기, 고무, 밀 양모 같은 농업생산물로 바뀌었다. 한편 스페인과 포르투갈, 그리고 새로운 노동력의 원천인 이탈리아 같은 지역으로부터의 이민의 재개로 인하여 라틴아메리카의 인구는 증가하기 시작하였다. 대부분의 이민자들은 내수 소비를 목적으로 잉여 수출 상품을 가공하는 산업분야에 종사하였다.

<표 9> 라틴아메리카 국가들의 단일상품 수출의 비중, 1938년(%/총수출)

국가	상품	% / 총수출, 1938년
엘살바도르	커피	92
베네수엘라	석유	92
쿠바	설탕	78
파나마	바나나	77
볼리비아	주석	68
과테말라	커피	66
온두라스	바나나	64
콜롬비아	커피	61
도미니카공화국	설탕	60
칠레	구리	52
아이티	커피	51
코스타리카	커피	49
니카라과	커피	47
브라질	커피	45

출처: Simon Hanson, Economic Development in Latin America, Washington D.C.: Inter-American Affairs Press, 1951: p. 107; Franko, 2003: p. 37 재인용.

수출주도성장의 가장 성공적인 라틴아메리카의 사례는 아르헨티나였다. 더불어 칠레, 우루과이 그리고 쿠바가 상대적으로 성공을 거두었다. 하지만 지역 전체로 볼 때는 그다지 성과가 좋지 못했다. 대부분의 라틴아메리카 국가들이 어느 정도의 경제성장을 이루기는 하였지만 미국이나 유럽을 따라잡기는커녕, 대부분의 국가들이 겪고 있던 만성적 빈곤으로부터 탈출하기에도 미흡한 수준이었다. 이러한 라틴아메리카 국가들의 상대적 저성장의 원인으로는 불운한 주력 수출상품 선택, 부적합한 물적 및 재정 인프라, 만성적 노동력 부족과 사회적 불평등에서 기인한 노동시장의 경직성, 수평 및 수직적 경제통합에 대한 방해, 지나치게 소비에 집중되는 이윤, 비효율적인 공공행정, 부적절한 공공정책, 그리고 공공 의료와 교육에 대한 투자부족 등을 들 수 있다. 한편 1차 산품 수출에 과도하게 의존한 20세기 초 라틴아메리카 경제는 외부적 충격에 매우 취약하였다. 대공

황은 수출상품에 대한 수요를 급격하게 감소시켰으며 1차 및 2차 세계대
전은 수입상품에 대한 공급을 중단시켰다. 그 결과 라틴아메리카 지역에
서 가장 중요한 해외 투자자이자 상품수입자였던 영국의 경제적 중요성은
급격히 감소하였다. 해외에서의 급격한 수요 감소로 라틴아메리카의 대외
무역은 축소되었다. 1932년까지 아르헨티나, 브라질, 칠레, 콜롬비아 그리
고 멕시코 등 주요 국가들의 총수출액은 미화를 기준으로 50% 이상 축소
되었다. 공공부채에 대한 지불정지가 공공연해졌다. 그런데 제2차 세계대
전은 원자재 수출의 큰 기회가 되었다. 대부분의 국가들은 해묵은 공공채
무를 갚을만한 외화를 축적하였다. 한편 필요한 소비재를 제때에 공급받
지 못하며 시작된 수입대체산업화 정책은 라틴아메리카 경제에 강력한 동
력을 부여하였다.

Ⅲ. 수입대체산업화(Import Substitution Industrialization)

해외로부터의 소비재 공급부족에 대한 시장의 대응으로 촉발된 라틴아
메리카의 수입대체산업화는 제2차 세계대전이 끝나자 경제정책의 목표가
되었다. 특히 아르헨티나 출신의 경제학자 라울 프레비쉬Raúl Prebisch를 중
심으로 한 라틴아메리카경제위원회the Economic Commission for Latin America16)의
경제학자들은 수입대체산업화의 이론적 기반을 제공하였다. 이들이 제시
한 주장은 대외무역에 대한 비관적 관점에서 출발하였다. 즉 이들은 대부
분이 일차 산품인 라틴아메리카 수출품은 대부분이 기술집약적 공산품인
수입품에 비해서 시간이 갈수록 점점 가격이 떨어진다고 전망하였다. 이

---

16) 유엔 산하의 지역위원회의 하나인 라틴아메리카경제위원회는 스페인어 명칭의 약자인 CEPAL(la Comisión
Económica para América Latina)로도 불리며 1948년 유엔에 의해 라틴아메리카 경제발전을 위한 기여를 목적
으로 설립되어 칠레의 산티아고에 본부를 두고 있다. 1984년 그 영역을 카리브 지역까지 확장하여 이름을 라틴
아메리카카리브경제위원회(the Economic Commission for Latin America and the Caribbean)로 변경하였다.

런 상황에서, 이들의 주장이 옳다면, 라틴아메리카 국가들은 선진공업국 가들과 무역을 하면 할수록 점점 더 뒤처지며, 결국 선진국의 자본과 기술에 종속되어 영원히 발전을 할 수가 없게 된다는 것이다. 이러한 라틴아메리카경제위원회 경제학자들의 주장은 각국의 비교우위에 바탕을 둔 국제무역이 서로를 이익과 상생으로 이끈다는 기존 주류경제학 이론으로부터의 급진적인 이탈을 의미하였다. 결론적으로 라틴아메리카경제위원회 경제학자들과 그 후계자인 종속이론가들은 세계경제 발전의 정해진 행로가 라틴아메리카 경제를 침체에 빠뜨릴 수 있다고 보았다. 즉 라틴아메리카가 일차산품 수출에 의존하는 경제구조를 바꾸지 않는다면 세계경제체제의 주변부에서 영원히 저발전 상태로 머물게 된다고 주장하였다.

이러한 라틴아메리카경제위원회의 경제학자들과 종속이론가들의 주장은 라틴아메리카 각국이 추진한 수입대체산업화 정책을 정당화하는 기제가 되었다. 라틴아메리카 국가들은 원활한 수입대체산업화 정책을 위하여 다양한 정책도구들을 사용하였다. 대표적인 정책도구들로는 관세정책, 특혜환율, 저리융자, 조세인센티브와 보조금, 규제, 그리고 경공업에서 중공업으로 이어지는 단계적 산업화를 위한 국영기업 육성 등을 들 수 있다. 시간이 갈수록 이러한 정책기제들은 국가주도하에 추진되었다. 국가는 소유자로, 대여자로 그리고 때로는 규제자로 경제 전반에 개입을 시도하였다. 물론 이러한 국가의 직접적 개입에도 불구하고 경제 자체는 사적소유에 기반을 둔 자본주의 체제였다. 결론적으로 제2차 세계대전 이후 라틴아메리카에서 국가 주도하에 추진된 수입대체산업화는 기존의 수출주도 성장모델을 내수를 위한 산업화로 전환하려는 시도였다.

라틴아메리카에서 수입대체산업화 정책은 일정한 성과를 거두었는데 특히 초기 단계에서 성과가 두드러졌다. 특히 멕시코와 브라질 같이 경제 규모가 큰 국가에서 성과가 두드러졌다. 브라질의 경우, 1980년 이전 30여 년간 때로는 "기적"이라고 규정할만한 경제성장을 이루었다. 이 기간 동안 국내에서 수입을 대체하는 상품이 생산될 수 있을 때는 언제든지 수입을 제한하는 조치들이 취해졌다. 과거 브라질 기업들은 농산물과 기초 상품들을 생산하고 수출하였으며 상대적으로 기술이 필요한 상품들은 수입하였다. 그러나 수입대체의 원칙하에서 농업수출품에 대한 수출세와 고평가된 환율체계는 브라질 기업들로 하여금 내수용품을 생산하는 것이 더이롭다는 결론에 도달하게 하였다. 수입대체산업화 정책하에서 브라질은 최소한 1960년대까지는 자본과 노동을 포함한 자원에 대하여 생산성을 높이는 데 성공하였다. 이러한 생산성의 향상은 인플레이션에 대한 부담 없이 임금향상으로 이어졌다. 빠른 임금상승과 생활수준 향상은 비록 전 국민에게 혜택이 골고루 돌아간 것은 아니었지만 이 시기를 규정하는 특징의 하나였다. 아마도 수입대체산업화 정책은 작은 나라에서는 성공하기 어려운 정책이었을 것이다. 하지만 브라질의 경우 수십 년간 국제시장과 장벽을 쌓았음에도 불구하고 국가가 선호하는 산업을 발전시킬 수 있는 시장규모와 자원을 보유하고 있었다.

한편 라틴아메리카에서 수입대체산업화 정책은 중요한 정치적 함의를 지니고 있다. 20세기 초 라틴아메리카 정부들은 점증하는 중산층과 조직 산업노동자와 같은 새로운 유권자들을 체제 내로 합류시키는 데 실패하였다. 각국의 정부들은 상업적 농업의 확대로 소농과 소작농들이 농토로부터 쫓겨나는 것을 방관하였다. 또한 자유무역주의의 경제적 방임주의의 원칙이라는 미명하에 라틴아메리카 각국은 외국 투자자들이 민족주의적 감정을 건드릴 정도로 정치적·경제적 영향력을 끼치는 것을 방임하였다.

이러한 경제적 자유방임주의가 첫 번째로 철퇴를 맞은 곳은 멕시코였다. 1910년 디아스의 독재에 대항하여 정치적 민주주의를 되찾고자 시작된 멕시코 혁명은 걷잡을 수 없이 확대되었다. 결국 폭력과 혼란이 종식된 멕시코에서는 경제적 민족주의와 민중주의가 결합된 정권이 출현하였다. 대농장으로부터 몰수된 토지는 토지분배의 과정을 거쳐 에히도ejidos로 불리는 공동소유토지로 탈바꿈하였으며, 외국계 석유회사는 국유화되었다. 노동조합과 사업가연맹은 정부의 감독하에 놓였으며, 해외무역과 외국인 투자는 엄격한 통제하에 놓였다. 이렇게 정권이 안정화되자 산업화가 추진되었다. 브라질에서와 같이, 멕시코의 수입대체산업화는 뚜렷한 성과를 거두었다. 1940년에서 1970년 사이 멕시코 경제는 연평균 6%의 성장을 기록하였다.

한편 볼리비아, 쿠바 그리고 니카라과에서도 혁명이 일어났다. 또 라틴아메리카의 다른 몇몇 국가에서는 개인주의적 지도자들이 경제영역에서의 국가개입을 위한 국민적 지지를 등에 업고 권력을 획득하였다. 이들은 외국인 또는 일부 내국인 소유의 은행, 공익사업, 철도 그리고 광산 등의 자산을 몰수하여 국유화하였다. 또한 정권들은 의무적 임금인상과 공공지출 등의 방법을 통한 소득분배와 같은 민중주의적 프로그램을 추구하였다

1950년대부터 1970년대 사이 라틴아메리카의 경제적 민족주의는 국내외 경제엘리트가 소유한 부의 분배를 추구한 민중주의적 경향과 밀접하게 결합되었다. 일반적으로 민중주의적 정책들은 대규모의 자산몰수와 더불어 노동자 임금 및 수당의 의무적 인상 그리고 공공 고용과 지출의 급격한 증대를 특징으로 하고 있었으며 이러한 정책들은 라틴아메리카 경제의 고질적 문제의 하나인 인플레이션을 촉발시키는 경향을 가지고 있었다. 이렇듯 수입대체산업화로 축약된 경제적 민족주의와 민중주의의 결합은 정치적 과정을 통하여 강화되었다. 특히 국가 주도의 수입대체산업화는 도시지역에서 산업노동자와 공무원 수의 증가와 조직화에 기여하였는데, 이들은 이러한 민중주의적 정책을 지원하기 위하여 쉽게 동원이 가능하였다. 결국 경제적 민족주의는 민중주의로 변환하였으며 분배는 성장에 우선하였다. 그러나 이러한 정책 전환의 결과는 경제적으로 악영향을 끼치게 되었는데 이는 결국 의도된 수혜자들의 실질임금의 감소로 귀결되었

다. 즉 민중주의적 정책이 원인이 된 인플레이션과 물자부족은 저소득 계층에게 가장 치명적으로 영향을 끼쳤다.

Ⅳ. 경제위기와 잃어버린 10년

경제적 민족주의와 부의 공평한 분배를 추구했던 국가주도의 산업화는 역설적이게도 대외적인 종속과 내적 불평등을 심화시키는 결과를 초래하였다. 수입대체산업화 정책은 신생 국내기업에 필요한 기술을 제공하는 다국적기업에 또 다른 기회를 주었다. 이러한 상황에서, 국산화를 위하여 설립된 국내 기업이 결국은 완제품 생산을 위한 부품을 수입하고 수익금을 송금하는 다국적 기업의 자회사로 전락하는 경우가 빈발하였다. 결국 해외완성재에 대한 종속을 탈피하기 위한 수입대체산업화는 부품 및 설비와 같은 중간재와 국제 금융에 대한 종속을 심화시키는 결과를 가져왔다. 한편 국제금융에 대한 종속의 심화와 이에 따른 외채의 증가는 절묘한 국제환경으로 증폭되었다. 1970년대 기간 동안, 석유수출국기구OPEC, the Organization of Petroleum Exporting Countries를 결성하여 유가급등을 이끈 석유수출 국가들은 벌어들인 막대한 외화를 서방 은행들을 통하여 개발도상국에 공급하였다. 수입대체 산업화의 심화를 위하여 막대한 투자자금을 필요로 했던 라틴아메리카 국가들은 이러한 자금들을 거침없이 흡수하였다. 특히 국가 주도의 산업화의 핵심적 역할을 담당하던 국영기업들은 이러한 자금들을 유리한 조건으로 공급받았으며 이로 인해 라틴아메리카 국가들의 총 대외채무는 급등하였다.

한편 평가절상된 환율은 수입대체산업화에 필요한 수입품 구매를 위한 보조금의 역할을 하였는데 이는 항구적인 국제수지 문제를 발생시켰다. 그러나 농업부문의 경우는 사뭇 다른 대접을 받았다. 여전히 외화획득의

원천이자 수백만 농민에게 일자리를 제공하던 농업부문은 수출세와 가격
통제로 재정적 압박을 받았으며 이는 결국 도시로의 이주를 촉발시키는
계기가 되었다. 하지만 도시지역의 산업 부문에서의 일자리는 한정되어
있었다. 새로운 도시이주민들은 서비스업과 행상과 같은 '비공식부문에서
일자리를 찾았다. 빈민촌은 대도시 주변에서 급격히 확장되었으며 빈민촌
거주자들은 지하경제에서 겨우 생계를 이어갔다.

　　1980년대의 위기는 외부로부터 시작되었다. 1970년대 말 중동지역의 정
정불안으로 촉발된 제2차 오일쇼크는 세계적 불황과 국제이자율 인상으
로 이어졌다. 취약한 채무국으로서 라틴아메리카 국가들은 이러한 외부
충격을 감당할 수 없었다. 1970년대의 값싼 이자 덕에 꾸준히 늘어난 대외
부채는 이자율이 급등하자 이자를 갚을 수 없는 지경에 이르렀다. 설상가
상으로 세계적 불황은 라틴아메리카 주요 수출품의 가격을 하락시켰다.
결국 1982년 8월 멕시코가 채권은행에 외채불이행을 선언하였으며, 개발
도상국 최대의 채무국 브라질이 그 뒤를 이었다. 1980년부터 1991년 사이
의 기간 동안, 총 18개의 라틴아메리카 및 카리브 지역의 국가들이 채권자
와 채무재조정을 실시하였다.

　　그러나 1982년의 외채 불이행 선언으로 모든 고통이 끝난 것이 아니었
다. 1982년 외채 불이행 선언으로 시작된 경제 위기는 1980년대 내내 라틴
아메리카 국가들을 괴롭히는 장기적 경제침체로 이어졌다. 1980년대에 경
험한 장기적 경제침체의 직접적 원인은 위기를 촉발한 국제외채위기와 라

〈표 10〉 라틴아메리카의 총외채, 1978~1990

연도	총외채(십억US$)	연도	총외채(십억US$)
1978	153	1984	368
1980	228	1987	428
1982	328	1990	440

출처: Bethell, Leslie (ed.), *Latin America Economy and Society Since 1930*, Cambridge University Press, 1998: p. 228.

틴아메리카 국가들이 경험한 지속적인 교역조건의 하락을 들 수 있다. 우선 수입품에 대한 수출품의 가격으로 산정하는 교역조건의 경우, 1980년부터 1989년 사이 21% 하락하였다. 라틴아메리카의 주요 수출품인 쇠고기, 커피, 코코아, 면화, 철광석, 설탕 그리고 석유의 국제 수출 가격은 하락을 경험하였다. 예를 들어, 설탕 가격의 경우 1980년부터 1989년 사이에 22.1%가 떨어졌으며, OPEC이 가격을 설정하는 유가의 경우 1981년부터 1985년 사이에 무려 50%가 하락하였다.

1980년대 기간 동안 물가는 급등하였고 경제성장률은 정체 또는 마이너스 성장을 기록하며 지난 20년간의 성장을 상쇄하였다. 이 기간 동안 라틴아메리카 지역의 일인당 국내총생산은 연평균 −1.3%, 총 −12%의 하락을 기록하였다. 최악은 아르헨티나로 일인당 실질 국내총생산이 연평균 −3.2% 감소하였으며, 볼리비아(−2.6%)와 베네수엘라(−2.3%)가 그 뒤를 이었다. 또한 같은 기간 동안 라틴아메리카 지역의 총투자는 30% 이상 감소하였다.

한편 라틴아메리카 정부가 처한 거대한 재정적자에 대해 각국의 중앙은행은 화폐발행이라는 미봉책으로 대응함으로써 인플레이션으로 이어졌다. 이러한 인플레이션은 1985년 볼리비아에서 연 8,000% 이상, 1989년 아르헨티나에서는 3,000% 그리고 같은 해 브라질에서는 1,200% 이상의 초인플레이션hyper-inflation을 기록하기도 하였다.

한편 대다수의 라틴아메리카 국가들이 추진한 임시방편적 안정화 정책은 위기에 대한 해결의 실마리가 되지 못하였고 경제상황은 부침을 거듭하였다. 채무불이행 선언에 따라 지불이 중지된 외채의 원금과 이자는 구조조정의 지연으로 쌓여만 갔다. 결국 1980년 2,400억 달러에 달하던 라틴아메리카 지역 국가들의 총외채규모는 1987년 4,450억 달러 이상으로 증가하였다. 1980년 국민총생산에 대비하여 35.1% 규모였던 라틴아메리카 국가들의 대외채무는 같은 기간 동안 64.9%로 증가하였다. 또한 총수출액에서 차지하는 연간 외채서비스 규모는 43.6%에 달했으며, 멕시코와 같은 국가의 경우 외채규모는 더 이상 감당할 수 없는 수준이 되었다.

V. 신자유주의와 경제 구조조정

1980년대 기간 동안 국제적인 외채 문제를 해결하기 위하여 두 가지의 방안이 실시되었다. 미국 재무장관의 이름을 딴 이 방안들 중 첫 번째는 베이커 플랜Baker Plan으로 국제 금융기관(국제 통화기금, 세계은행 그리고 지역개발은행)과 상업은행들 간의 협력대출을 강조하였다. 하지만 이 방안은 곧 문제점을 노출하였다. 우선 채무국들이 빚의 굴레로부터 벗어나기에는 부족해 보였으며, 상업은행들의 대출자금마저 바닥을 보였다.

결국 실패로 끝난 베이커 플랜을 대신하여 1989년에 도입된 브래디 플랜Brady Plan은 앞서 실시한 베이커 플랜과 다른 접근을 실시하였다. 우선 브래디 플랜은 채무국들이 부채 상환과 성장을 동시에 이룰 수 없다는 점을 인정하였다. 따라서 브래디 플랜은 채권 금융기관과 채무국 간의 협상의 초점을 채무재조정debt rescheduling에서 채무경감debt relief으로 전환하였다. 협상을 돕기 위하여, 국제통화기금, 세계은행 등의 금융기관은 상당한 규모의 펀드를 마련하였다. 채무국들은 이러한 펀드를 부채출자전환debt-equity swap, 부채조기상환buyback 등의 방법을 통하여 외채 해결에 이용하였다. 그런데 브래디 플랜의 가장 중요한 요소의 하나는 신자유주의적 (또는 시장지향적) 경제 구조조정에 대한 동의와 도입이었다. 즉 채권국들이 브래디 플랜에 입각한 채무 경감과 대출재개를 위해서는 채무 서비스 능력을 보장하는 경제의 체질개선을 위한 구조조정을 도입해야만 했다.

<표 11> 워싱턴 컨센서스의 주요 권고 사항

1) 재정적자 해결을 위한 엄격한 재정적 규율 확립
2) 경제적 이득과 소득분배를 고려하여 국가지출의 우선순위 조정, 즉 무차별적 보조금보다는
   성장지향적이며 빈곤퇴치지향적인 정책을 중심으로 지출
3) 세제 개혁
4) 금융자율화
5) 경쟁 환율제 도입
6) 무역자유화
6) 외국인 직접 투자 자유화
7) 국영기업 민영화
8) 탈규제화
9) 재산권 보호 조치 도입

출처: Williamson, John, "Waht Washington Means by Policy Reform" in John Williamson (ed.), *Latin American Readjustment: How Much has Happened*, Washington: Institute for International Economics, 1989.

　　워싱턴 컨센서스Washington Consensus로 불렸던 신자유주의적 구조조정 패키지의 핵심내용은 단기적으로는 외채위기에서 비롯된 경제적 혼란의 종식과 성장의 재개 그리고 채무 서비스 능력의 회복이었으며, 장기적으로는 기존의 국가주도적 경제구조를 대체하는 시장주의적 경제구조와 운용원칙을 회복하는 것이었다. 즉 1980년대 외채 위기로 촉발된 라틴아메리카 경제의 구조적 위기의 궁극적 원인이 수입대체산업화로 대표되는 국가주도적 경제구조의 한계라고 진단한 워싱턴 컨센서스는 라틴아메리카 경제에서 시장기능의 회복이 채무 서비스의 재개는 물론 성장의 재개를 위한 선결 조건이라고 보았다. 워싱턴 컨센서스 하에서 라틴아메리카의 각국 정부는 단기적으로 정부 재정지출 삭감, 과대평가된 통화 가치의 평가절하, 그리고 이자율 인상 등의 긴축정책을 통하여 재정균형, 무역수지 균형, 그리고 인플레이션 억제를 목표로 삼았다. 또한 장기적으로는 시장 원리의 확대를 기조로 경제 전반의 효율성 증진을 추구하였는데, 주요 정책으로는 무역 및 금융 자유화 그리고 민영화가 추진되었으며 노동, 의료, 교육 그리고 사회보장 등의 개혁을 추구하였다.

　　특히 경제 영역에서의 시장역할의 확대라는 이데올로기적 목적과 매각

대금의 확보라는 실용적 목적을 동시에 지닌 민영화 정책은 1990년대에 라틴아메리카 국가들이 추진한 시장지향적 개혁의 가장 상징적 정책이었다. 시장주의자들은 효율성에 기반을 둔 경제적 판단보다는 정치적 판단으로 의사결정을 하는 국영기업은 비효율적일 수밖에 없으며 이는 부정부패는 물론 국가재정에 부담을 줄뿐이라고 주장하였다. 따라서 시장주의자들은 비효율적이고 적자에 허덕이던 국영 기업의 민영화는 국가의 재정적 부담을 더는 동시에 매각 대금의 확보를 통하여 채무상환 및 사회정책을 위한 재정 확보 등의 경제적 목적을 가지고 있다고 보았다. 특히 1980년대

〈표 12〉 라틴아메리카의 민영화, 1990~95

국가	민영화 수입 (백만 US 달러)	총 민영화 건수	민영화 수입의 비중 (GDP의 %)	민영화 수입에서 해외투자분의 비중
멕시코	24,271	174	2.0	28.7
아르헨티나	18,446	123	2.1	47.9
브라질	9,136	45	0.3	14.5
페루	4,358	72	1.6	82.4
베네수엘라	2,510	29	0.6	66.6
칠레	1,259	14	0.5	51.9
콜롬비아	735	16	0.2	64.4
볼리비아	637	28	2.0	96.6
니카라과	126	75	1.5	3.7
파나마	100	9	0.3	62.9
에콰도르	96	9	0.1	55.9
온두라스	74	32	0.5	1.1
코스타리카	46	4	0.1	0.0
파라과이	22	1	0.1	50.0
우루과이	17	7	0.0	94.1
도미니카공화국	0	0	0	n/a
과테말라	0	0	0	n/a
아이티	0	0	0	n/a

출처: IADB. *Economic and Social Progress in Latin America, 1996 Report*, Washington D.C.: John Hopkins University Press, 1996; Gavin O'Toole. *Politics latin America*, Pearson Education Limited, 2007: p. 448 재인용.

중반 국영기업이 국내총생산에서 차지하는 비중이 12%에 달하던 라틴아메리카에서 국영기업 민영화는 경제 구조조정의 핵심 정책이었다.

1990년부터 1994년 사이 세계에서 실시된 민영화의 절반 이상이 라틴아메리카 지역에서 실시되었을 정도로 라틴아메리카에서 국영기업의 민영화는 광범위하게 실시되었다. 특히 칠레, 아르헨티나, 멕시코, 브라질, 볼리비아 등의 국가에서 민영화는 활발하게 실시되었다.

VI. 구조조정의 결과, 그 후

소위 신자유주의적 기조하에 실시된 1990년대의 경제 구조조정은 그 성과에 있어서 명과 암을 동시에 보여주었다. 우선 거시경제 측면에서의 안정화를 이루었다. 특히 인플레이션 억제와 재정적자의 축소 그리고 해외직접 투자의 증가의 측면에서는 뚜렷하고 긍정적인 성과를 보여주었다. 무엇보다도 경제위기를 겪었던 1980년대에 수천 %에 달하며 그 어떠한 경제정책도 무용지물로 만들었던 인플레이션은 급격히 하락하여 1995년부터 2000년대 사이에는 라틴아메리카 지역 평균이 6.5%로 안정화되는 성과를 거두었다. 또한 정부 재정의 적자도 의미 있게 축소되었다. 예를 들어, 아르헨티나의 경우 1978~82년 사이 국내총생산의 11.2%에 달하던 재정적자가 1990~92년 사이에는 0.9% 수준으로 축소되었다. 멕시코 또한 1978~82년에 국내총생산의 11.7%에 달하던 재정적자가 1990~92년 사이에는 1.2%로 줄어드는 성과를 거두었다.

<표 13> 라틴아메리카 주요국의 인플레이션, 1980~2000년

국가	1980년대	1990년대	1995~2000
아르헨티나	437.6	14.9	−0.1
브라질	336.3	199.9	3.7
칠레	20.3	9.4	2.5
콜롬비아	23.7	20.1	7.4
멕시코	65.1	18.3	9.1
페루	332.1	38.1	3.4
베네수엘라	23.2	43.3	19.3
평균	176.9	49.1	6.5
가중평균	223.3	92.3	5.5
미국	4.7	2.8	1.2

출처: Arminio Fraga, "Latin America since the 1990s: Rising from the Sickbed?" *Journal of Economic Perspectives*, Vol. 18, No. 2, Spring 2004, p. 91.

<표 14> 라틴아메리카 주요국의 일인당 국민소득의 성장: 10년 단위 연평균

	일인당 국민소득의 성장				
	1970년대	1980년대	1990년대	1970년대~1980년대 변화율	1980년대~1990년대 변화율
아르헨티나	1.5	−2.9	3.2	−4.4	6.1
브라질	5.9	−0.4	1.3	−6.3	1.7
칠레	1.1	2.1	4.9	1.0	2.8
콜롬비아	3.3	1.3	0.8	−2.0	−0.5
멕시코	4.3	−0.3	1.8	−4.6	2.1
페루	0.6	−2.9	2.1	−3.5	5.0
베네수엘라	−0.4	−1.7	−0.1	−1.3	1.6
평균	2.3	−0.7	2.0	−3.0	2.7
가중평균	3.8	−0.6	1.7	−4.4	2.3
미국	1.7	2.2	2.0	0.5	−0.2

출처: Arminio Fraga, "Latin America since the 1990s: Rising from the Sickbed?" *Journal of Economic Perspectives*, Vol. 18, No. 2, Spring 2004, p. 91.

그러나 신자유주의 경제구조조정은 위기로 말미암아 혼란했던 경제 상황을 안정화하는 데는 효과적이었으나 뚜렷한 성장을 이끌어내는 데는 한계를 보여주었다. 특히 시장적 처방의 아킬레스건인 빈곤축소와 광범위한 삶의 질 개선에는 큰 효과를 내지 못하여 여러 국가에서 정치적 불만을 축적시키는 원인이 되기도 하였다.

한편 라틴아메리카 경제성장의 재개는 2000년대 이후에 본격적으로 시작되었다. 특히 중국 경제의 급격한 성장에 따른 원자재 가격의 상승은 원자재 위주의 수출구조를 가지고 있는 라틴아메리카 국가들의 수출증가와 자원 개발을 위한 직접투자의 급속한 증가로 이어졌다. 이렇듯 여러 문제점에도 불구하고 21세기 라틴아메리카 경제는 새로운 성장의 전기를 마련하고 있다.

참고문헌

Bethell, Leslie (ed.)(1998), *Latin America Economy and Society Since 1930*, Cambridge University Press.

Cardoso, Eliana and Ann Helwege(1995), *Latin America's Economy: Diversity, Trends, and Conflicts*, The MIT Press.

Edwards, Sebastian(1995), *Crisis and Reform in Latin America: From Dispair to Hope*, Oxford University Press.

Fraga, Arminio(2004), "Latin America since the 1990s: Rising from the Sickbed?"Journal of Economic Perspectives, Vol. 18, No. 2, pp.89~106.

Franko, Patrice(2003), *The Puzzle of Latin American Economic Development*, Rowman & Littlefield Publishers, INC.

Glade, William P.(2011), "Latin American Economic Restructure, Again" in Jan Knippers Black (ed.). Latin America: Its Problems and Its Promise: A Multidisciplinary Introduction, Westview Press.

Kingston, Peter(2011), *The Political Economy of latin America: Reflections on Neoliberalism and Development*, Routledge.

United States International Trade Commission(1992). U.S. Market Access in Latin America: Recent Liberalization Measures and Remaining Barriers (with a Special Case Study on Chile), USITC Publication 2521, Washington, D.C., June 1992, Chapter 2, p.3.

Vanden, Harry E. and Gary Prevost(2009), *Politics of Latin America: The Power Game*, Oxford University Press.

Williamson, John (ed.)(1989), *Latin American Readjustment: How Much has Happened*, Washington: Institute for International Economics.

Part 13
경제 현황과 이슈

I. 경제의 현황과 특징

현재 미주대륙에는 35개국이 존재한다. 이들 중 라틴아메리카 지역 국가들로 분류되는 독립국가는 모두 20개국이다. 즉 브라질, 멕시코, 아르헨티나로부터 쿠바, 온두라스, 아이티까지 다양한 국가들이 존재한다. 이들의 다양함은 면적과 인구는 물론 경제규모와 수준 그리고 경제적 특성을 살펴봐도 두드러진다. 예를 들어, 브라질은 세계 9위에 해당하는 국내총생산 규모를 가진 데 비하여 아이티는 그 규모가 213위에 불과하다. 이렇게 다양한 라틴아메리카 국가들의 경제적 특성을 하나의 틀로 설명하는 것은 불가능할 뿐만 아니라 그 의미도 크지 않다. 이에 본 장에서는 가급적 라틴아메리카 전체를 하나로 놓고 보는 종합적 분석보다는 각 국가적 특징을 훼손하지 않고 다양함을 보여주는 병렬적 사실의 전달에 치중하여 라틴아메리카 경제를 살펴보고자 한다.

통계를 통해서도 알 수 있듯이, 2008년 국제금융위기의 충격에도 불구하고 라틴아메리카는 건실한 성장을 이어가고 있다. 2011년 4월 IMF의 세계경제전망 보고서에 따르면 브라질을 중심으로 한 라틴아메리카 경제는 2010년 평균 6% 이상의 성장을 기록한 데 이어 2011년에도 4.7%의 성장을 이어갈 것으로 추산되고 있다.

〈표 15〉 라틴아메리카 경제현황

국가	국내 총생산 (PPP) 10억 달러 (1)	일인당 국내 총생산 (PPP) 달러(2)	실질 국내 총생산 성장률 %(3)	소비자 물가 상승률 %(4)	정부 총부채 %(5)	경상수지 10억 달러 (6)	총대외채무 10억 달러 (7)
아르헨티나	642.4	15,854	9.2	10.5	47.8	3.28	160.90
볼리비아	47.9	4,593	4.2	2.5	37.4	0.92	2.86
브라질	2,172.0	11,239	7.5	5.0	66.1	−47.51	310.80
칠레	257.9	15,002	5.3	1.5	8.8	3.80	84.51
콜롬비아	435.4	9,561	4.3	2.3	36.5	−8.87	57.74
코스타리카	51.2	11,216	4.2	5.7	39.4	−1.30	8.55
쿠바(8)	114.1	9,900	1.5	0.7	n/a	−6.94	19.75
도미니카(공)	87.2	8,836	7.8	6.3	29.0	−4.43	13.09
에콰도르	115.0	7,776	3.2	3.6	20.4	−2.57	14.71
엘살바도르	43.6	7,430	0.7	1.2	50.8	−0.46	11.45
과테말라	70.2	4,885	2.6	3.9	24.0	−0.87	17.47
아이티	11.5	1,165	−5.1	4.1	15.7	−0.16	0.35
온두라스	33.6	4,417	2.8	4.7	26.3	−0.96	3.54
멕시코	1,567.5	14,430	5.5	4.2	42.7	−5.69	212.50
니카라과	17.7	3,045	4.5	5.5	82.3	−0.93	4.03
파나마	44.4	12,578	7.5	3.5	40.9	−2.99	13.85
파라과이	33.3	5,202	15.3	4.7	15.0	−0.60	2.45
페루	275.7	9,330	8.8	1.5	24.3	−2.32	33.29
우루과이	47.8	14,296	8.5	6.7	55.3	0.20	13.39
베네수엘라	345.2	11,829	−1.9	28.2	38.7	14.38	55.61
한국	1,459.2	29,836	6.1	3.5	30.9	28.20	370.10
미국	14,567.8	47,284	2.8	1.4	91.6	−470.20	13,980.00

(1) 2010년(일부는 IMF 추산), 현재 국제 달러(current international dollar) 10억 달러; International Monetary Fund, *World Economic Outlook Database*, April 2011, 2011년 5월 검색.
(2) 2010년(일부는 IMF 추산), 현재 국제 달러(current international dollar); International Monetary Fund, *World Economic Outlook Database*, April 2011, 2011년 5월 검색.
(3) 2010년(일부는 IMF 추산), International Monetary Fund, *World Economic Outlook*, April 2011.
(4) 2010년(일부는 IMF 추산), 연말 기준(%), International Monetary Fund, *World Economic Outlook*, April 2011.
(5) 2010년(일부는 IMF 추산), 국내총생산의 비율(%), International Monetary Fund, *World Economic Outlook Database*, April 2011, 2011년 5월 검색.
(6) 2010년(일부는 IMF 추산), 미화 10억 달러, International Monetary Fund, *World Economic Outlook Database*, April 2011, 2011년 5월 검색.
(7) 2010년 12월 31일 추산, 10억 달러, 환율기반 정부와 민간 합산, CIA World Factbook에서 2011년 5월 검색.
(8) 2010년 추산, 쿠바 자료는 CIA World Factbook에서 2011년 5월 검색한 자료를 사용하였음.

<표 16> 라틴아메리카의 주요 수출품

국가	주요 수출품
아르헨티나	대두 및 부산물, 옥수수, 밀, 자동차, 석유 및 천연가스
볼리비아	천연가스, 대두, 원유, 아연, 주석
브라질	운송장비, 철광석, 기계, 연료
칠레	구리, 과일, 수산물, 제지, 석유화학, 포도주
콜롬비아	원유, 커피, 석탄, 니켈, 에메랄드, 의류, 바나나
코스타리카	바나나, 파인애플, 커피, 멜론, 관상식물, 설탕, 쇠고기, 해산물, 전자부품, 의료품
쿠바	설탕, 니켈, 담배, 어류, 의료품, 감귤, 커피
도미니카(공)	니켈, 철, 설탕, 금, 은, 커피, 코코아, 담배, 육류
에콰도르	석유, 바나나, 화훼, 새우, 카카오, 커피, 목재, 생선
엘살바도르	보세가공수출, 커피, 설탕, 섬유, 금, 에탄올, 석유화학, 전자
과테말라	커피, 설탕, 석유, 의류, 바나나, 과일과 채소류, 카더몬
아이티	의류, 제조업, 석유, 코코아, 망고, 커피
온두라스	의류, 커피, 새우, 전선, 시가, 바나나, 금, 팜오일, 과일, 가재, 목재
멕시코	제조업, 석유 및 석유화학, 은, 과일, 야채, 커피, 면화
니카라과	커피, 쇠고기, 새우 및 가재, 담배, 설탕, 금, 땅콩, 섬유
파나마	바나나, 새우, 설탕, 커피, 의류
파라과이	대두, 사료, 면화, 육류, 식용기름, 전자제품, 나무, 가죽
페루	구리, 금, 아연, 주석, 철광석, 몰리브덴, 원유 및 석유화학, 천연가스, 커피, 감자, 채소, 과일, 섬유, 어분
우루과이	쇠고기, 대두, 셀룰로오스, 쌀, 밀, 목재, 낙농품, 양모
베네수엘라	석유, 보크사이트와 알루미늄, 광물, 화학물, 농산물

출처: CIA World Factbook에서 2011년 5월 검색.

2000년대 이후 라틴아메리카 지역의 경제 상황에 가장 큰 영향을 끼치고 있는 요인은 중국과 인도 등의 거대 신흥공업국의 성장에 따른 원자재에 대한 수요 증가와 이에 따른 국제 원자재 가격의 상승으로 인한 수혜이다. 특히 세계의 공장으로 불리는 중국경제의 성장은 세계시장에서 1차산품에 대한 수요를 촉발하였으며 이러한 수요의 증가는 다양한 1차산품의 가격상승을 불러일으켰다. 이에 석유, 철강, 구리, 금, 은, 알루미늄, 주석 등의 지하자원과 대두, 설탕, 옥수수, 밀, 커피 등 다양한 식량 및 기초자원을 주요 수출품으로 삼고 있는 라틴아메리카 국가들은 수출호황을 맞이하고 있다. 특히 1980년의 외채 위기와 1990년대의 시장지향적 구조조정을 통하여 1970년대까지 추진했던 수입대체산업화로부터 대외개방과 자유무역에 기반을 둔 수출지향적 성장 모델로 경제기조를 전환한 대부분의 라틴아메리카 국가들은 때마침 맞이한 1차 산품 수출 붐을 적극 활용하고 있다. 결국 이러한 라틴아메리카 경제의 내적조건은 중국변수에 따른 대외적 환경과 결합하여 2000년대 라틴아메리카 경제가 강력하고 안정적인 성장을 유지하는 원동력이 되고 있다. 따라서 이러한 수출호황은 다양한 측면에서 라틴아메리카 경제에 긍정적 영향을 주고 있다. 우선 수출의 호조는 수입의 증대와 투자 활성화로 이어져 내수시장 확대와 수출경쟁력 강화로 이어지는 선순환적 구조를 강화시키고 있다. 또한 외화수입의 증대는 외환보유고의 확대로 이어져 고질적인 외채문제도 완화시켜주고 있다.

한편 2000년대 이후 라틴아메리카 경제의 경쟁력 강화를 가져온 수출 증대와 안정적 성장 기조에는 대부분의 국가가 이루어낸 거시 경제의 안정과 해외로부터의 투자자본유입의 증가를 들 수 있다. 즉 재정건전화와 물가안정의 기조 속에서 해외자본의 강력한 유입은 투자 증가와 성장으로 이어지고 있다. 결국 이러한 우호적 환경과 건실한 내적조건은 2008년 국제금융위기라는 악재에도 불구하고 라틴아메리카 경제가 비교적 순항을 할 수 있는 원인이 되었다.

그러나 1차 산품의 수출을 위주로 한 현재 라틴아메리카 국가들의 성장 구조가 모든 면에서 긍정적인 것만은 아니다. 특히 우려되는 것은 1차 산품과 중국에 대한 지나친 의존이 가져올 여러 가지 부정적인 요소들이다. 우선 특정 1차 산품 수출에 대한 의존은 해당 상품의 가격의 부침에 따라 경제가 부침을 겪는 호황과 불황 사이클boom and bust cycle의 우려가 있다. 또한 1차 산품에 대한 지나친 의존은 탈산업화를 가져와 성장잠재력의 약화를 가져올 우려가 있다. 즉 특정 자원산업의 성장이 장기적으로 화폐가치와 물가의 상승 그리고 타산업의 침체로 이어져 결국은 국가 전체가 성장하기보다는 경기침체를 겪게 된다는 '네덜란드병Dutch Disease'에 대한 우려는 라틴아메리카 국가들에게도 예외가 아니다. 특히 자원산업 중심의 라틴아메리카 국가들이 20세기 내내 고민했던 자원산업의 폐해(종속, 독점, 부패)와 이를 극복하기 위한 방안으로 추진했던 정책이 수입대체산업화라는 점을 상기시킨다면 1차 산품의 수출에 의존한 현재의 경제구조는 반복되는 역사에 대한 우려를 갖게 하는 것도 현실이다.

한편 현재의 수출중심의 경제구조가 지니는 또 다른 문제는 중국에 대한 지나친 의존이 지니는 위험이다. 즉 현재의 자원산업 수출 중심의 경제구조는 소위 '차이나 리스크China risk'로 불리는, 중국에 대한 의존의 확대가 가져올 잠재적 위험성을 확대하고 있는 구조이다. 즉 중국 경제의 부침에 따라 넓게는 세계경제 좁게는 라틴아메리카의 주요 수출품 가격이 급격한 부침을 겪을 수 있다는 위험성은 1930년대 대공황으로 수출 가격이 붕괴되어 경제 자체가 초토화되었던 라틴아메리카 국가들에게는 결코 간과할 수 없는 위험요소이다. 덧붙여 이러한 산업구조에서 비롯된 위험성과 함께 고질적인 빈부격차와 광범위한 빈곤 등의 문제는 라틴아메리카 경제의 지속적인 성장과 사회통합을 위하여 반드시 해결이 필요한 과제이다.17)

Ⅱ. 경제통합

일반적으로 정해진 지역 내에서의 차별을 철폐하는 방법을 통하여 궁극적으로 경제는 물론 정치의 완전한 통합을 지향하는 경제통합은 유럽연합European Union이 효시가 되어 세계 각지에서 추구되고 있다. 특히 1980년

---

17) 라틴아메리카 국가들에서의 빈곤 현황과 이를 극복하기 위한 정책에 관한 내용은 빈곤을 다룬 다른 장을 참고하기 바랍니다.

대 냉전종식 이후 세계가 하나의 경제권으로 통합된 후 경제적 지역주의
가 확산되며 '신지역주의New Regionalism'라 불리는 경제통합 노력의 새로운
전성기를 맞이하고 있다.

경제통합은 기본적으로 시장 확대를 통한 규모의 경제 실현, 개방화의
물결 속에서 절충적 보호의 실현 그리고 문화적 동질성을 지닌 국가들 간
의 결속력 확대라는 고유한 목적을 지니고 있다. 이에 일찍이 수입대체산
업화의 한계 극복을 위한 노력의 일환으로 1960년대에 추진한 다양한 지
역통합 노력이 실패로 귀결된 라틴아메리카 지역에서도 1990년대 이후 새
로운 지역통합의 노력들이 싹트기 시작하였다. 라틴아메리카에서의 제2차
지역주의로 불리는 이러한 경제통합의 노력들은 외채위기에 대한 처방으
로 실시한 자유무역에 기반을 둔 수출주도의 성장모델을 뒷받침하는 시장
의 확대가 절실하게 필요했기 때문이다. 즉 무역의 확대를 위한 시장의 필
요성은 1990년대 이후 라틴아메리카 국가들이 추구한 제2차 경제통합 노
력이 활발해진 이유이다.

〈표 17〉 라틴아메리카 경제통합, 1990년~현재

경제통합체	참여국가	특징
북미자유무역협정 (NAFTA)	미국, 캐나다, 멕시코	- 1994년 1월 1일 발효 - 회원국들 간의 자유무역을 위한 관세철폐가 목표. - 선진국과 개발도상국 간에 체결된 최초의 경제통합.
남미공동시장 (MERCOSUR)	아르헨티나, 우루과이, 파라과이, 브라질, 베네수엘라(2005)	- 1995년 1월 1일 발효. - 발효 당시 관세동맹의 형태로 궁극적으로 생산 요소의 자유로운 이동을 보장하는 공동시장을 추구하고 있음.
미국-중앙아메리카-도미니카 공화국 자유무역협정 (US-CAFTA-DR)	미국, 코스타리카, 니카라과, 과테말라, 엘살바도르, 온두라스, 도미니카공화국	- 2009년 1월 코스타리카를 마지막으로 모두 발효. - 중앙아메리카와 도미니카 공화국 상품과 서비스 시장의 자유화. - 중앙아메리카와 도미니카 공화국 주요 상품의 미국시장 접근 증대와 설탕쿼터 증가.
미주대륙을 위한 볼리바리안 대안 (ALBA)	베네수엘라, 쿠바, 볼리비아, 에콰도르, 니카라과, 온두라스 안티구아 바부다, 도미니카, 세인트 빈센트 그레나딘	- 베네수엘라에 의해 제안. - 신자유주의와 미국주도의 미주자유무역지대에 반대 표방.

미주자유무역지대 (FTAA)	쿠바를 제외한 미주대륙 34개국	─미국의 주도로 미주대륙을 포괄하는 범대륙적 자유무역지대 창설을 목표. ─2005년 말 타결을 목표로 했으나 아직 타결되 지 못하고 있음. ─브라질과 베네수엘라 중심의 일방적 양보에 저항.
남미국가연합 (UNASUR)	남미 12개국	─2008년 5월 23일 서명. ─2011년 3월 11일 법적 기구로 발효. ─유럽연합을 모델로 한 남미통합이 목표.

표를 통해서도 알 수 있듯이, 라틴아메리카 국가들의 경제통합 노력들은 형태와 목적, 참여국가의 구성 그리고 이념 등의 측면에서 다양성을 보여주고 있다. 이렇듯 최근 부각되는 라틴아메리카 국가들의 경제통합의 노력들은 여러 특징을 지니고 있다. 첫째, 라틴아메리카 지역 내의 국가들만이 아니라 지역 외 국가들과의 경제통합 노력도 확대되고 있다. 예컨대, 남미공동시장과 유럽연합 간의 자유무역지대 또는 칠레와 한국 간의 자유무역지대 결성 등은 라틴아메리카 국가들이 지역 밖의 국가들과 결합한 경제통합의 대표적인 사례이다. 두 번째, 미주 대륙에서 미국 주도권의 약화와 브라질의 부상이다. 즉 미국 주도의 미주자유무역지대 노력이 주춤해져서 그 전망이 불투명한 가운데, 남미공동시장의 중심 국가인 브라질의 부상은 주목할 만하다. 덧붙여 유럽연합을 모델로 남미국가연합을 목표로 추진되고 있는 '남미국가연합UNASUR' 또한 관심 있게 지켜볼 대상이다. 마지막으로 베네수엘라를 중심으로 결성된 '미주대륙을 위한 볼리바리안 대안ALBA'의 등장이다. 비록 사전적 의미에서 경제통합체는 아니지만 다양한 형태의 경제협력을 새로운 접근법으로 시도하고 있는 볼리바리안 대안은 반미, 반신자유주의, 그리고 반미주자유무역지대를 기조로 미국의 주도권에 대항하고 있으며 다양한 측면에서 관심을 끌기에 충분하다.

Ⅲ. 자원민족주의

앞서도 살펴보았듯이, 2000년대 이후 라틴아메리카 국가들이 누리고 있는 안정적 성장의 기저에는 자원산업의 역할이 크다. 이베리아 반도의 정복자들이 금은보화를 찾아 헤매던 끝에 발견한 땅이 아메리카 대륙이었듯이 라틴아메리카의 역사와 자원산업은 뗄 수 없는 관계이다. 하지만 라틴아메리카에 자원은 축복이자 저주였다. 자본과 기술이 상대적으로 열세인 라틴아메리카 국가들에게 자원은 비교적 손쉬운 벌이의 수단이 되어 주는 축복이기도 하였다. 하지만 자원은 종종 외세침략의 원인이 되었으며, 소수의 해외투자자 또는 국내자본가에 의하여 독점된 자원은 정치적 불안정과 경제적 불평등을 유발하는 매개체가 되기도 하였다. 이러한 역사로 인하여 라틴아메리카에서 자원에 대한 국가통제의 강화와 자원 소득의 재분배를 주요 내용으로 하는 자원민족주의는 자원 가격의 부침에 따라 오랫동안 정치적 쟁점이 되어왔다. 특히 2000년대 이후, 중국과 인도 등 신흥경제대국들의 급격한 세계경제로의 편입과 산업화로 인하여 급등한 자원의 가격은 다시 한 번 자원산업에 대한 관심을 증가시키는 계기가 되고 있다. 결국 이러한 상황에서 자원을 가진 국가들의 배짱은 두둑해졌고, 자원민족주의 경향은 강화되고 있다. 특히 자원산업 운용의 오랜 경험을 가지고 있으며 좌파 정치의 물결이 다시 일고 있는 라틴아메리카 지역에서 이러한 자원민족주의 경향은 피해갈 수 없는 이슈가 되었다. 본 부문에서는 광물자원을 중심으로 라틴아메리카의 자원현황과 최근의 활발한 자원민족주의 경향을 살펴보는데 그 목적이 있다.

라틴아메리카 각국은 다양한 자원을 보유·생산·수출하고 있다. 우선 석유 자원을 살펴보면, 라틴아메리카 지역은 세계 매장량의 10.6% 그리고 생산량의 8.7%를 각각 기록하고 있다.[18] 현재 라틴아메리카의 대표적인 석유 수출 국가는 석유수출국기구OPEC의 창립멤버인 베네수엘라와 멕시

코 및 에콰도르 등이다. 한편 석유와 함께 대표적인 에너지 자원인 천연가
스의 경우, 라틴아메리카 지역이 세계 매장량의 4.6% 그리고 생산량의
6.7%를 기록하고 있다. 그러나 석유와 마찬가지로 매장량은 매우 유동적
이다. 천연가스의 경우, 라틴아메리카에서 베네수엘라, 볼리비아 등이 대
표적인 생산국이다.

〈표 18〉 라틴아메리카 국별 석유 매장량, 생산량 및 소비량, 2009년

순위[1]	국가	매장량 (십억 배럴)	생산량 (천 배럴/일)	소비량 (천 배럴/ 일)
1	베네수엘라	172.3	2437	609
2	브라질	12.9	2029	2405
3	멕시코	11.7	2979	1945
4	에콰도르	6.5	495	216
5	아르헨티나	2.5	676	473
6	콜롬비아	1.4	685	194
7	페루	1.1	145	186

[1] 라틴아메리카 순위
출처: BP

〈표 19〉 주요 광물자원 생산의 라틴아메리카 비중

자원	%/세계생산량
구리	43.8%
은	39%
보크사이트	28.4%
주석	27.7%
철	26.3%
아연	20.1%
니켈	16.3%

출처: 중남미자원협력센터. 2008. 『중남미 에너지자원 보고서』. 8.

---

18) 2007년 BP 통계 기준. 중남미자원협력센터. 2008. 『중남미 에너지자원 보고서』. 6. 특히 주목할 점은 석유를
포함한 자원의 라틴아메리카 지역 매장량이 점점 늘어나는 추세라는 점이다. 즉 여전히 미탐사 지역이 많이
존재하는 라틴아메리카의 경우 매장량과 생산량은 확대될 가능성이 있다.

〈표 20〉 라틴아메리카 국가별 자원현황

국가	보유자원(매장량 세계순위/생산량 세계순위)
페루	금(3/5), 은(3/1), 구리(4/2), 아연(3/2), 주석 (4/3), 창연(2/3)
브라질	철광석(4/2), 석유(15/16), 니오븀(1/1), 보크사이트(4/3), 탄탈(1/2)
베네수엘라	석유(6/10), 천연가스(8/25), 보크사이트(11/8), 철광석(8/12)
볼리비아	주석(6/4), 창연(3/6), 안티몬(4/2), 천연가스(29/34)
아르헨티나	석유(32/27), 천연가스(35/19), 붕소(4/2)
칠레	구리(1/1), 리튬(1/1), 몰리브덴(3/3), 요오드(1/1)
에콰도르	석유(26/30)
콜롬비아	석유(37/28), 석탄(11/11), 니켈(11/6)
멕시코	석유(11/6), 구리(4/12), 은(2/2), 아연(5/6), 창연(3/2)
도미니카(공)	니켈(12/11)
자메이카	보크사이트(3/4)
트리니다드 토바고	석유(42/42) 천연가스(34/21)

한편 라틴아메리카에서 에너지자원보다 더욱 주목을 받는 자원은 주요 광물자원이다. 즉 표를 통해서 알 수 있듯이, 라틴아메리카 지역은 매우 다양한 광물자원을 풍부하게 보유하고 있는데, 구리, 은, 보크사이트, 주석, 철, 아연 등 주요 산업자원의 보고이다. 특히 칠레와 페루로 대표되는 구리의 경우 세계 생산량의 거의 절반을 담당하고 있으며, 이외에도 은, 보크사이트, 주석, 철 등은 세계 시장에서 의미 있는 비중을 차지하고 있다.

역사적으로 자원민족주의는 라틴아메리카 각국에서 생소하지 않은 일이었다. 1938년 멕시코혁명의 정신을 계승하기 위하여 당시 미국인 소유였던 석유산업을 국유화하고 국영석유회사 PEMEX를 설립한 라사로 까르데나스Lázaro Cárdenas 대통령의 자원민족주의는 현재까지도 PEMEX를 국영체제로 유지하며 멕시코 석유산업에 대한 외국인 투자를 제한하며 유지되고 있다. 또한 라틴아메리카 최대의 석유 매장량과 생산량을 자랑하는 베네수엘라의 경우, 1975년 석유산업을 국유화한 후 국영석유회사PdVSA를 설립하였으며, 지금도 국영석유회사를 중심으로 석유산업은 물론 국가경제를 운용하고 있다. 또한 브라질의 국영석유회사 Petrobras, 1990년대 민영화되었지만 아르헨티나 최초의 국영석유회사였던 YPF, 1971년 선거로 집권한 사회주의로 유명한 아옌데Salvador Allende 정권하에서 국유화되어 지금도 세계 제1위의 구리회사의 위치를 유지하고 있는 칠레의 국영구리회사 CODELCO, 1952년 혁명의 상징물로 국유화되어 지금도 볼리비아 민족주의의 상징적 역할을 하고 있는 국영광산회사 COMIBIOL 등 라틴아메리카 역사에서는 여러 국가에서 다양한 형태의 자원민족주의 사례들을 발견할 수 있다.

이렇게 역사적으로 뚜렷한 족적을 가진 라틴아메리카의 자원민족주의가 최근 다시 부상하고 있다. 그 원인은 내외부에서 찾을 수 있다. 우선 외부적 요인으로는 원자재 가격의 상승에 따른 원자재 수출의 호조를 들 수 있다. 앞서도 살펴보았듯이, 중국의 산업화에 따른 자원에 대한 수요의 증가는 자원민족주의를 부추기는 외부적 원인이 되었다. 한편 내부적으로는 라틴아메리카 국가들이 겪고 있는 빈부격차와 빈곤 그리고 좌파 정치세력의 부상을 들 수 있다. 즉 1980년대의 외채위기의 처방으로 등장한 1990년대의 시장지향주의적 경제개혁이 거시경제의 안정이라는 성과에도 불구하고 라틴아메리카 경제의 고질적 문제인 빈부격차 해소와 빈곤 타파에는 한계를 보였다. 결국 이러한 상황에서 자원 수익의 공정한 배분을 약속하는 민족주의적 좌파세력의 정치적 부상이 두드러졌다.

〈표 21〉 라틴아메리카 국가의 특정 자원에 대한 의존

국가	자원의존현황
칠레	구리(총수출의 45~55%)
베네수엘라	석유(총수출의 90% 이상, 정부재정의 50% 이상)
멕시코	석유(총수출의 10% 이상, 정부재정의 30%)
에콰도르	석유(총수출의 40%, 정부재정의 35%)
볼리비아	천연가스(총수출의 30~50%)

<표 22> 최근 라틴아메리카 주요 자원민족주의 사례와 내용

국가	정권	내용
베네수엘라	우고 차베스	−2006년 3월 광물자원 국유화 선언 −외국기업은 PDVSA가 통상 60% 이상의 지분을 소유하는 합작회사 설립을 의무화함 −합작회사는 생산원유 전량을 PDVSA에 판매해야함 −석유 로열티 및 소득세를 인상하고 각종 특별기여금을 도입함
볼리비아	에보 모랄레스	−2006년 5월 1일 천연가스 및 석유산업을 국유화하고 기존 사업의 소유권을 국영석유회사(YPFB)에 양도하는 새로운 계약을 의무화함 −천연가스 사업에 대한 세금과 로열티 인상함
에콰도르	라파엘 꼬레아	−에너지 산업에 대한 국가통제 강화 −외국회사의 개발참여는 인정하되 개발된 자원에 대한 외국인 회사의 소유권은 인정하지 않음 −국영석유기업 Petroecuador의 권한을 강화함 −석유회사들은 국제유가에 연동해 에콰도르 정부에 수입의 50%를 보장해야 함

　　결국 베네수엘라의 차베스Hugo Chávez, 볼리비아의 모랄레스Evo Morales, 그리고 에콰도르의 꼬레아Rafael Correa를 대표주자로 하는 자원민족주의자들이 라틴아메리카에서 집권하였다. 이들은 주요 자원산업에 대한 국가통제의 강화를 통한 수입증대 조치들을 실시하였다. 소위 민족주의적 좌파정권으로 불리는 이들이 실시한 자원민족주의적 조치들은 국영기업의 역할 강화, 자원 산업에 대한 정부 또는 국영기업의 지분 확대 및 소유권 강화, 기존 계약의 파기와 재계약, 소득세 또는 세율의 인상을 통한 자원수익 극대화 등으로 요약된다. 하지만 21세기 라틴아메리카의 자원민족주의 경향은 기존의 자원민족주의와 그 성격을 달리하는 점이 있는데, 이는 강력한 정치적 레토릭에도 불구하고 과거의 자원민족주의적 경향보다 온건한 형태를 취하고 있다는 사실이다. 즉 과거 대부분의 라틴아메리카 자원민족주의 정책들이 무상몰수에 기반을 둔 전면적인 국유화를 주요 정책으로 실시하였던 것에 비하여 최근의 자원민족주의적 조치들은 수익구조 개편을 통한 이익극대화에 초점을 맞추고 있다는 특징이 있다. 즉 과거의

급진적 정책들이 후속 투자재원과 기술의 부족 그리고 지나친 국제적 갈등으로 이어졌다는 교훈을 잘 인식하고 있는 라틴아메리카 국가들이 최근에는 보다 세련된 형태의 자원민족주의 정책을 실시하고 있다. 한편 이러한 라틴아메리카 자원민족주의의 새로운 경향과 정책적 내용은 우리에게 시사점을 제공하고 있다. 제조업 수출에 기반을 둔 성장 모델을 추구하고 있는 우리에게 라틴아메리카의 자원과 자원민족주의는 라틴아메리카 국가들과의 협력모델을 구축하는데 중요한 교훈을 제공하고 있다. 즉 수출산업을 위하여 필수 자원 확보에 국가 경제의 사활이 걸려 있는 우리에게 라틴아메리카는 새로운 과제를 제공하고 있다.

참고문헌

김기현(2009), "역사적 사례를 통해 본 라틴아메리카 석유산업의 국유화 요인", 『라 틴아메리카연구』, 22권 3호.

문남권(2004), "미주경제통합의 역사와 전망", 『라틴아메리카연구』, 17권 1호.

이상현(2007), "라틴아메리카 자원민족주의와 칠레의 구리산업" in 강석영 외, 『라 틴아메리카의 새로운 지평: 21C 라틴아메리카의 동향과 전망』, 한국문화사.

이상현(2007), 『볼리비아의 자원민족주의와 천연가스산업 재편의 전개와 의미』, 대외경제정책연구원.

이재기(2005), 『경제통합론』, 한올출판사.

Frieden, Jeffry, Manue Pastor Jr., and Michael Tomz (eds.)(2000), *Modern Political Economy and Latin America*, Westview Press.

Hufbauer, Gary Clyde, Jeffrey J. Schott, Paul L. E. Grieco, Yee Wong(2005), NAFTA Revisited: Achievements and Challenges, Institute for International Economics.

International Monetary Fund, *World Economic Outlook*, April 2011.

Karl, Terry Lynn(1997), *The Paradox of Plenty: Oil Booms and Petro-States*, University of California Press.

Philip, George(1982). Oil and Politics in Latin America: National Movements and State Companies, Cambridge University Press.

Rafael A., Jr. Porrata-Doria(2005), *Mercosur: The Common Market of The Southern Cone (Globalization and Society Series)*, Carolina Academic Press.

Part 14
종교와 언어

Ⅰ. 라틴아메리카의 종교

1. 라틴아메리카의 종교 현황

라틴아메리카는 가톨릭의 대륙이다. 라틴아메리카 전체 인구의 70% 이상이 가톨릭을 믿는다. 브라질은 신자 수로 볼 때 세계 최대의 가톨릭 국가이며 멕시코, 에콰도르, 파라과이, 베네수엘라, 페루는 가톨릭 인구 비율이 매우 높은 국가들이다. 이들 나라들은 역사, 문화적으로 가톨릭의 전통이 강하고 원주민 인구가 비교적 많은 나라들이다.

라틴아메리카의 개신교는 역사는 가톨릭에 비해 짧지만 최근 신자는 크게 증가하고 있다 개신교 신자가 비교적 많은 나라는 엘살바도르, 온두라스, 과테말라, 파나마, 니카라과 등 중미국가들이며 남미에서는 브라질과 칠레가 많으며 아이티와 미국의 준주인 푸에르토리코에서도 개신교를 믿는 사람이 많다.

기타 종교로는 이슬람, 힌두, 부두교, 불교 등이 있지만 신자는 그리 많지 않다. 특히 부두Voodoo, 움반다Umbanda, 칸돔블레Camdomble, 산테리아Santeria, 오베아Obeah와 같은 영혼주의(또는 영성주의) 종교는 라틴아메리카 종교의 또 다른 특징이다. 영혼주의 종교는 라틴아메리카 종교의 혼종성을 잘 보여주는데 이는 라틴아메리카 전역에서 나타나지만 아프리카 노예의 유입이 많았던 브라질과 아이티와 같은 카리브 지역에서 더 두드러진다.

〈표 23〉 중남미 국가 종교 현황

국가	가톨릭	개신교	무교	기타
멕시코(2000)	88.2	5.8	3.5	2.5
코스타리카(2003)	69.0	18.0	12.9	1.0
엘살바도르(2008)	50.9	34.4	13.6	1.1
과테말라(2006)	56.9	30.7	12.4	-
온두라스(2007)	47.0	36.0	17.0	-
니카라과(2005)	58.5	23.2	15.7	2.5
파나마(2003)	66.7	24.0	5.0	4.3
아르헨티나(2001)	70.0	11.0	16.0	3.0
볼리비아(2001)	78.0	16.2	2.4	3.4
브라질(2000)	73.8	15.4	7.3	3.5
칠레(2002)	70.0	15.1	8.3	6.6
콜롬비아(2006)	80.0	12.5	2.0	5.5
에콰도르(2000)	85.0	12.0	2.0	1.0
파라과이(2002)	89.6	6.2	2.1	2.1
페루(2007)	81.3	12.5	2.9	3.3
수리남(2004)	22.8	25.2	-	52.0*
우루과이(2004)	54.0	11.0	26.0	9.0
베네수엘라(1998)	87.0	5.8	6.0	1.2
쿠바(1980)	39.6	3.3	55.1	2.0
도미니카공화국(2006)	68.9	18.2	10.6	2.3
아이티(2003)	54.7	28.5	13.7	3.1**
푸에르토리코(1995)	67.7	27.0	2.3	3.0

* 힌두 27.4, 이슬람 19.6, 원주민신앙 5
** 부두 2.1
출처: TABLE OF STATISTICS ON RELIGIOUS AFFILIATION IN THE AMERICAS AND THE IBERIAN PENINSULA,
Created by Clifton L. Holland,(Last revised on 17 September 2008),
http://www.prolades.com/amertbl06.htm

2. 중남미 가톨릭의 특징

중남미 사람들에게 가톨릭은 종교인 동시에 일상의 문화이다. 따라서
중남미에서는 하루하루의 생활은 물론이고 태어나고, 성인이 되고, 결혼
하고, 죽기까지의 모든 생애 의례가 가톨릭에 의해 이루어진다. 가톨릭의

축일은 국가의 기념일이고 가톨릭 성인은 각 지역의 수호신이다. 태어나면 모두 가톨릭식의 이름을 갖고, 지역의 성인의 날에 맞춰 매년 축제를 연다. 성탄절과 부활절은 라틴아메리카 모든 곳에서 가장 중요한 절기이다. 따라서 가톨릭은 대부분의 중남미 사람들의 일상의 구심이며 정체성의 중요한 부분을 이룬다.

중남미 가톨릭은 혼합주의syncretism적 요소가 강해 흔히 민속가톨릭Folk Catholic 또는 민중가톨릭Popular Catholic이라고 불린다. 특히 볼리비아, 과테말라, 멕시코, 페루 등 원주민 인구와 문화가 많이 남아있는 곳에서는 토착신앙 의식이 가톨릭과 혼합되어 폭넓게 행해지고 있다. 대표적인 것은 멕시코와 과테말라의 사자의 날Día de muertos 행사 의례이다. 마찬가지로 페루와 볼리비아에서는 성당에서 성모에 대해 예배를 하면서도 동시에 잉카의 어머니 신 파차마마Pachamama를 함께 숭상한다. 이러한 토착 신앙과 가톨릭의 혼합은 도시와 농촌에서 다르게 나타나기도 한다. 따라서 지방 사람이 믿는 가톨릭은 도시의 중·상류층이 믿는 그것과는 상당한 차이를 갖게 된다. 또 라틴아메리카의 가톨릭은 초자연적인 대상을 숭배하는 원주민 신앙과 밀접한 관련이 있는데 예로 중남미를 여행하다 보면 도로변에 십자가와 함께 촛불을 켜놓은 조그마한 제단을 볼 수 있는데 이는 그곳에서 교통사고로 죽은 자의 영혼을 위로하는 토착신앙적인 의례라고 할 수 있다.

이런 라틴아메리카 가톨릭의 혼합주의적 성격은 정복과 식민의 역사와 밀접한 관계가 있다. 원주민들은 종종 자신이 믿게 될 가톨릭의 교리와 원칙을 제대로 이해하지도 못한 채 가톨릭교도가 되곤 했다. 이들은 전쟁에서 패했기 때문에 당연히 정복자의 종교를 받아들여한다고 믿었다. 스페인인인들은 토착 신을 모시던 원주민 신전 위에 성당을 세웠다. 원주민들은 그들의 기도문을 새로운 교회 건물로 가져갔고 옛 신들을 정복자의 신과 조합시켰다. 스페인 사람들도 원주민을 개종시키기 위해 가톨릭 예식에 원주민 토착 신앙의 춤과 노래를 합치는 것을 허용하기도 했다. 이러한 방법으로 가톨릭은 스페인인과 원주민의 모두의 종교가 되었다.

라틴아메리카 가톨릭의 또 다른 특징은 '비종교적'인 영역에서도 매우 중요한 의미를 갖는다는 것이다. 우선 가톨릭은 라틴아메리카 교육에서 중요한 역할을 하고 있다. 교회가 운영하는 사립학교는 수적으로 많을 뿐 아니라 그 교육 내용도 국가 교육의 중요한 부분을 담당하고 있다. 아울러 공립에 비해 교육 수준이 높아 중·상류층 자녀들이 많이 다니기 때문에 지배 엘리트 형성에 큰 영향력을 행사하고 있다.

중남미의 성직자들은 그 사회의 도덕적인 권위와 지도력을 갖춘 인물로 존경을 받고 있다. 일반적으로 중남미인들은 신상에 중요한 문제가 생겼을 때 조언을 구하곤 한다. 마찬가지로 국가적으로 어려운 문제가 있을 때 중재자의 역할을 하기도 한다. 특히 라틴아메리카 여러 나라에서 정부군과 반군 간의 대립 상황에서 가톨릭은 양측 간의 협상을 이끌어낸 바 있다. 이는 라틴아메리카에서 가톨릭이 갖는 사회적 위상과 정치적 중요성을 잘 보여주는 것이라고 할 수 있다.

전통적으로 중남미에서는 남성보다 여성이, 도시보다 농촌이, 어른보다 어린이가 더 종교적이다. 여성이 남성보다 성당에 참석하는 비율도 더 높으며 남자들은 세례를 받을 때나 장례식을 제외하면 교회에 잘 참석하지 않는다. 또 도시보다는 농촌 사람들의 신앙심이 더 깊으며 남자아이들은 청소년이 되면 교회에 잘 가지 않아 어머니들은 여자아이들만을 데리고 성당에 간다. 그러나 라틴아메리카에서는 남녀노소를 불문하고 다수가 자신이 가톨릭교를 믿는다고 생각한다.

3. 오늘날의 가톨릭

라틴아메리카의 국교였던 가톨릭에 위기의 조짐이 나타난 것은 20세기 중반부터였다. 1950년대로 들어서면서 가톨릭은 내외부적으로 심각한 위기에 직면하게 되었다. 성당의 예배에 참석하지 않는 '무늬만 신자'가 증가하였고 가톨릭 교리에 대한 이해는 아주 낮았으며, 성직을 지원하는 젊은이는 감소하였다. 가톨릭계 학교는 주로 중·상류층 지역에 밀집해 있어 도시 서민들과 점점 멀어져 갔다. 또한 급속한 도시화로 생겨난 도시의 빈민촌에 가톨릭교회나 신부가 부족하여 이들의 종교적 요구를 충족시키지 못했다.

중남미 가톨릭은 이런 상황에 맞서 나름의 변화를 시도하였다. 일부 성직자는 안데스 고지대, 대도시 빈민가, 열대 정글 지역에서 사목 활동을 하면서 원주민과의 직접 경험을 의식화하였고 이에 따라 교회의 역할에 대해 급진적 인식을 갖게 되었다. 콜롬비아에서는 전도가 양양한 까밀로 또레스^{Camilo Torres} 신부가 자신의 평화적인 개혁이 무산되자 좌익 게릴라 무장 투쟁을 하다 사망하기도 했다.

1962년 제2차 바티칸 공의회는 중남미 교회가 빈곤, 독재, 불평등과 같은 사회 문제에 더 많은 관심을 갖게 된 계기가 되었다. 중남미 주교단은 이 회의에서 가톨릭 개혁안을 추진하는 데 주도적으로 참여했는데 주 내용은 교회는 인권을 보호하고, 내세뿐 아니라 현세에서도 평화와 정의를 구현시킬 의무를 다해야 하며, 교회 내부의 민주화를 위해 노력해야 한다는 것이었다.

페루의 젊은 신부 구스타보 구티에레스^{Gustavo Gutierrez}는 이를 실천으로 옮겼다. 그는 이를 위해서 새로운 신학이 필요하다는 것을 느꼈다. 그는 구원은 선행의 실천만으로 되는 것이 아니라 사회 정의가 실현되고 인간과 하느님과의 친교만이 아니라 인간 상호 간의 정의로운 관계가 이루어질 때 비로소 가능하다고 생각했다. 그래서 가난한 자들에게 예수님의 복음은 하늘나라는 물론 이 땅에서의 해방까지를 의미하는 것이라고 믿었다. 이렇게 하여 중남미의 특수한 역사와 상황을 반영하는 중남미 특유의 신학인 '해방 신학^{Teología de la Liberación}'이 태어났다.

구티에레스의 사상은 바티칸 공의회의 결론을 적용하기 위해 1968년 콜롬비아의 메데인Medellín에서 열린 중남미 주교 회의CELAM의 토론 방향을 정하는데 결정적인 영향을 미쳤다. 이 회의에서는 빈곤, 불평등, 억압이 계속되는 지역에서 교회는 가난하고 수탈당하고 억압받는 자들을 우선적으로 지켜줘야 한다는 당위성이 결의되었다. 나아가 제도화된 폭력에 대항하는 무장 투쟁의 정당성도 논의되었다.

'교회 기초 공동체Comunidades Eclesiales de Base'는 이러한 혁명적인 생각들을 실행에 옮기기 위한 움직임 중의 하나였다. 기초 공동체는 사회와 역사에 대한 관심을 표명하고 복음을 중시하며 공동체적 관심에 귀를 기울이고 봉사를 강조하는 등, 초대교회의 원칙을 수용하였다. 또 노동자 및 농민들로 이루어진 민중 조직체로 가난한 자들이 사회의 부정의를 인식하고 그들의 삶을 개선하기 위해 조직화되어야 한다는 것을 일깨우는 토대가 되었다. 이 운동은 또 교회 민주화에 기여하기도 했다. 이는 성직자들이 부족한 곳에서는 평신도 교리 교사들이 조직을 이끌기도 했기 때문이다. 또한 이들은 자연스럽게 지역의 민중운동을 이끄는 리더가 되기도 했다. 이들 중의 한 사람이 1992년도 노벨 평화상을 받은 과테말라 원주민 인권 지도자인 리고베르따 멘추Rigoberta Menchú이다.

오늘날 중남미 가톨릭은 정기적으로 인권이나 정치적 자유와 같은 문제에 대한 입장을 발표한다. 가톨릭은 정치적 당파성을 넘어서 빈곤, 부정부패, 차별과 같은 사회 문제를 어떻게 해결해야 하는지를 도덕적이고 윤리적인 관점에서 바라본다. 특히 1990년대 중남미 각국에 엄청난 사회적 파장을 몰고 왔던 신자유주의 시장경제하의 구조조정에 대해 가톨릭은 시장만능의 신자유주의 경제체제에 대해 비판적 입장을 보이기도 하였다.

아직까지 가톨릭은 라틴아메리카의 지배적인 종교이다. 아르헨티나에서는 1994년 헌법이 개정되어 대통령이 되기 위해 가톨릭을 믿어야 한다는 조항은 폐지되었지만 가톨릭은 아직도 이 나라의 공식종교이다. 코스타리카도 종교의 자유를 인정하고 있지만 헌법은 아직도 가톨릭을 국교로 인정하고 있다. 그러나 현실적으로 라틴아메리카 가톨릭은 현재 많은 문제에 직면해 있다. 그 첫 번째 문제는 신자 수가 계속 줄고 있다는 것이다. 가톨릭 교세가 강한 멕시코에서조차도 1900년과 2000년을 비교할 때 가톨릭 신자 수는, 비록 인구증가에 따라 1,300만에서 7,500만으로 늘어나긴 했지만, 총인구대비율은 99.5%에서 88%로 지속적으로 감소하였다. 니카라과처럼 개신교의 성장이 두드러진 나라에서는 가톨릭 신자는 1950년 95.8%에서 2005년 58.6%로 급감하였다. 신자 수가 계속 주는 것뿐만 아니라 예배와 미사에 대한 참여도도 계속 낮아지고 있다. 가톨릭이 가진 사회적 위상도 예전만 못하다. 성직자도 부족하고 지원자도 모자란다. 이들에게 적절한 보수를 줄 재정적 형편도 여의치 않다. 도시 빈민가와 원주민 공동체를 중심으로 확대되고 있는 개신교의 약진은 이러한 가톨릭의 위기를 잘 보여주는 역설이라고 할 수 있다.

4. 중남미의 개신교

protestante 혹은 evangélico라고 하는 개신교는 실은 그 교파가 매우 다양하다. 이를 크게 전통개신교, 복음주의 개신교, 비복음 성서주의 개신교 등 셋으로 구분할 수 있는데, 장로교, 침례교, 감리교, 메노파는 전통개신교 또는 역사적개신교Protestantismo histórico라 하며 오순절교와 복음파는 복음주의개신교Evangelismo라고 하며 제칠안식일교, 몰몬교, 여호와의 증인교는 비복음 성서주의Biblicas no evangélicas라고 부른다.

중남미 개신교는 가톨릭과 비교해서 아직 그 교세가 미약하다. 그러나 최근 개신교 신자가 계속 증가하고 있는데 이는 앞에서 살펴 본 가톨릭의 위기와 일정한 상관관계를 갖는다고 할 수 있다.

중남미에서 개신교의 선교는 19세기 말 외국인 선교사에 의해 본격화되었다. 독일의 경건파 선교사들은 니카라과의 모스키토 원주민들에게 복음을 전파하였고 미국의 감리교, 장로교, 조합교회주의는 다른 지역에서 선교활동을 벌였다. 이후 과테말라, 온두라스, 니카라과 등 중미 지역을 중심으로 개신교의 적극적인 선교가 시작되었고 남미의 아르헨티나, 우루과이에도 개신교가 들어갔다. 당시 중남미 여러 국가에서 자유주의자들이 정권을 잡았고 이들은 개신교의 복음전파에 우호적이었다. 과테말라의 후스또 루피노 바리오스Justo Rufino Barrios와 같은 자유파 지도자는 장로교를 장려했다. 그는 개신교 선교사들이 과테말라 국민들에게 노동 윤리와 경제 발전 의지를 심어주고 자유주의 정부에 반대하는 보수파와 가톨릭을 견제하는 세력이 되어 주길 바랐다. 이로 인해 오늘날 과테말라는 중남미의 대표적인 개신교 국가가 되었다. 당시 대다수의 개신교 선교사들은 미국 출신이거나 미국 교회와 연계되어 있었기 때문에 미국으로부터 많은 지원을 받을 수 있었다. 이처럼 미국의 지원은 초기에 라틴아메리카 개신교 성장의 중요한 외적 요인이었다.

라틴 아메리카 개신교의 성장 중에서 다른 대륙과 뚜렷하게 구별되는 것은 장로교, 감리교, 성공회, 침례교 등 기존의 전통적인 개신교보다는 복음주의적 성격이 강한 오순절교회와 안식일 교회, 여호와의 증인, 모르몬 교회 등의 성장세가 두드러진다는 사실이다.

특히 20세기 후반에 들어서 오순절 교회가 크게 성장하여 현재 많은 개신교 신자가 오순절 교회에 속해 있다. 오순절 교회는 대상지역의 특성에 맞추어 적절한 선교전략을 선택하고 토착화에 성공함으로써 현재 많은 신자를 확보하고 있다. 오순절 교회는 성령의 체험을 중시하는데, 라틴아메리카에서 토착 문화와의 교감과 상호 인정을 통해 교세를 확장해왔다. 오순절 교회에서는 구원은 하나님과 개인적인 관계를 통해 이루어지며 따라서 성령체험, 방언, 성령치유 등을 경험하는 것을 강조한다. 한편 브라질에서 오순절 교회의 예배방식은 노래와 춤을 많이 사용하는 특징을 갖는

데 이는 아프로-브라질적인 종교의 요소를 받아들인 것으로 신자들로부터 큰 호응을 얻고 있다.

라틴 아메리카에는 원리·근본주의적 신앙을 강조하는 오순절 교회가 더 활발하기 때문에 개신교는 보수적이라는 인식이 지배적이다. 따라서 정치적으로 보수주의를 표방하는 것이 라틴아메리카 개신교의 정치적 성향이라고 할 수 있다. 그러나 최근에는 개신교도들이 선거를 통해 정치에 직접 참여하거나 사회운동에 관여하는 경향을 보이기도 한다. 역사적으로 과테말라 대통령이 된 리오스 몽트Rios Montt와 호르헤 세라노Jorge Serrano의 경우도 있었다.

그러나 일반적으로 개신교는 가톨릭보다 정치참여에 제한적이고 따라서 정치적 영향력도 미약하다. 따라서 개신교에서 신자들에게 말하는 사회적 메시지는 우선 자신의 일에 충실하고, 열심히 노동하고, 검소하게 살아야 한다는 것이다. 이에 대해 진보적인 가톨릭 성직자들은 이는 집권층에만 이득이 되고 가난을 운명으로 받아들이라는 정치적 수동성만을 강요하는 것이라고 비난하기도 한다. 그러나 술을 끊고 열심히 노동하는 것과 같은 생활의 실천 윤리를 설교하는 것이 장기적인 사회개혁보다 지금 중남미 사람들에게 더 필요하다고 것이 개신교의 입장이다.

나라마다 차이를 보이지만, 일반적으로 중남미에서는 발전된 지역보다는 낙후된 지역, 농촌보다는 도시지역에서 개신교 인구 비율이 높은 편이며 따라서 개신교 신자의 학력과 생활수준은 가톨릭에 비해 낮다고 할 수 있다. 현재 중남미에는 전체인구의 10%이상인 5,000만 명 이상의 개신교 신자가 있는 것으로 알려져 있다. 그러나 개신교 신자가 일반적으로 종교 활동에 더 열성적이다. 따라서 중남미 일부 국가에서는 교회 참석만을 놓고 봤을 때 개신교 신자 수가 가톨릭 신자 수를 앞지를 수도 있다.

II. 라틴아메리카의 언어

1. 라틴아메리카의 언어 현황

라틴아메리카에서 가장 많이 사용하는 언어는 스페인어이다. 스페인어는 인도유럽어족의 라틴어계에 속하는데 현재 전 세계적으로 매우 광대한 지역에서 사용되고 있다. 유럽(스페인), 아메리카(18개국, 멕시코, 과테말라, 온두라스, 니카라과, 엘살바도르, 코스타리카, 쿠바, 도미니카공화국, 파나마, 베네수엘라, 콜롬비아, 에콰도르, 페루, 볼리비아, 칠레, 아르헨티나, 파라과이, 우루과이), 미국(푸에르토리코 준주), 아프리카(적도 기니)에서 공용어로 사용되고 있으며 이외 필리핀, 서사하라 등에서도 통용되고 있다. 또 미국−멕시코 국경지역은 물론이고 미국의 서부와 동부의 일부 지역에서 공용어는 아니지만 그에 버금갈 정도로 많이 쓰이고 있다. 스페인어(3억 3천만 명)는 오늘날 중국어 다음으로 많이 사용하는 언어이며[19] UN의 6대 공식언어이다. 스페인어 사용 인구가 가장 많은 나라는 멕시코(1억 1200만 명)이다.

스페인어와 함께 포르투갈어도 중남미의 중심 언어이다. 포르투갈어는 브라질에서 사용된다. 프랑스어는 과달루페, 마르티니크, 아이티(아프리카와 카리브 원주민이 혼합된 불어)와 같은 카리브 지역과 남미의 프랑스령 기아나에서 사용되며 네델란드어는 수리남과 카리브의 일부 국가의 공식언어이다. 독일어는 칠레 남부와 브라질 남부의 일부 지역에서 사용되며 이태리어는 브라질, 아르헨티나, 우루과이에서 제한적으로 사용된다. 영어는 중남미 전역에서 교육이나 상업에서 가장 중요시되는 외국어이며 세인트키츠네비스Saint Kitts and Nevis, 푸에르토리코 등에서 공식언어이며, 파나

---

19) 사용인구 숫자를 보면, 중국어(13.22%), 스페인어(4.88%), 영어(4.68%), 아랍어(3.12%), 인도어(2.74%), 포르투갈어(2.69%), 벵갈어(2.59%), 러시아어(2.2%) 순이다(제1언어로 사용하는 인구 기준, 2005 통계).

마, 니카라과 등의 일부 계층에서 많이 사용된다. 중미의 벨리스는 영어가 공식어이지만 스페인어가 더 많이 쓰인다. 포르투뇰Portuñol은 포르투갈어 Português와 스페인어Español의 합성어이다. 양언어 사이의 중간형태 또는 그 접촉결과로 생겨난 혼종어인데 브라질과 인접한 우루과이나 파라과이의 국경 지역에서 많이 통용되고 있다.

이외에도 라틴아메리카에는 원주민 토착어가 아직 많이 남아 있다. 중남미에 사는 원주민은 언어와 인종에 따라 크게 다섯 개의 집단으로 나뉜다. 안데스 지역에 사는 케추아Quechua족, 남미지역에 사는 과라니Guarani족, 티티카카 호수 주위의 아이마라Aimara족, 중미에 거주하는 키체Quiché족, 멕시코의 나아우틀Náhuatl 또는 나우아족이 있다. 이들을 제외한 나머지 부족들은 모두 합쳐도 인구가 100만 명에 미치지 못한다.

나우아틀어는 아즈텍인들이 사용한 말인데 현재 약 200만 명이 멕시코, 과테말라, 엘살바도르 등에서 사용하고 있다. 키체족이 사용하는 키체어는 마야어로 더 알려져 있는데 멕시코 남부, 과테말라, 온두라스 등에서 약 50만이 사용한다. 케추아어는 잉카의 공용어였는데 현재는 콜롬비아 남부에서 에콰도르, 페루, 볼리비아를 거쳐 아르헨티나 북부까지 약 700만이 사용하는 말이다. 아이마라어 역시 볼리비아와 페루에서 사용되는데 약 300만 정도가 사용한다. 과라니어는 파라과이에서 약 500만 명 정도가 사용하며 '대지의 사람들'이란 뜻의 마푸체Mapuche어는 칠레 원주민어로서 약 50만이 사용한다.

라틴아메리카에서 스페인어와 함께 원주민어가 국가의 공식어인 경우도 있다. 페루에서는 스페인어와 케추아어가 공식언어이며 볼리비아의 공식어는 스페인어, 아이마라어, 케추아어이다. 1992년 파라과이는 과라니어를 스페인어와 함께 공용어로 지정했다. 과라니어는 아르헨티나의 코리엔테스 주에서도 공식어로 사용된다. 니카라과에서 스페인어가 공식언어이지만 일부 카리브 해안 지역에서는 영어와 미스키토Miskito 원주민어도 공용어로 인정받고 있다. 멕시코의 공식어는 스페인어이지만 상징적이긴 하지만 나우아뜰어를 포함한 63개의 원주민어도 공식적으로 인정되고 있다. 이처럼 원주민 토착언어가 공용어가 되었다는 사실은 원주민의 정체성을 공식적으로 보장해주었다는 면에서 의미가 깊다.

그러나 원주민어가 공식언어로 인정받기도 하지만 사회적으로 아직 스페인어에 비해 덜 중요시되며 학교에서도 제대로 교육되지 못하는 경우가 많다. 따라서 여전히 이들 언어는 2등 언어에 머물고 있다고 할 수 있다. 반면 과라니어는 16, 17세기 예수회 선교사들이 아마존 지역의 원주민들을 가르치고 선교하기 위해 이 언어를 적극적으로 사용했는데, 따라서 과라니어는 문자화되고 사회적 위상을 갖는 언어가 되어 오늘날에 이르고 있다. 현재 파라과이 국민 대부분은 과라니어를 이해하고 사용하며 학교에서도 그 중요성을 교육하고 있다.

2. 중남미 스페인어의 특성

중남미 스페인어는 라틴아메리카와 환경, 문화, 역사를 반영하는 고유한 특성을 갖는다. 우선 중남미 스페인어는 지역별로 발음의 차이를 보인다. 라틴아메리카를 대륙적이고 추운 '고지대'와 따뜻한 해안의 '저지대'로 구분하는데, 멕시코 고원, 페루, 볼리비아, 에콰도르 등과 같은 고지대에서는 "모음을 먹어버리는" 특성이 있다. 반면 저지대는 "자음을 먹어버리는" 경향이 있는데, 특히 아프리카어의 영향을 받은 것으로 추정되는 카리브 해 지역은 모음이 콧소리화되는 경향이 강하고, ㅡs의 상실로 인해 끝자리 모음이 개모음화되는 것이 특징이다. 이러한 차이는 고지대와 저지대에서 폐활량이 다르고 이 폐활량은 발성에 영향을 주기 때문이다.

발음적 특성으로는 'Seseo'를 들 수 있다. Seseo는 중남미 스페인어에서 일반적인데, 무성마찰치간음[θ]$^{z, ce, ci}$을 /s/로 대체한 것을 가리킨다. 따라서 스페인에서는 tasa/taza, casar/cazar의 발음 구분이 가능하나 라틴아메리카에서는 동일한 /s/로 발음된다. 'Yeísmo'는 지역적으로 많은 차이를 보이는 현상으로서, ll[ʎ]의 발음을 y[j]가 대체한 것을 말한다. 따라서 중남미에서는 pollo와 poyo를 동일하게 발음한다.

문법적으로도 중남미 스페인어는 스페인의 스페인어와 차별적인 특징을 보인다. 스페인에서는 tú(너)와 vosotros(너희들)을 사용하지만 중남미에서는 vosotros 대신 Ustedes(당신들)를 사용한다. 또 vos(너)가 소멸된 스페인과 달리 라틴아메리카는 tú를 사용하는 지역(멕시코, 페루, 베네수엘라 등)과 vos를 사용하는(아르헨티나, 우루과이 등) 지역으로 구분된다. 이외에도 동사의 시제 특히 과거 시제의 사용에서도 중남미와 스페인이 다른 경우가 있으며 중남미 스페인어는 모든 품사에 −ito나 −cito 등의 축소사를 붙이는 것을 선호한다.

문화적 배경과 언어사용도 밀접한 관계를 갖는다. 예를 들어, 스페인과 중앙아메리카 국가들은 오전, 오후에 대한 시간 개념에 차이가 있으므로, 이로 인해 buenos días(오전 인사)와 buenas tardes(오후 인사)의 경계가 달라진다. 스페인의 경우, 보통 오후 2시경의 점심 식사 시간을 경계로 오후 인사로 바뀌는 반면, 적도 근처의 중앙아메리카 국가들의 경우, 태양의 위치, 즉 정오 12시를 기점으로 인사가 바뀐다. 밤에 대한 개념, 이에 따른 밤 인사의 시작도 스페인은 밤 8시 경, 중미는 7시경으로 차이가 있다. 따라서 '내일 오전에 영화 보러가자'라는 단순한 제의가 스페인과 중남미에서 다를 수 있음을 고려해야 한다.

중남미 스페인어의 가장 큰 특징 중의 하나는 어휘이다. 스페인어 어휘는 원주민어의 영향을 많이 받았다. 오늘날 멕시코의 나우아틀어에서 hule jícara, tomate, petate, aguacate, cacahuate, cacao, coyote, chicle, tiza 등이 유입되었고, 페루의 케츄아어에서 vicuña, alpaca, llama, cancha, chirimoya, coca, mate, papa, cóndor, puma 등의 어휘가 더해졌다. 카리브 제도의 토착

어인 아라우아꼬어에서 barbacoa, butaca, cacique, caimán, caníbal, caoba, guacamayo, huracán, iguana, loro, maní, papaya, piragua, tabaco, yuca 등이 수용되었다. 남미 지역의 투피－과라니tupí-guaraní어의 tiburón, maraca, ñandú, cobaya, piraña 등이 스페인어에 전해졌다. 과라니어에서 온 스페인어는 식물과 동물의 이름이 많은데 이유는 라틴아메리카에 온 유럽의 생물학자들이 과라니어로 아마존의 식물과 동물을 명명하였기 때문이다.

아프리카어의 유입은 지역마다 다르다. 그러나 banana와 같은 과일이나 samba, conga, mambo 등의 춤 이름은 지역을 막론하고 가장 널리 쓰이고 있고, 카리브 해 일부에서는 guineo, burundanga, guarapo, bembé 등도 빈번하게 사용된다. 구미의 외국어도 스페인어에 영향을 주었다. 프랑스어는 18~19세기 남미에 영향을 미쳤고, 아르헨티나의 라 플라타 강 유역은 이탈리아어의 영향을 강하게 받았다. 두말할 나위 없이 오늘날 중남미 사회에서는 영어의 영향이 가장 광범위하다.

참고문헌

조혜진, "표준 스페인어에 대한 편견 혹은 무관심: 중남미 스페인어에 대한 고
찰", 『이베로아메리카』, 제11권 1호(2009. 6).
임상래 외(1998), 『중남미 사회와 문화』, 부산외대 출판부.
김우성(2003), "중남미 스페인어의 어휘적 특성에 관한 연구", 『이베로아메리카연
구』, 제5집.
주종택, "라틴 아메리카의 종교변화와 개신교의 역할", 『중남미연구』, 제24권 2
호, 2006년 2월 28일
http://en.wikipedia.org/wiki/
http://es.wikipedia.org/wiki/
Rafael Lapesa, El español de América, http://www.elcastellano.org/america2.html
Simon Collier, et. al(editors)(1992), The Cambridge Encyclopedia of Latin America
and the Caribbean, Cambridge University Press.
CIA, The World Fact Book,
https://www.cia.gov/library/publications/the-world-factbook/index.html
Countries with Percentage of Protestants, Census or Estimated Percentages, 2003
http://www.providence.edu/las/Statistics.htm
TABLE OF STATISTICS ON RELIGIOUS AFFILIATION IN THE AMERICAS
AND THE IBERIAN PENINSULA, http://www.prolades.com/amertbl06.htm
Analisa DeGrave, et. al(2007), Taking Sides Clashing Views on Latin American
Issues, McGraw-Hill Contemporary Learning Series.
Richard Hillman(ed)(1997), Understanding Contemporary Latin America, Lynne Reinner
Publisher.
Green, Duncan, Faces of Latin America, Latin American Bureau, London, 1991.
Erwin M. Rosenfeld & Harriet Geller(1993), Global Studies I Asia, Africa and Latin
America, Barron's Educational Series.
Religion in Nicaragua, PROLADES ENCYCLOPEDIA OF RELIGION IN THE
AMERICAS AND THE IBERIAN PENINSULA: COUNTRY INDEX
http://www.prolades.com/encyclopedia/encyclopedia-country-index.htm
Religion in Argentina, PROLADES ENCYCLOPEDIA OF RELIGION IN THE
AMERICAS AND THE IBERIAN PENINSULA: COUNTRY INDEX
http://www.prolades.com/encyclopedia/encyclopedia-country-index.htm
Religion in Costa Rica, PROLADES ENCYCLOPEDIA OF RELIGION IN THE
AMERICAS AND THE IBERIAN PENINSULA: COUNTRY INDEX

http://www.prolades.com/encyclopedia/encyclopedia-country-index.htm
Religion in Bolivia, PROLADES ENCYCLOPEDIA OF RELIGION IN THE
AMERICAS AND THE IBERIAN PENINSULA: COUNTRY INDEX
http://www.prolades.com/encyclopedia/encyclopedia-country-index.htm
Diversidad Religiosa en Mexico, INEGI, 2005.
http://www.inegi.gob.mx/prod_serv/contenidos/espanol/bvinegi/productos/integracion/so
ciodemografico/religion/Div_rel.pdf).

Part 15

라틴아메리카와 한국

Ⅰ. 세계 속의 라틴아메리카

1. 문명사적 중요성

라틴아메리카는 라틴아메리카적인 특징들이 나타나는 공간을 통틀어 일컫는 말이다. 여기서 '라틴아메리카적'이란 것은 내부적으로는 동질적이나 대외적으로는 차별적인 이 지역 고유의 성질과 성격을 말한다고 할 수 있다.

먼저 라틴아메리카인의 삶을 하나로 관통하는 동질성은 세계의 다른 어떤 지역보다 명확하고 분명하다. 신(新)인종이라 할 수 있는 메스티소, 식민과 독립을 함께 경험한 공유의 역사, 스페인어와 포르투갈어로 대표되는 통일 언어, 가톨릭 중심의 특유의 믿음 체계 등이 라틴아메리카를 하나로 묶는 고리이다. 그러나 라틴아메리카에서는 동질성만큼이나 다양성도 두드러진다. 라틴아메리카는 6억 인구가 인종적으로 황·백·흑의 각양의 모습을 하고 있으며, 카리브, 안데스, 아마존, 팜파스 등의 각기 다른 자연환경 속에서 다양한 일상으로 살아가고 있다. 크고 작은 33개의 국가는 각자에게 해당되는 특수한 정치체제와 이념을 따르고 있으며 그들의 삶은 준선진국에서 최빈국까지 매우 다양하다. 이처럼 라틴아메리카는 다양성과 보편성, 특수성과 동질성이 혼재하는 지역이다. 바로 여기에서 라틴아메리카의 힘이 나온다고 할 수 있다. 라틴아메리카에서는 여럿과 하나, 전체와 개체가 각각이지만 함께 존재한다. 라틴아메리카의 역동성은 병존하는 다양성과 동질성 간의 관계에서 뿜어져 나오는 것이다.

특히 라틴아메리카의 인종과 문화의 혼종성은 세계적으로 독특한 가치를 갖는다고 할 수 있다. 라틴아메리카가 혼혈성의 세계 지도를 그려내는 데 큰 공헌을 하였다는 사실은 이미 새로운 것이 아니다. 아직도 원주민이나 짙은 피부색의 혼혈인에 대한 인종차별이 없는 것은 아니지만 라틴아메리카 사회의 유동성은 세계의 다른 어떤 지역보다도 두드러진다. 또 문화적으로도 라틴아메리카에서는 원주민 문화와 유럽 문화 사이의 충돌로 혼종성과 경계성이 심화되어왔다. 따라서 오늘날 라틴아메리카의 에너지는 유럽과 아메리카의 가치와 인식을 자기 것으로 가질 수 있었던 라틴아메리카의 사회−문화적 특성에서 이미 준비되어 있었던 것이라고 할 수 있다. 즉, 원주민 문화에 유럽의 시각과 철학이 더해져 강화된 혼종성은 라틴아메리카의 문화적 역동성의 원천이 되었다. 이와 같은 라틴아메리카의 혼종성hybridity의 동학은 세계 문화 체제 안에서 독특한 맥락과 위치를 차지한다고 할 수 있다. 또 라틴아메리카 혼종성은 '제3의 영역'으로서 계몽시대 이후를 지배했던 위대한 이분법(문화/자연, 이성/감정, 자아/타자)뿐만 아니라, 정복과 피정복의 역사에서 탄생한 이분법(식민자/피식민자, 이주자/원주민, 능동/수동)에서도 자유롭다. 그리고 과거의 잃어버린 목소리를 되찾으려고 노력하는 문화적 저항의 형식이기도 하다. 따라서 혼종성으로 대변되는 라틴아메리카는 인류에게 마이너스가 아니라 오히려 결실이라고 할 수 있다. 이런 면에서 라틴아메리카 문화의 혼종성은 민족국가만을 전제로 한 한국의 문화보다 세계체제를 전제로 하는 한국의 문화가 필요함을 우리에게 보여주는 거울이기도 하다.

2. 히스패닉 디아스포라

전 세계에 흩어져 살고 있는 라틴아메리카 디아스포라는 라틴 파워의 중요한 원천이다. 특히 라틴아메리카는 들어오는 이민과 나가는 이민을 비교해 볼 때 출이민이 많은 대륙이다.

〈표 24〉 인종·출신별 미국 인구 2008년

구분	인구(명)	비율(%)
백인	198,963,659	65.4
히스패닉	46,822,476	15.4
미국태생	28,985,169	9.5
중남미태생	17,837,307	5.9
흑인	36,774,337	12.1
아시아계	13,227,070	4.4
기타	8,272,186	2.7
계	304,059,728	100.0

출처: Population, by Race and Ethnicity: 2000 and 2008, Statistical Portrait of Hispanics in the United States, 2008, Pew Hispanic Center, 2010.

이중 라틴아메리카 사람들이 가장 많은 곳은 미국이다. 미국 이민자 중 중남미 출신이 차지하는 비율은 1990년대 절반 정도였지만 현재는 거의 3/4 에 달하고 있다. 현재 미국에는 1,800만 명의 라틴아메리카 출신 이민자가 있는 것으로 추산되며 2, 3세까지를 포함하면 약 4,700만 명으로 미국 전체 인구의 15%가 넘는다. 이는 백인에 이어 두 번째로 큰 인구 규모이다. 라틴 계 이민이 증가함에 따라 미국 내에서 이들의 중요성도 날로 커지고 있다. 이들은 미국 경제의 경쟁력을 유지하는 역할을 함은 물론이고 저렴한 노동 력을 공급하는 산업역군이다. 또 중남미 이민자가 가져오는 새로운 전통, 생활, 가치, 습관은 미국을 문화적으로 더욱 풍요롭게 한다. 아직 히스패닉 계 인구의 정치적 위상은 그리 높은 편은 아니지만 향후 보팅파워를 앞세운 그들의 정치적 영향력은 크게 신장될 것이 분명하다.

히스패닉 인구의 세계화는 미국뿐만 아니라 스페인, 캐나다, 일본 등 지구촌 곳곳에서 일어나고 있다. 스페인의 경우, 이전에도 라틴아메리카 출신 이민자가 있었지만 1990년대에 들어서면서 그 숫자가 비약적으로 증가했다. 1991년 21만이던 라틴아메리카 출신 이민자는 10년 만에 84만으로 4배가 늘어났다. 현재(2004년) 스페인에는 120만 명의 중남미 출신 이민자가 있다. 이는 전체 외국인의 절반에 달하는 숫자이며 이러한 추세는 계속 이어질 것으로 전망되고 있다.

캐나다에도 중남미 출신 이민자가 많다. 2001년 현재 약 60만 명의 라틴아메리카 출신 이민자가 있는데 이는 캐나다 전체 이민자의 11%에 해당하는 규모이다. 중남미 이민이 크게 늘어난 것은 80년대 이후부터이며 카리브 출신이 많으며 비교적 전문직 이민자가 많다는 특징이 있다.

라틴아메리카인의 세계 이주는 서구에만 한정되는 것이 아니다. 비교적 최근의 추세이지만 아시아와 아프리카의 여러 국가에도 중남미계 이민자가 살고 있는데 특히 중남미에서 일본으로의 이민은 2000년 현재 312,000명으로 일본 내 전체 외국인의 19%에 달하고 있다. 국가별로는 일본계 후손이 많은 브라질(81%), 페루(14.8%), 볼리비아(1.3%)출신이 많다. 특히 브라질 이민은 한국과 중국에 이어 일본에서 세 번째로 큰 이민 그룹이다. 이들 나라 외에도 영국(50만), 이태리(22만), 네덜란드(22만)에 중남미 출신 이민이 많으며 프랑스, 이스라엘, 포르투갈, 호주에도 각 8만여 명의 중남미계가 있다.

3. 국제외교의 새로운 강자 라틴아메리카

중남미는 대륙과 카리브 지역에 걸쳐 33개국의 독립국으로 이루어져 있어서 강력한 보팅파워와 외교력을 가지고 있다. 따라서 국제정치 무대에서 나름의 영향력을 가지고 있다.

현재 중남미는 이전의 미국 일변도 외교에서 벗어나 다자외교와 실리외교를 펼치고 있다. 특히 세계화 시대를 맞이하여 대외개방과 함께 지역 내 협력의 중요성을 인식하고 역내국가 간 협력을 강화하여 지역통합에 힘쓰고 있다. 대표적인 것으로 리오그룹, 이베로아메리카정상회담, 중미기구, 카리브국가연합, 남미공동시장 등을 들 수 있다.

베네수엘라는 전통적으로 서구 국가들과 우호적인 대외 관계를 유지해 왔다. 그러나 1998년 우고 차베스 대통령이 선출된 이후 이전과는 다른 모습을 보이고 있다. 차베스 정부는 현재 라틴아메리카에서 반미주의의 선봉장 역할을 하고 있는데 이에 따라 이를 지지하는 라틴아메리카와 중동 국가들과 유대를 강화하고 있다. 최근 베네수엘라는 '아메리카를 위한 볼리바르 대안'Alternativa Bolivariana para los Pueblos de Nuestra América, ALBA 등을 통해 지역 통합의 새로운 중심국이 되려 하고 있다.

중남미 최대국인 브라질은 베네수엘라와 함께 국제무대에서 제3세계의 리더로서 외교력을 강화하고 있다. 특히 브라질은 기존 강대국과는 다른 외교노선을 통해 남미의 맹주를 벗어나, 글로벌 차원에서 영향력을 확대하려고 하고 있다. 최근 브라질은 "북한과의 교역 및 대화를 확대하겠다"고 말하면서 국제 문제의 중재자 역할을 모색할 의지를 밝히기도 했고 "65년 전에 구성된 유엔 안전보장이사회가 지구촌의 정치 현실을 반영하지 못하고 있기 때문에" 이를 개혁할 것을 주장하고 있다. 2009년 아이티 대지진 때 브라질이 구호에 발 벗고 나선 것이나, 최근 베네수엘라, 이란 등과 가까워지려는 노력도 같은 맥락으로 볼 수 있다.

멕시코는 국제외교의 중견국가로서 UN의 다자주의 강화에 적극 참여하고 있는데 특히 기후변화, 유엔 안보리 개혁 등 주요 이슈에 큰 관심을 가지고 참여하고 있다. 유엔안보리, 산하 전문기구, OECD 등 각종 국제기구에서 활동을 강화하여 중남미 리더국으로서의 위상을 다지고 있다. 또 OAS(미주기구), IDB(미주개발 은행) 등 지역기구의 핵심적인 구성원으로 영향력 확대를 꾀하고 있다.

아르헨티나는 Gulf전 참전, 크로아티아 파병, 아이티 파병 등 유엔의 PKO 활동 참여 등으로 국제사회에서 위상을 제고하고 있다. 1993년에 이어 2004년에도 유엔안보리 비상임이사국에 피선되었다. 아르헨티나는 남미에서 브라질과 경쟁적 관계에 있기도 하지만 범미자유무역지대^{FTAA}와 관련하여 브라질과 공조하여 미국에 맞서 남미국가의 이익을 대변하는 목소리를 높이고 있다.

4. 자원의 보고, 라틴아메리카

라틴아메리카는 6억 인구의 구매력과 높은 성장 잠재력을 가진 미래의 대륙이라고 할 수 있다. 특히 에너지를 비롯한 바이오 및 지하자원이 매우 풍부한 지역이다. 아직 개발은 미진한 편이지만 내륙에는 다양한 지하자원의 매장과 생산이 많다. 베네수엘라와 멕시코의 석유 생산량과 매장량은 세계적인 수준이다. 브라질, 에콰도르, 아르헨티나도 석유의 생산이 많다. 이외 금, 은, 동, 주석, 보크사이트 등의 광물자원의 생산량도 세계적이다.

또 농산물의 생산과 수출도 막대하다. 브라질은 미국에 이은 세계 제2위의 대두 생산국이며 세계 1위의 대두 복합물(콩, 대두박 및 콩기름) 수출국이다. 옥수수의 생산과 수출은 세계 3위이다.[20] 아르헨티나의 팜파스 평원은 세계 3대 곡창지대이다. 아르헨티나는 세계 3위 대두 생산국이자 수출국이다. 또 세계 2위의 옥수수 수출국이며 밀과 쌀의 수출도 많다. 이 두 나라는 향후 추가적인 곡물 생산이 가능하여 세계농업의 핵심국가로 부상할 확률이 매우 높다. 파라과이는 대두의 생산(세계 6위)과 수출(세계 4위)이 많고 우루과이는 세계 6대 쌀 수출국이다. 이들 나라도 추가적인

---

20) 그러나 브라질은 세계 1위의 밀 수입국이기도 하다. 근래 들어 대두 생산지가 확대되면서 밀 생산량이 급감하였기 때문이다.

곡물 생산이 얼마든지 가능하다.

다양한 기후대를 가지고 있는 중남미는 각종 과일과 채소도 많이 생산한다. 아르헨티나나는 포도주용 포도, 사과, 감귤류 등을 많이 생산하며 브라질은 사과, 배 등 온대성 과일은 물론 오렌지, 바나나 등 열대 과일도 많이 생산된다. 칠레 역시 농산물 수출이 많은 나라인데, 그중 가장 큰 비중을 차지하고 있는 품목은 과일이다. 칠레의 과일 생산은 포도, 사과, 배 등의 순이며 포도는 전체 생산의 약 31%의 높은 비중을 차지하고 있다. 수출은 기본적으로 신선과일에 집중되어 있으며, 이는 노동비용이 비교적 낮고, 북반구와 반대되는 생산 주기를 갖고 있는 유리함 때문이다. 주요수출 품목은 포도, 사과, 키위 등이며 주요 시장으로는 미국(45%), 네덜란드(10%), 브라질(6%) 등이다.

이외에 중남미는 태평양 어장(페루, 칠레)과 대서양 어장(브라질, 아르헨티나)의 풍부한 수산자원을 보유하고 있다. 연간 1,426만 톤 내외의 수산물을 어획하는데 이는 세계 어획량의 11%에 해당한다. 특히 남대서양의 넓은 파타고니아대륙붕 어장과 광대한 평원의 많은 호수와 강을 가지고 있어 수산자원의 잠재력도 무궁하다고 할 수 있다.

5. 대중문화에 부는 라틴 열풍

라틴 열풍의 진원지 중 하나는 음악이다. 라틴 뮤직은 현재 대중문화계의 최고 인기 아이템이라고 해도 과언이 아니다. 아프리카 냄새가 강한 브라질 음악과 쿠바 음악은 그 스타일과 리듬으로 세계 대중음악의 선두에 있고 피아졸라의 탱고 무곡은 클래식과 대중음악의 경계에서 전 세계적인 팬을 확보하고 있다. 또 미국의 팝 음악계는 라틴이 '평정'한지 오래이다. 할리우드 주류에서도 라틴파워를 빼놓을 수 없다. 라틴계 영화 스타들을 열거하는 것은 이제 의미가 없을 정도이다. 라틴계 스타만을 위한 라틴계의 오스카상인 'ALMA^American Latino Media Arts'가 있을 정도이다. 이 상은 미국에서 활동하는 라틴계 배우, 음악인, 디자이너, 제작자, 연출자 등 대중예술 종사자들을 위한 상이다. 또 라틴 그래미 어워드는 대중음악 분야에서 권위를 자랑하고 있다. 시상식은 생중계로 황금시간대에 방영될 정도로 인기가 높다.

또 세계 스포츠는 어떠한가? 라틴아메리카는 가장 세계적인 스포츠인 축구에서 단연 두드러진다. 월드컵을 5번이나 제패한 '지구' 대표 브라질뿐만 아니라 아르헨티나와 우루과이도 각 2번씩 월드컵을 들어 올린 축구강국들이다. 그래서 해마다 유럽의 명문 축구팀들은 유망 선수들을 스카우트하기 위해 라틴아메리카로 몰려온다. 야구에서도 라틴열풍은 거세다. 야구 종주국 미국에서 라틴아메리카 출신 선수와 라틴계 팬을 빼고서는 야구를 얘기할 수 없다. 카리브의 핵심 수출품은 이제 사탕수수가 아니라 '빅리거'란 말이 있을 정도다. 현재 메이저리그 팀과 계약하는 외국 국적 선수의 절대 다수는 도미니카공화국, 베네수엘라, 푸에르토리코 등 라틴계이며 빅리그 등록 선수의 4분의 1이 라틴계이고 마이너리그는 절반 이상이다. 야구만이 아니다. 프로 복싱이나 골프에서도 라틴계는 강세이다.[21]

이처럼 음악, 영화, 스포츠 등 지구촌 대중문화에서 라틴 파워가 차지하는 위상은 확고하다고 할 수 있다.

6. 라틴문학의 세계적 위상

라틴아메리카 문화의 성가를 드높인 또 다른 흐름은 라틴아메리카 문학이다. 기실 스페인어권의 문학은 이미 세계적인 가치를 인정받아왔다. 1904년에 노벨문학상을 수상한 스페인의 에체가라이에서부터 수상 작가들의 리스트만 보더라도 스페인과 라틴아메리카 문학의 위상이 어느 정도

---

21) 복싱의 Oscar De La Hoya, Hector "Macho" Camacho와 골프의 Nancy Lopez, Lorena Ochoa 등도 라틴계이다.

인지는 쉽게 알 수 있다.

〈표 25〉 라틴아메리카 · 스페인 노벨문학상 수상 작가

연도	이 름	대 표 작 품
1904	호세 에체가라이, 스페인	희곡, 『광인인가 성인인가』
1922	하신토 베나벤테, 스페인	극작, 『타산적인 이해』, 『사악한 선행자들』, 『토요일 밤』
1945	가브리엘라 미스트랄, 칠레	시, 『죽음의 소네트』
1956	후안 라몬 히메네스, 스페인	시, 『돌과 하늘』, 『안에 있는 동물』
1967	미겔 앙헬 아스투리아스, 과테말라	소설, 『옥수수의 사람들』, 『매장된 자의 눈』
1971	파블로 네루다, 칠레	시, 『스무 편의 사랑의 시와 한 편의 절망의 노래』, 『모든 이를 위한 노래』
1977	비센테 알레익산드레, 스페인	시, 『파괴, 또는 사랑』
1982	가브리엘 가르시아 마르케스, 콜롬비아	소설, 『백년의 고독』, 『아무도 대령에게 편지하지 않았다』, 『예고된 죽음의 연대기』
1989	카밀로 호세 셀라, 스페인	소설, 『벌집』, 『파스쿠알 두아르테의 가족』
1990	옥타비오 파스, 멕시코	시, 『동쪽 사면』
2010	바르가스 요사, 페루	소설, 『도시와 개들』, 『녹색의 집』

특히 라틴아메리카 문학이 세계 문학의 중심으로 자리 잡게 된 것은 1980년대 마술적 사실주의가 세계적으로 인정을 받게 되면서부터다. 1960년대 훌리오 코르타사르의 『팔방차기Rayuela』와 같은 과감하고 실험적인 소설들이 출간되면서 라틴아메리카는 60~70년대에 소설이 주를 이룬 소위 문학의 '붐Boom'을 맞이했다. 특히 '붐 소설'의 대표선수격인 마르케스가 마술적 사실주의적인 소설 『백년의 고독』을 출간한 뒤, 마술적 사실주의 기법을 직 · 간접적으로 수용한 작품들이 상당수 출현하게 되었다. 이로서 라틴아메리카 문학은 포스트모더니즘의 선구적 역할을 하며 세계문학계에서 그 위상을 높이 세우게 되었다.

Ⅱ. 한국과 라틴아메리카

1. 한국－라틴아메리카 경제 관계 개관

　라틴아메리카는 우리에게 경제적으로 중요한 의미를 갖는 지역이다. 라틴아메리카의 면적(2,055 만km)[2]은 전 세계의 15%이며 한반도의 93.5배이며 인구(5.9억 명)는 전 세계의 8.5%이며 우리나라의 12배가 넘는다. 라틴아메리카의 국내총생산은 4.2조 달러로 우리나라의 약 5배이며 교역액은 1.7조 달러로 약 2.5배에 이른다. 이처럼 라틴아메리카는 엄청난 구매력과 성장잠재력을 가진 21세기 신흥 유망시장이다.

　또 라틴아메리카는 우리나라의 최대 무역 흑자 지역이며 천연 자원의 보고이기도 하다. 라틴아메리카는 상품 수출과 자원 수입을 기반으로 하는 우리 경제의 생존을 위한 전략지역이라고 할 수 있다.

　1960년대 수교 직후 우리나라와 중남미 간의 교역은 우리나라 교역구조의 특성과 지리적 제약으로 미미하였다. 당시 우리나라는 브라질, 칠레 등에서 광물자원을 수입하였고 중남미 일부 국가에 소량의 소비재를 수출하는 정도였다. 70년대 들어서면서 한국 경제가 빠르게 성장하면서 우리의 대중남미 수출도 증가하였다. 중남미와의 무역수지는 적자에서 흑자로 전환되었고 이는 오늘날까지 계속되고 있다. 특히 80년대 말부터 시작된 중남미의 경제개혁과 무역 자유화는 한국의 대중남미 교역을 비약적으로 증대시켰다. 2004년에는 한국－칠레 자유무역협정이 발효되었는데 이를 통해 양 지역의 경제교류는 이제 공고화의 단계에 들어섰다고 할 수 있다.

〈표 26〉 2009년 주요 지역별 수출·입 동향(단위: 억 불)

구 분	수 출	수 입	무역수지
아시아	1,908	1,541	367
북 미	411	326	85
유 럽	560	439	121
중남미	**268**	**116**	**152**
중 동	240	616	-376
아프리카	85	32	53
대양주	163	160	3
기타지역	0.8	0.4	0.4
전 체	3,635	3,231	404

출처: 한국무역협회 종합무역정보(2010.4.27)

작년 한 해 우리나라는 중남미와의 교역에서 152억의 무역흑자를 기록했는데 이는 우리나라 전체 무역 수지액의 거의 40%에 달하는 엄청난 액수이다. 이는 우리나라의 중요 교역국인 중국과 일본 등 아시아를 제외하곤 가장 큰 규모이다.

〈표 27〉 2008년 대중남미 10대 수출입품목 및 10대 수출입국가

순위	10대 수출품목	10대 수출국가	10대 수입품목	10대 수입국가
1	선박	멕시코	동광	브라질
2	평판디스플레이	파나마	동괴 및 스크랩	칠레
3	승용차	브라질	철광	멕시코
4	경유	칠레	강반제품	아르헨티나
5	컬러TV	바하마	선박	페루
6	무선통신기기부품	콜롬비아	아연광	파나마
7	자동차부품	버뮤다	기타 금속광물	트리니다드토바고
8	합성수지	베네수엘라	천연가스	볼리비아
9	화물자동차	페루	펄프	푸에르토리코
10	건설중장비	에콰도르	합금철	콜롬비아

출처: 한국무역협회(KOTIS)

〈표 28〉 대중남미 연도별 투자 현황(단위: 백만 불)

구 분	2001	2002	2003	2004	2005	2006	2007	2008
전체해외투자	5,246	3,962	4,663	6,391	6,952	11,479	21,405	21,678
중남미투자	121	296	613	565	541	1,207	1,464	1,616

출처: 한국수출입은행(Koreaexim)

우리나라의 대중남미 교역 구조를 보면 제조업품의 수출이 많으며 수입은 원자재가 주를 이룬다. 주요 수출 품목은 선박, 가전, 자동차, 전기제품 등이며 반면 주요 수입품은 동, 철, 아연, 천연가스 등 천연자원이 대부분이다. 따라서 주요 수출 국가로는 인구가 많아 구매력이 높은 멕시코, 브라질, 칠레 등과 역내 무역의 중심지인 파나마이며 주요 수입국가로는 지하자원이 풍부한 브라질, 칠레, 멕시코, 아르헨티나 등의 국가이다.

대중남미 교역의 증가와 함께 이 지역에 대한 우리나라의 진출 역시 지속적으로 늘어나고 있다. 2008년 우리나라의 대중남미 투자액은 16억 달러를 기록했는데 이는 2001년 1억 2천만 달러에 머물렀던 것에 비교하면 놀랄만한 증가이며 중남미 경제가 비교적 안정적인 성장을 하고 있어 이러한 추세는 앞으로도 계속될 전망이다. 이제 중남미는 교역뿐만 아니라 투자 파트너로서도 크게 부상하고 있다.

2011년 4월 우리 정부는 한국-라틴아메리카 경제협력을 위한 다섯 가지 이슈로 1) 에너지·원자재 협력, 2) 식량수급 협력, 3) 산림자원 협력, 4) 통상 협력 그리고 5) 개발협력을 제시하고 있다.

〈표 29〉 한국－라틴아메리카 경제협력 주요 이슈

협력분야	내용
에너지·원자재	풍부한 자원을 보유한 중남미와의 에너지 협력을 강화하고 주요자원의 자주개발률을 제고
식량수급	곡물의 안정적 확보를 위해 중남미로 진출하는 우리 기업을 지원하여 식량자원의 해외 생산기반을 확보
산림자원	산림지 구매가 가능한 중남미와의 협력 강화를 위해 국가별 맞춤형 전략을 수립
통상	한－페루 FTA 국회비준 및 콜롬비아와의 FTA 잔여 쟁점 해결 등이 원만히 진행될 수 있도록 노력
개발협력	개발경험공유사업(KSP)·대외경제협력기금(EDCF) 지원확대 등 미주개발은행(IDB)과 연계한 개발협력을 활성화하여 한－중남미 간 경제협력 기반을 조성하도록 노력

출처: 기획재정부

즉 한국 정부가 제시하고 있는 한－라틴아메리카 경제협력을 위한 과제들은 크게 3가지로 요약된다. 첫 번째 과제는 자원분야에서의 협력이다. 즉 에너지와 원자재, 식량, 그리고 산림 자원 등 라틴아메리카가 비교우위를 지니고 있는 1차산업 부문에서의 자원확보를 위하여 라틴아메리카 각국과의 맞춤형 전략 개발 및 노력을 필요로 하고 있다. 예를 들어, 페루, 칠레, 브라질 등 8개국과 이미 설치한 자원협력위원회와 같은 외교채널의 적극 활용, 볼리비아의 리튬 확보를 위해서는 볼리비아와의 양해각서MOU를 토대로 우리 기업 진출을 적극 지원, 그리고 산림자원 확보를 위해서는 국제기구와의 협력 강화와 유망 국가에 대한 연구활동 등 다양한 맞춤형 전략의 추진을 제시하고 있다. 두 번째 과제는 라틴아메리카 국가들과의 자유무역협정의 적극적 추진이다. 이미 칠레와의 자유무역협정을 제조업 수출국과 자원 수출국이 서로 윈－윈win-win 하는 구조로 정착시킨 경험이 있는 우리나라는 라틴아메리카 국가들과의 효율적인 자유무역협정의 체결을 당면 과제로 삼고 있다. 즉 이러한 기조하에서 이미 서명을 체결한 페루 및 콜롬비아는 물론, 중미, 멕시코, 남미공동시장 등 라틴아메리카의 다양한 파트너와의 자유무역협정이 추진될 것이다. 한국과 라틴아메리카

간의 경제협력을 위한 마지막 과제는 개발협력과 관련된 것이다. 즉 개발 협력의 확대와 효율적 집행은 원조 수원국에서 선진국으로 발돋움하는 우리가 세계의 일원으로서 당연히 되갚아야 한다는 당위성 차원에서는 물론 본격적 경제협력의 기반으로서의 역할이라는 필요성 차원에서도 필요한 과제이다.

2. 한-칠레 자유무역 협정

우리나라는 세계적인 자유무역협정FTA 확산추세에 대응하여 해외시장을 안정적으로 확보하고 개방을 통해 우리 경제의 경쟁력을 높이기 위해 FTA를 적극 추진하고 있다.22) 아는 바와 같이 우리나라는 역사상 최초로 중남미의 칠레와 FTA를 체결하였다. 1998년 11월 양국은 FTA 체결을 추진하기로 합의하였고 이후 약 3년간의 협상을 벌여 2002년 10월 협상이 타결되었다. 2004년 4월부터 발효된 한국-칠레 자유무역은 양국의 무역 증진에 크게 기여하고 있으며 이를 바탕으로 우리나라는 최근 페루와 자유무역 협상을 타결하였다. 또 멕시코, 콜롬비아와 FTA 협상을 진행하고 있으며, Mercosur와는 협상을 위한 공동연구를 진행하고 있다.

한-칠레 FTA는 현재 비교적 성공적인 FTA로 평가받고 있다. 발효 6주년인 현재 對칠레 교역 증가율은 같은 기간 對세계 교역 증가율을 두 배이상 상회했고 또한 국내 생산 및 고용에도 긍정적인 영향을 미친 것으로 나타났다. 對칠레 수출에 의한 생산유발액은 2003년 13.2억 달러에서 2009년 44.9억 달러로 3.4배 증가했고, 취업유발인원은 6,041명에서 23,708명으로 3.9배 증가한 것으로 나타나고 있다.

---

22) 우리나라는 현재(2010년) 칠레, 싱가포르, EFTA, ASEAN, 인도와 FTA가 발효되었고, 2007.6월 미국과, 2009년에 EU와의 FTA 협상을 완료하였다. 현재 세계 13개국과 FTA 협상을 진행하고 있다.

수출		수입		교역	
對칠레	對세계	對칠레	對세계	對칠레	對세계
27.6	11.1	19.6	10.4	22.5	10.7

출처: KITA.net

FTA 발효 초기 확대되었던 대칠레무역수지적자 규모는 2006년 -22.5억 달러를 고점으로 2009년 -8.7억 달러로 축소되었다. 그러나 칠레가 다른 국가들과 FTA 추진을 확대함에 따라 한-칠레 FTA로 인한 시장 선점 효과는 감퇴하는 것으로 나타났다. 발효 직전 2.98%에 머물렀던 칠레 수입시장의 한국産 점유율은 발효 이후 꾸준히 상승하여 2007년 7.23%로 최고치를 기록했다. 그러나 2006년 10월 칠레-중국 FTA, 2007년 9월 칠레-일본 FTA 등 경쟁국의 FTA 발효로 점유율이 5.62%까지 하락하였다. 따라서 한-칠레 FTA를 바탕으로 다른 중남미 국가들과 FTA를 체결하여 우리의 중남미 FTA 네트워크를 확대할 필요성이 있는 것으로 평가되고 있다.

3. 한국-라틴아메리카 외교 관계

라틴아메리카는 국제정치적으로 중요한 지역이다. 강력한 보팅파워와 외교력을 바탕으로 중남미 다수 국가는 우리나라의 전통우방국으로서 국제무대에서 우리 입장을 지지해왔다. 또 라틴아메리카는 역내통합을 통한 국제적 위상 강화에 주력하고 있다. 역내협의와 통합을 통해 라틴아메리카 전체의 영향력을 제고하고 역외적으로도 FTA 등 활발한 경제통합을 시도하고 있어 향후 국제적 영향력은 더욱 커질 것으로 예상된다.

쿠바를 제외한 거의 모든 중남미국가는 우리나라의 오랜 수교국이다. 우리나라는 1959년 브라질을 시작으로 1962년 중남미 15개국과 외교 관계를 수립하였고 콜롬비아는 6.25 전쟁에 전투병을 보낸 UN 참전국이다. 또 우리나라는 칠레와 우리나라 역사상 최초로 자유무역을 체결하였고 동시에 칠레의 첫 번째 아시아 FTA 체결 국가가 되었다.

수교 이후 80년대까지 우리나라의 대중남미 외교는 중남미국가들이 우리의 반공체제를 국제적으로 지지하는 것을 중요 목표로 하였다. 당시 중남미에서도 반공 보수 정권이 집권하고 있어서 양 지역 간의 협력은 비교적 잘 유지되었다. 양 지역이 상호 이해의 중요성과 필요성을 더욱 깊게 인식하게 된 것은 88서울올림픽 이후 1990년대부터일 것이다. 이후 오늘날까지 한국과 중남미는 투자와 교역뿐만 아니라 환경보호, 국제범죄공동대처, 저개발국지원 등의 아젠다에서 협력과 이해를 같이 하고 있다.

최근 우리나라는 중남미에 대한 문화외교를 활발하게 펼치고 있다. 외교통상부는 라틴아메리카 각국과 문화협정을 맺거나 문화공동위원회를 만들어 문화외교에 힘쓰고 있다. 외교부 산하의 재외동포재단과 국제교류재단은 양 지역 간 문화교류의 창구 역할을 하고 있으며 문화관광부는 아르헨티나에 한국문화원을 개원하여 한국어와 한국문화를 보급하는데 주력하고 있다. 이외에 한국학중앙연구원과 각 대학의 중남미 연구기관들이 한국-중남미 학술 교류에 기여하고 있다.

또 우리나라는 최근 중남미에 공적원조ODA를 통해 양 지역 관계를 더욱 강화하려 애쓰고 있다. 한국국제협력단KOICA, Korea International Cooperation Agency은 정부를 대신하여 파라과이, 페루, 엘살바도르 등의 국가에 빈민아동교육이나 한국문화소개 등의 무상원조활동을 펼치고 있다. 2009년에는 한국과 에콰도르 양국 해군 간에 군사교류 및 방산협력이 논의되기도 했는데 이를 계기로 우리나라와 중남미 간에 군사교류도 더 구체화될 수 있을 것으로 기대가 되고 있다.

4. 한국-중남미 문화 교류

2000년대 들어서면서 한국-중남미 관계의 두드러진 특징은 예술과 문화적 측면의 교류가 많아지고 있다는 것이다. 이 중에서 라틴 음악은 우리나라에 라틴 붐을 일으킨 선도자라고 할 수 있다.

라틴음악은 미국 팝 음악계는 물론이고 국내 월드 뮤직에서 큰 성공을 거두고 있다. 지난 2000년 전 세계는 '부에나 비스타 소셜 클럽' 영화의 쿠바 음악인들이 들려준 낭만의 소리에 넋을 잃었다. 부에나 비스타 소셜 클럽의 음악은 '빨간색'이 아니라 카스트로 혁명 이전부터 내려온 쿠바의 소리였기 때문에 전 세계 음악팬을 매료시켰다. 우리나라도 예외는 아니었다. 이들의 노래는 라틴뮤직 붐의 기폭제가 되었다.

한국에 중남미를 알린 중요한 공로자 중의 한 사람은 '체 게바라'였다. 아르헨티나에서 태어나서, 쿠바에서 혁명을 하고, 볼리비아에서 죽은 진정한 라틴아메리카인 체 게바라에 대한 세계의 관심이 높아지면서 90년대 이후 우리나라에도 그에 대한 관련 서적이 10여 종 이상 출간되어 스테디셀러로 자리 잡았다. 출판계의 체 게바라 바람은 여행과 문학으로까지 확대되었다. 라틴아메리카의 주요 유적과 여행지를 소개하는 책들은 수를 헤아리기 힘들 정도이며 이제 지구에서 가장 먼 라틴아메리카의 마추픽추는 우리나라 젊은이들이 가장 선호하는 여행지가 되었다. 라틴아메리카의 수준 높은 문학작품은 이전부터 꾸준히 소개되어왔지만 최근의 라틴 붐은 한국-중남미 작가 간의 상호 교류를 촉진시켜 양 지역 간 문학·문화 교류의 영역을 확대시키고 있다.

라틴아메리카 미술과 음악에 대한 관심도 고조되고 있다. 2008년 우리나라에서 '라틴아메리카 거장전'이 열려 멕시코 르네상스의 3대 거장인 디에고 리베라, 호세 클레멘테 오로스코, 다비드 알파로 시케이로스를 비롯해 프리다 칼로, 오스왈도 과야사민, 루시오 폰타나, 페르난도 보테로 등 라틴아메리카 16개국 대표작가 80명의 작품이 전시되었다. 또 베네수엘라의 스타 지휘자 구스타보 두다멜과 시몬볼리바르 유스 오케스트라가 국내 클래식 음악계를 달구기도 했다. 빈부 격차가 심한 베네수엘라에서 정부가 저소득층 청소년을 대상으로 30년 넘게 실시해온 음악교육제도인 '엘 시스테마'가 화제가 되기도 했다.

이와 함께 중남미의 한류도 주목할 만하다. 라틴아메리카에서도 우리나라의 인기 있는 남성 연예인의 팬클럽이 만들어지고, 근래 멕시코와 페루 등에서 한국 영화나 드라마가 우리나라 한류 확산 정책에 편승해 인기를 얻기도 했다. 이러한 현상이 지속적으로 계속될지는 조금 더 지켜봐야겠지만 양 지역 간의 상호 이해를 높이고 문화적 거리를 좁히는데 긍정적인 측면이 있는 것만은 분명하다.

5. 중남미의 한인이민

아마 우리나라와 중남미 간의 최초 인연은 약 100년 전 가난을 피해 멕시코 땅을 밟은 조선이민자들이었을 것이다. 1905년 1,033명의 한인들이 계약노동자로 멕시코의 유카탄에 이주하였고 이후 1920년대 일본 이민자들과 함께 소수의 일본국 조선인들이 이주하였다. 한국전쟁 이후 중립국 행을 선택한 반공포로들이 브라질과 아르헨티나로 보내지면서 한국인의 중남미 이주는 이어졌다.

1962년 근대적인 이민법이 제정되면서 한국인의 국제이민은 본격화되었다. 한국인의 중요 이민 지역 중 하나는 라틴아메리카였다. 한국인에게 넓은 영토와 풍부한 자원을 가진 중남미는 매력적인 이민지였고 중남미 국가들도 농업과 산업 발전을 위해 노동력을 필요로 하고 있었다. 이에 따라 그해 12월 브라질을 시작으로 파라과이, 아르헨티나 등으로 한국인의 농업 이민이 시작되었다. 이후 한국인 이민은 점차 인접국가로 확대되었고 한국과 현지의 정치·경제적 상황의 변화에 따라 연고자 초청 이민, 투자이민, 자유이민으로 형태가 변화되었고 그 규모도 커져왔다.

오늘날 우리의 중남미 이민은 대략 40년의 역사를 맞이하고 있는데 현재 몇 가지의 변화와 특성을 살펴보면 아래와 같다.

일반적으로 30년을 1세대로 볼 때 남미 한인 사회는 이제 한 세대가 끝나고 새로운 시대로 접어들고 있다. 따라서 재외동포사회의 중심세대도 1세대에서 1.5나 2세대로 옮겨가고 있다. 그래서 한국의 문화나 정체성에 대한 세대 간의 인식도 차이를 보이고 있어 이로 인해 가정 내에서건 이민사회 내에서건 긴장과 대립이 생기기도 한다.

또 중남미 동포사회는 나라마다 약간의 차이가 있지만 대개 자영업과 제조업에 종사하고 있다. 특히 의류, 잡화, 식품판매 등의 자영업을 생업으로 하는 동포가 많다. 그러나 최근 동포 1.5나 2세대들이 이민국 사회의 다양한 분야로 진출하면서 전문 직업을 갖는 경우가 늘어나고 있는 추세이다. 이민 역사가 비교적 긴 브라질, 아르헨티나, 파라과이 같은 나라에서는 의료계, 법조계, 학계 등으로의 진출이 늘고 있다. 이는 향후 교민사회를 위해서 뿐만 아니라 한국-중남미 관계의 측면에서도 긍정적인 일이라고 할 수 있다.

흥미로운 사실 중의 하나는 한인 동포들의 일상에 개신교와 불교 등의 종교가 깊숙이 들어와 있다는 것이다. 특히 개신교 교회는 교인들을 위한 예배를 제공하는 것뿐만 아니라 일반 동포에게는 친목을 다지고 한국 문화를 학습하는 공간으로서 역할을 하고 있는 경우가 많다.

<표 31> 재외동포현황 2009

지역별	국가별	2005	2007	2009	백분율(%)
아주지역	합계	3,590,411	4,040,376	3,710,553	54.39
	일본	901,284	893,740	912,655	13.38
	중국	2,439,395	2,762,160	2,336,771	34.25
	기타	249,732	384,476	461,127	6.76
미주지역	합계	2,392,828	2,341,163	2,432,634	35.65
	미국	2,087,496	2,016,911	2,102,283	30.81
	캐나다	198,170	216,628	223,322	3.27
	중남미	107,162	107.624	107,029	1.57
구주지역	합계	640,276	645,252	655,843	9.61
	독립국가연합	532,697	533,976	537,889	7.88
	유럽	107,579	111,276	117,954	1.73
중동지역	합계	6,923	9,440	13,999	0.20
아프리카	합계	7,900	8,485	9,577	0.14
총계		6,638,338	7,044,716	6,822,606	100

출처: "재외동포현황 2009". 외교통상부.

현재 우리나라의 재외동포의 80%는 중국, 미국, 일본 3개국에 집중되어 있으며 나머지는 유럽과 기타 지역에 거주한다. 이중 중남미에는 약 11만 명 정도의 교민이 있는데 이를 국가별로 살펴보면, 브라질(48,419), 아르헨티나(22,024), 멕시코(12,072), 과테말라(9,921) 순으로 많으며 파라과이(5,229), 칠레(2,249), 에콰도르(1,418), 페루(812), 코스타리카(730)에도 상당수의 동포가 있으며 이외의 나라에는 소수의 교민이 있다. '빅3'라고 할 수 있는 브라질, 아르헨티나, 멕시코는 다른 나라들에 비해 한인이민의 역사가 길며 한국과의 교역과 교류도 많은 나라이다.

참고문헌

권오복, "농산물 해외개발수입의 관점에서 바라본 남미"
(http://translatin.snu.ac.kr/translatin/0807/ts03.html)
박지현, "칠레의 농업 현황"
(http://www.agri-korea.org/pds4/down.php?idxno=920&file=920.dat&dnfile=%C4%A5
%B7%B9%C0%C7%B3%F3%BE%F7%C7%F6%C8%B2.htm)
외교통상부 중남미자원협력센터, "출처별 중남미 국가 자원 보유 현황", 2009. 8. 31
외교통상부 중남미협력과, "중남미 관련 주요 통계자료", 2009. 9. 24
외교통상부, "재외동포현황 2009".
이성형, "한국의 대라틴아메리카 문화외교: 현황과 개선점", 『한국라틴아메리카
학회 동계학술대회발표논문집』, 2009. 11. 28.
임상래 외(1998), 『중남미 사회와 문화』, 부산외대 출판부.
임상래 · 김영철(2007), "남미국가 한인 사회의 현황: 파라과이, 칠레, 볼리비아", 『중
남미 한인의 역사』, 국사편찬위원회.
조돈문 · 임상래 · 이내영(2005), 『세계화와 라틴아메리카의 이주와 이민』, 오름.
대외경제정책연구원, "중남미에서의 농림 · 수산자원협력 방향(중남미지역 공관
장 워크숍)", 외교통상부, 2005. 2.
추종연, "남미지역의 곡물자원 현황과 우리 기업의 진출문제"
(http://translatin.snu.ac.kr/translatin/0807/ts03_1.html)
한국무역협회, "한 – 칠레 FTA 6주년 평가", 2010. 4.
Daniela Vono de Vilhena, Vinculación de los emigrados latinoamericanos y caribeños
con su país de origen: transnacionalismo y políticas públicas, CEPAL, 2006.
Latino Legends in Sports 1999 – 2005(http://www.latinosportslegends.com)
Population, by Race and Ethnicity: 2000 and 2008, Statistical Portrait of Hispanics in
the United States, 2008, Pew Hispanic Center, 2010.
Thomas E. Skidmore & Peter H. Smith, Modern Latin America, Oxford University
Press, 1997.
동아일보(www.dongailbo.com)
조선일보(www.chosun.com)
헤럴드경제(http://www.heraldbiz.com)

임상래 ───────────────────────────────

멕시코국립대학교(UNAM) 중남미학(역사) 박사
현) 부산외국어대학교 스페인어과 교수
　　한국라틴아메리카학회 부회장

『저항, 새로운 연대, 다문화주의』(공저)
「스페인 국제이민의 특성과 조건: 스페인의 라틴아메리카화의 현재적 의의」 외 다수

srlim@pufs.ac.kr

이종득 ───────────────────────────────

멕시코국립대학교(UNAM) 라틴아메리카 문학 박사
덕성여자대학교 기획부처장 역임
현) 덕성여자대학교 스페인어과 교수

『오류와 편견으로 가득한 세계사 교과서 바로잡기』
「메쉬꼬-떼노츠띠뜰란의 성장 과정과 한계: 삼각동맹」 외 다수

leejong@duksung.ac.kr

이상현 ───────────────────────────────

텍사스대학교(The University of Texas at Austin) 중남미학(정치경제) 박사
현) 부산외국어대학교 중남미지역원 HK교수
　　한국라틴아메리카학회 총무이사

『볼리비아의 자원민족주의와 천연가스산업 재편의 전개와 의미』
「The Political Economy of Privatization of YPF in Argentina」 외 다수

shyi@pufs.ac.kr

이순주 ──

한국외국어대학교 정치학 박사(중남미정치전공)
현) 울산대학교 스페인중남미학과 교수
　　한국라틴아메리카학회 상임이사

『라틴아메리카 여성운동과 여성정책』
「지방정부에서 여성정치 리더십: 멕시코의 사례」 외 다수

letilee@ulsan.ac.kr

박윤주 ──

텍사스대학교(The University of Texas at Austin) 사회학 박사
Cleveland State University 교수
현) 계명대학교 스페인어중남미학과 교수
　　한국라틴아메리카학회 편집이사

「의료개혁의 정치적 결정요인 연구－칠레와 멕시코 사례를 중심으로」,
「G20와 중견국가의 역할 연구: 아르헨티나의 사례를 중심으로」 외 다수

yunjoopark@kmu.ac.kr

중남미지역원 학술총서 5

라틴 아메리카의 어제와 오늘

초판발행 2011년 7월 25일
초판 4쇄 2019년 1월 11일

지은이 임상래 · 이종득 · 이상현 · 이순주 · 박윤주
펴낸이 채종준

펴낸곳 한국학술정보(주)
주소 경기도 파주시 회동길 230 (문발동)
전화 031 908 3181(대표)
팩스 031 908 3189
홈페이지 http://ebook.kstudy.com
E-mail 출판사업부 publish@kstudy.com
등록 제일산-115호(2000. 6. 19)

ISBN 978-89-268-2436-8 93940 (Paper Book)
     978-89-268-2437-5 98940 (e-Book)